시니어
화 술

초판 1쇄 인쇄 2017년 12월 12일
초판 1쇄 발행 2017년 12월 22일

지은이 | 이한분
펴낸이 | 임종관
펴낸곳 | 미래북
편   집 | 정광희
표지 디자인 | 김윤남
본문 디자인 | 디자인 [연:우]
등록 | 제 302-2003-000026호
주소 | 서울특별시 용산구 효창원로 64길 43-6 (효창동 4층)
마케팅 | 경기도 고양시 덕양구 화정로 65 한화 오벨리스크 1901호
전화 02)738-1227 (대) | 팩스 02)738-1228
이메일 miraebook@hotmail.com

ISBN 978-89-92289-16-0   03320

시니어 화술

The Art of Senior Speech

청춘처럼 말하는 꽃중년 스피치의 비밀

· 이한분 지음 ·

미래북
miraebook

청춘처럼 말하는 중년의 비밀
시니어만을 위한 차별화된 스피치 훈련법

시니어만을 위한 스피치 책을 썼다고 하니 지인들은 왜 그런 책을 썼냐며 묻는다. 그렇게 독자층을 한정할 필요가 있느냐는 질문도 한다. 특별히 시니어만을 위한 책을 쓴 이유가 있다. 나도 막상 나이가 들고 보니 '말 때문에 고민하는 그분들의 고충'을 알게 되었다. 60세가 되면 시니어를 위하여 스피치 책을 만들어야겠다는 생각을 했는데 어느덧 세월이 흘러서 그 꿈이 현실로 이루어졌다. 그동안 쌓은 스피치의 모든 노하우를 담아서 시니어들에게 꿈과 행복을 안겨 주고 싶었다. 그리고 사회생활을 하시는 분들께 책을 통하여 스피치 문제를 해결하는 데 조금이나마 도움을 드리고자 책을 쓰게 되었다.

이 책에 그동안 현장에서의 경험과 노하우를 고스란히 담았다. 55세가 넘어서도 사회 활동을 하는 사람들은 의외로 '노후'보다 '말'에 대한 고민을 한다. '어느 순간부터 분명히 이 말을 했는데 엉뚱한 말이 튀어나온다, 자꾸만 자신감이 떨어진다, 말끝을 흐릴 때가 많고 말에 두서가 없다, 발음이 불분명하다' 등 말에 대한 여러 고민을 끄집어낸다. '나도 나이를 먹으면 저렇게 될까?'라고 한 것이 엊그제 같은데 세월이 흘러 60세가 되고 보니 '나 역시도 그렇구나'라며 온몸으로 느끼며 '말하는 것에 대한 어려움'을 실감한다.

　나의 남편은 공직에서 30년 넘게 근무하고 퇴직했다. 남편과도 역시 55세부터 자주 이런 이야기를 나눴다. "직원들 앞에서 프레젠테이션을 진행하거나 회의할 때 이상하게 말을 더듬거나 꼬이고, 다른 말이 툭 튀어나오기도 하고, 발음이 불분명해져. 전에는 이런 일이 없었는데…"라는 식으로 말이다. 그럴 때마다 나는 남편의 말을 얼른 받아서 "긴장해서 그럴 거야"라고 위로를 하며 무심코 흘려버렸는데. 세월이 지나고 보니 이런 현상도 나이를 먹어 간다는 증거이며 말하는 것도 함께 늙어 간다는 것을 알게 되었다.

　스피치도 나이와 연관이 있다. 누구나 어렸을 때는 똑소리 나게 말을 잘하지만 나이가 들면서 말이 어눌해지는 것은 당연한 일이다. 그만큼 뇌의 기능도 저하되기 때문인데, 누구나 예전처럼 말이 잘되지 않는다는 것을 실감할 것이다. 즉 말도 혀가 움직이는 대로 나오기 때문이다. 그러니 나이가 들수록 스피치에 더 많은 관심을 갖고 신경을 써야 한다. 왜냐하면 세상만사 스피치로 통하고 말 잘하는 사람이 인정받기 때문이다.

　이 책은 시니어들에게 다양한 도움을 줄 것이다. 내가 특별히 시니어만을 위한 스피치 기법을 전수할 것이기 때문이다. 이 책은 나의 스피치 자서전이며 교과서다. 강사 활동을 하면서 보고, 듣고, 느낀 점 그리고 시니어의 특징을 잘 살려서, 시중에 나와 있는 책과는 분명히 다른 책이라고 볼 수 있다. 현장에서의 경험과 시니어 수강생을 대상으로 실제 지도한 방법이다. 가르치고 배운 것을 바탕으로 이 책을 통해 시니어들의 스피치 고민을 해결하고, 멋진 말하기 능력을 키우는 방법을 제시한다. 인생 30년을 바꾸는 시니어 스피치를 통하여 당신의 더 멋진 삶을 응원할 것이다.

소통하면 행복하다. 다양한 종류의 학문이 있지만 그중에서 제일 중요한 학문은 '스피치'라는 것을 알았으면 좋겠다. 스피치는 가장 기본적인 것이며 누구나 어머니의 배 속에서 무덤에 가는 날까지 언어로 소통하기 때문이다. 우리의 삶은 말로 시작해서 말로 끝난다고 해도 과언이 아니다. 다시 말하면 말 공부는 평생을 해도 부족하다는 것을 느낀다. 대인 관계는 말로 시작해서 말로 소통을 하고 말로 불통이 되기도 한다. '이왕이면 좋은 말로 소통을 하는 것이 바람직하지 않을까?'라는 생각을 한다. 이렇게 되면 내가 행복하고 더불어서 주변에 있는 사람들까지 말 때문에 행복해진다.

이 책을 적용하는 방법은 다음과 같다. 무슨 책을 읽든 소래 내어서 낭독하는 습관을 갖자. 1장부터 6장까지 제시하는 내용을 읽고 실천을 하자. 스피치 훈련은 소리를 내어서 읽는 훈련이 매우 중요하다. 모든 언어가 그렇듯이 내 입에 맞아야 무슨 말을 해도 자연스럽게 나온다. 언어는 내 입에서 빙빙 겉돌면 외국어처럼 어색하다. 한 달만 말을 안 하고 있어 보면 안다. 뜻대로 말이 나오지 않고 어색하며 말하는 방법을 잊어버리게 된다. 이런 문제점을 해결하는 방법은 천천히 큰 소리로 낭독을 하는 방법이 먼저다.

나는 큰 소리로 책 읽는 연습을 꾸준히 하고 있다. 2000년부터 시작해서 지금까지 틈나는 대로 큰 소리로 낭독을 하고 있다. 주로 낭독하는 책은 시집, 동화책, 짧은 문장이며 읽을 때는 큰 소리로 천천히 발음을 정확하게 하고, 문장 기호를 지키면서 읽는다. 책을 읽는 시간은 구애를 받지 않는다. 꾸준히 낭독 훈련한 결과, 발음도 분명해지고 목소리도 젊어졌다. 쓰기 훈련, 말하는 훈련, 어휘력, 문장력, 발성, 감정, 두뇌 활동, 치매 예방, 암기력 등을 통하여 지속적으로 스피치가 성장하고 있다. 이와 관련한 좋은 방법을 주변 사람들에게 적극적으로 추천해주고 강의도 한다. 이제는 성숙의 과정이 필요하다. 나를 나답게 성숙하게 만드는 스피치 훈련의 과정 말이다. 책을 읽고 어떻게 활용을 하느냐에 따라서 당신의 스피치 실력이 향상될 것이라 믿는다.

누구나 말을 잘하고 싶어 한다. 스피치는 타고난 사람, 특정인들만의 소유물이 아니다. 연습하면 누구나 할 수 있다. 남녀노소를 막론하고 누구나 일상생활 속에서의 스피치가 자연스럽게 이루어질 때 스피치를 잘하게 된다. 스피치는 누구에게나 필요하다. 그것을 깨닫지 못하기 때문에 대인 관계에서 상처를 주고받는 것이다.

갈수록 시니어들이 사회 활동을 하면서 '스피치'가 중요하다는 것을 실감한다. 그러나 알지만 실천하기란 말처럼 그리 쉽지는 않다. 시니어 시대를 맞이한 우리들은 60년 동안 길들여진 '말하는 습관'을 조금이라도 바꿔서 남은 인생을 멋지게 꿈을 갖고 키우며 행복한 삶을 살아가야 한다. 즉, 말만 잘해도 건강하고 치매도 예방하고 행복한 삶을 살 수 있다.

끝으로 청춘처럼 말하는 중년의 비밀은 이렇다. 어떤 책을 읽든지 낭독을 할 때는 시간을 정해놓고 큰 소리로 또박또박 천천히 읽는 것이다. 큰 소리로 읽다 보면 정확한 발음과 언어의 영역이 활발해지며 뇌가 즐거워서 춤을 춘다. 지속적인 낭독 훈련을 하면 목소리에 탄력이 생기는 것과 더불어 당신의 목소리가 10년은 젊어지고 전달력 있는 목소리의 소유자가 될 것이다. '시니어 스피치'로 노년의 향기와 빛나는 삶이 지속되기를 간절히 바란다.

2018 무술년을 맞이하며
지은이 이한분

CONTENTS

젊었을 때는 젊음 그 자체가 향기가 되어 매력적이다.
반대로 중년이 될수록 젊음의 향기는 없어진다.
아름답게 늙어 간다는 것은 모든 이의 희망이며 간절함일 것이다.
그렇다면 무엇으로 중년의 향기를 피울까?

1
PART

스피치는
시니어에게
삶을 유지하는 수단이다

중년이 되었을 때는
중년의 향기로 살자

젊었을 때는 젊음의 향기로, 중년이 되었을 때는 중년의 향기를 내며 살자. 각자 나름대로 개성이 있는 독특한 향기가 있다. 꽃도 그들 나름대로의 독특함을 지니고 있다. 활짝 피어서 방긋 웃고 있으면 온갖 벌레들이 날아가다 잠시 멈춰서 쉬어 간다. 반대로 시들시들한 꽃의 주변은 나비와 벌들도 맴돌다 다시 날아간다. 아마 시들은 꽃들도 말을 안 해서 그렇지 나름대로 서운할 것이다.

사람도 마찬가지다. 얼굴엔 웃음이 가득하고 마음이 풍요로우면 어린아이서부터 주변 사람들은 잠시 쉬었다 가고 싶은 마음이 절로 생긴다. 반대로 인상이 좋지 않으면 옆에 있던 사람들도 하나둘씩 떠나가는 모습을 보게 된다. 어떻게 하면 가만히 있어도 사람들에게 좋은 향기를 전할까? 혹은 주변에 사람들이 모이게 할 수 있는 방법은 무엇이 있을까?

젊었을 때는 젊음 그 자체가 향기가 되어 매력적이다. 반대로 중년이 될수록 젊음의 향기는 없어진다. 나 역시 예순이 넘으니 향기보다는 독기가 가끔씩 풍기는 것 같다. 아름답게 늙어 간다는 것은 모든 이의 희망이며 간절함일 것이다. 그렇다면 무엇으로 중년의 향기를 피울까? 지금까지 살아오면서 생동감 있는 강의 현장 속 수많은 시니어들과 주고받았던 이야기들과 인생의 선후배와 함께 직접 체험한 삶의 경험들을 말하고자 한다. 여기서 제시하는 것만 실천한다면 중년의 향기를 내며 멋진 삶을 살아갈 것이라 믿는다.

─ 좋은 목소리는 사람을 끌어당긴다

좋은 목소리란 무엇인가? 따뜻한 온도가 있는 목소리다. 애교 섞인 목소리는 자칫 잘못 사용하면 독이 될 수도, 약이 될 수도 있다. 때론 애교 섞인 목소리가 필요할 때가 있는데, 애교가 가득한 목소리에 웃음까지 곁들여서 말을 한다면 금상첨화일 것이다. 그 사람은 자연스럽게 상대방을 이끌어 낼 수 있는 매력이 넘친다. 사람은 누구나 자신만의 매력을 지니고 있다. 예를 들면 교양, 목소리, 웃음, 대화, 건강, 개성, 예의, 외모 등이다.

좋은 목소리로 말을 잘할 수 있는 매력을 권하고 싶다. 우선 음성이 좋아야 하며 얼굴 표정이 밝을 때 부드러운 음성이 나온다. 밝은 표정은 호감 가는 밝은 음성을 만든다. 더불어 마음에서 나오는 진심 어린 진솔한 대화가 중요하다. 그리고 말을 할 때 웃음을 줄 수 있는 적당한 유머를 사용하면 매력과 자신감이 넘친다.

인간관계는 90% 이상 대화로 이루어진다. 아무리 문명이 발달한다 해도 인간관계에 있어서 대화 없이는 살아갈 수 없다. 자신의 의사 표시를 적절하게 표현할 줄 아는 사람이 건강한 사람이다. 대화에서 성공을 하려면 우선 여유가 있어야 한다. 여유는 성공을 부르기 때문이다. 여유가 있다는 것은 인간관계에서 성공을 했다는 증거다. 우리는 여유가 있을 때 웃음도 나온다. 주변을 돌아볼 수 있는 여유와 포용해 줄 수 있는 힘이 생긴다. 이렇게 되면 자연스럽게 웃으면서 대화를 나눌 때 좋은 목소리로 상대방을 이끄는 힘이 생긴다. 즉 좋은 목소리로 상대방을 끌어당길 때 대화는 자석 같은 역할을 한다.

― 좋은 말은 호감을 선물한다

좋은 말을 하기 위해서 필요한 것은 상대방에게 칭찬을 해 주는 것이다. 그러면 상대방은 힘을 얻고 매사에 자신감이 넘쳐서 삶의 활력소를 얻게 된다. 사람은 칭찬을 먹고 사는 존재다. 우선 칭찬은 나 자신에게 먼저 충분하게 해 주자. 왜냐하면 나 자신이 얼마나 소중한가. 나에게 최대한의 서비스를 베풀어 주면서 칭찬의 보약을 하루에 세 첩씩 정성스럽게 주자. "사랑한다, 고맙다, 미안하다, 감사하다." 라고 말하면서 나를 꼭 껴안아 주고 하루에 세 번씩만 칭찬을 해 주면 내 몸은 자연적으로 건강해질 수밖에 없다. 예를 들어 집안 청소를 했다면 "한분아, 청소하느라 힘들었지? 너의 수고로 집이 깨끗해져서 퇴근하고 가족들이 들어오면 좋아할 거야. 수고했어. 잘했어." 하면서 스스로에게 좋은 말을 선물하는 것이다.

겸손한 마음을 갖자. 겸손함을 가질 때 상대방에 대한 예의도 갖추게 된다. 아마 겸손과 예의가 없으면 이 세상 사람들은 하늘 높은 줄 모르고 자기 잘난 맛에 살아갈 것이다. 이렇게 되면 주변에 아무도 없이 홀로 노후를 쓸쓸하게 맞이할 것이다. 지금 책을 읽는 순간서부터 상대방에게 호감을 선물하자. 미래를 위하여 상대방에게 적절한 겸손과 예의를 행할 줄 아는 자만이 상대방에게 좋은 호감을 줄 수 있다. 이렇게 좋은 말로 호감을 선물한다면 당신의 노후를 행복한 여생으로 보낼 것이다.

— 말에도 향기가 있다

말에도 감정의 향기를 가득 담아서 사람의 '감성'을 자극하자. 영국의 신경학자 도널드 칸은 감성과 이성의 근본적 차이로, 이성은 결론을 낳지만 감성은 행동을 낳는다고 했다. 사람은 약 80%는 감성적이며 20%는 이성적이라는 말이다. 무언가를 결정할 때 머리가 아닌 가슴으로 한다는 사실은 감성적일수록 더 실천적이라는 뜻이다. 즉 이성보다 감성적인 향기를 풍길 수 있는 대화를 익혀야 한다.

말에는 교양이 있어야 하며 상대방의 말 한마디를 듣고 인격을 판단하게 된다. 교양은 지식, 정서, 도덕 등을 바탕으로 길러진 고상하고 원만한 품성을 말한다. 이러한 교양은 책과 지식을 통하여 얻을 수 있으며, 책을 많이 읽었다고 교양인이 되는 것은 아니다. 교양이 있다는 것은 말과 행동이 어우러질 때 비로소 주변에서 교양인이라고 평가를 한다. 심한 가뭄이 들면 한 포기의 식물도 자랄 수 없다. 이와 마찬가지로 마음의 밭도 메말라 있으면 주변에 사람이 없다. 늘 마음이 촉촉이 젖어있는 사람이 되자. 우리 속담에 곡간에서 인심이 난다는 말처럼 촉촉한 마음에서 인심이 난다. 말의 향기가 바람을 타고 천리만리 길을 달려 갈 것이다. 이것은 발 없는 말이 천 리 길을 가는 것과 같다. 그만큼 말의 소중함을 알고 실천할 때 교양인이 되며 말은 곧 향기가 되어 주변 사람들에게 잘 전달된다.

《명심보감》에 '사람의 성품은 물과 같고 물이 한번 쏟아지면 다시 담을 수 없다. 성품이 한번 방종해지면 다시 돌이킬 수 없다. 물을 막으려면 반드시 둑을 쌓아 막듯이 성품을 바로 잡으려면 반드시 예법으로 해야 한다'는 말이 있다. 향기가 나는 맛있는 대화법을 구사하려면 우선 스스로를 성찰하고 대화의 기본과 예법을 잘 익혀야 한다. 그럴 때 가만히 앉아 있어도 말의 향기를 찾아 사람들이 나를 찾아온다.

말에도 향기가 있다. 중년의 좋은 목소리와 아름다운 대화의 향기를 마음껏 가꾸어서 풍기자. 당신의 노후는 윤택하고 멋진 삶이 될 것이다. 중년이 되었을 때 중년의 향기를 내며 사는 것이 행복이다. 좋은 목소리와 좋은 말, 부드러운 말로 상대방에게 호감을 주는 시니어가 되자.

50세가 되면 '왜?'라는
질문을 자주 던져라

'왜?'라는 질문을 던져서 질문에 대한 대답을 스스로 찾자. 지혜
로운 사람은 상대에게 질문을 자주 던진다. 그리고 말에 꼬리 물기를
하면서 내가 보지 못한 것을 발견한다. 하지만 반대로 부정적인 측면
에서 상대방의 모든 말에 말꼬리를 잡는 것은 아니다. 여기서는 자신
에게 스스로 질문을 던지고 대답을 찾으며 스스로 말꼬리의 대화를
이어가는 것이다. 끝말잇기를 상상하면 된다. 이 놀이도 혼자서 하면
시간 가는 줄 모르고 재미있다. 예를 들어, 사과-과일-일산….

─ '왜?'라는 질문을 던지면서 아이들은 성장한다

5세 전에는 끊임없이 '왜?'라는 질문을 던져 가끔은 주변 사람들

을 당혹케 한다. 그리고 귀찮을 정도로 졸졸 따라다니면서 물음표를 던진다. '왜?'라는 질문을 던지면서 세상을 하나씩 알아가며 성장하는 과정이다. 모르는 것을 알았을 때 아이의 표정을 보았는가! 자기만의 묘한 표정을 짓는다. 아이들의 눈에는 부모님이 최고로 멋져 보이고, 질문만 던지면 척척 답을 해주는 척척박사로 인식한다. 내 부모가 세상에서 제일 위대한 엄마와 아빠로 멋지게 보이는 시기다.

어느 정도 성장하면 부모를 무시하고 오히려 반대로 부모가 자녀들에게 질문을 던진다. 우리 부모님도 그렇게 해왔듯이 자연스럽게 대를 이어가는 것 같다. 어떻게 보면 세상은 모두가 의문투성인 것을 하나씩 배움을 통하여 알아가며 성장하는 과정이다. 전국을 다니면서 "나의 목표는 80세까지 강의를 하는 것이다."라고 방방곡곡 떠들고 다녔는데 그것을 실천하기 위해서 무엇을 해야 할지 고민을 많이 했다. 50세의 나이에 많은 고민과 생각이 성장의 디딤돌이 되었다. 그 경험을 바탕으로 한번 살펴보겠다.

— 50세가 되면 '왜?'라는 질문을 스스로에게 던져라

하나님이 소를 만들고 "너는 60년만 살아라. 단 사람을 위해 평생 일만 하라"고 했더니 소가 30년은 버리고 30년만 살겠다고 했다. 개를 만들고 "너는 30년만 살아라. 단 사람을 위해 평생 집만 지키라"고 하니 개는 15년은 버리고 15년만 살겠다고 했다. 그다음 원숭이를 만들고 "너는 30년만 살고 단 사람을 위해 평생 재롱을 떨라"고 하니 원숭이는 15년은 버리고 15년만 살겠다고 했다. 마지막으로 사람을 만들고 "너는 25년만 살아라. 너에게는 생각할 수 있는 머리를 주겠다"고 하니 사람이 하나님께 말하기를 "소가 버린 30년, 개가 버린 15년, 원숭이가 버린 15년을 더 달라"고 애원했다. 하나님은 60년을 덤으로 주셨다. 사람은 25세까지 주어진 시간을 그냥저냥 살아가고 소가 버린 30년은 26세부터 55세까지 일만 하고 개가 버린 15년은 퇴직하고 집 보고 원숭이가 버린 15년은 노후에 손자와 손녀 앞에서 재롱을 떨면서 살아간다고 한다.

'믿거나 말거나'지만 의미 있는 이야기다. 사람은 55세까지 누구나 정신없이 소처럼 죽도록 일만 하고 주인을 위해 충성을 다한다는 말이 있다. 여유도 없이 앞뒤 돌아볼 틈도 없이 말이다. 이제 마음의 여유를 갖고 슬슬 준비를 하자. 예를 들어, 60세에 퇴직을 하고 '무슨 일을 해야 남은 노후를 행복하게 살아갈 것인가? 내가 하고 싶은 일들은 과연 무엇이 있을까? 잘할 수 있는 일, 좋아하는 일은 무엇이 있을까?' 끊임없이 질문을 던져야 하는 시기다. 질문을 던지는 이유는 간단하다. 행복한 노후를 준비하기 위해서다. 10년 동안 고민하고 스스로에게 투자도 하고 끊임없이 자기 성찰을 하면서 스스로 생애 설계를 찾아가는 과정이다. 제2의 삶을 위해서 도전을 하고 모험할 때 이런 계획이 없다면 성장하지 못하고 제자리에서 멈출 것이다. 제2의 인생에 있어서 과도기는 꼭 필요할 것 같다. 그런 과도기를 통하여 우리는 성장한다.

10년 전에 미리 준비한 사례다. 수강생이었던 한 대학 교수님은 정년퇴직을 10년 앞두고 미리 땅을 사 놓고 노후 설계를 하셨다. 여유가 생길 때마다 하나씩 준비하는 과정도 좋고, 퇴직 후의 삶을 설계도로 그리는 시간도 행복했다고 한다. 평소 하고 싶었던 것은 춤과 노래 그리고 스피치였다고 한다. 학원에 가서 춤과 노래도 배우시고 마지막으로 스피치 연구소에 오셔서 교육을 등록했다. 교직에 있을 때 학생들에게 참 미안한 마음이 들었다고 한다. 젊은 교수들은 강의를 재미있게 하는데 늙은 교수는 재미없게 강의를 해서 그렇다 하신다. 더불어 제2의 삶은 180도 다르게 살아보려고 준비하고 계신다. 이렇게 철저하게 준비하는 것은 완전히 다른 삶을 살고자 함이다. 짧다고 하면 짧을 수도 있고 길면 길 수도 있는 10년 전부터 준비한 자와 준비하지 않은 자의 차이는 여러분 스스로 상상해 보라. 상상은 여러분의 몫이다.

'왜?'라는 글자를 통하여 우리는 성장한다. 50세에 '왜?'라는 질문을 던져서 자신을 찾는 사람은 제2의 삶도 보람되게 살아갈 것이다. 이 시기가 참 중요한 시기라고 생각한다. 사춘기도 중요하지만 제2의 삶도 사춘기 못지않게 중요한 시기다.

어렸을 적에 하고 싶었던 일들을 찾아보자. 가장 하고 싶었던 일들이 무엇이었는지를 머릿속에 떠올려보자. 그러면 무엇인가 그림이 그려지는 것을 알 수 있다. 떠오르는 그림을 하나씩 그려 나가자. 이것이 제2의 인생 설계도이며 멋진 작품이다. '왜?'라는 질문을 통하여 고민하면 답은 스스로 찾을 수 있다.

— 시니어 시절엔 좋아하는 일을 하는 것이 행복이다

어느 날, 노트북이 고장이 나서 지하상가를 찾았다. 노트북을 맡기고 기다리는 중에 표정이 예사롭지 않은 남자분과 30분 동안 이야기를 주고받았다. "기분 좋은 일이 있는가 봐요." 내 말에 기다렸다는 듯이 얼른 받아서 하시는 말씀이 '내 인생에 있어서 가장 행복한 순간'이라고 하셨다.

이분 역시 퇴직을 앞두고 10년 전부터 스스로 '왜?'라는 질문을 수없이 던졌다고 한다. 그 결과 젊었을 때 기타를 배우는 것이 꿈이었지만 젊어서는 의식주를 해결하느라 꿈도 잊고 정신없이 살아왔단다. 퇴근 후 학원 가는 날이면 왜 이렇게 모임과 술자리 약속이 많이 생기는지 그 당시 유혹을 물리치는 데 굉장히 힘들었다고 하셨다. 그 결과 기타와 노래를 탄탄하게 닦아 온 실력으로 복지관 등 여러 곳을 찾아다니시면서 공연을 한단다. 내가 하고 싶은 것을 하고 살아가니 한 마디로 행복하다고 말씀하신다. 이것이 제2의 진실한 행복이란다. 나 역시 좋아하는 일을 지금까지 하고 있으니 얼마나 행복한지 모른다. 행복이란 현재 일이 있는 것이라고 생각한다. 행복은 지금 일을 하고 있느냐, 하고 있지 않느냐에 의해서 결정된다. 시니어가 되면 무슨 일이든 일거리 창출을 하거나 작은 소일거리라도 갖고 있어야 행복하고 낙이 된다.

― 50세부터 퇴직을 맞이할 준비를 하자

내가 할 수 있는 것을 스스로에게 질문을 던지고 답을 찾자. 스스로 찾는 답이 정답일 수도 있다. 이유는 내가 나를 잘 알고 있기 때문이다. 나란 사람을 냉철하게 비판하고 분석도 하며 때로는 예리하고 정확하게 들여다보자. 내 안에 또 다른 내가 있다는 사실을 발견한다. 즉 내 안에 있는 나를 잘 데리고 놀 줄 알아야 행복한 삶을 살아간다. 잠자고 있는 나를 깨워서 나를 알아가는 과정이다. 잠자고 있는 무한한 능력을 뒤늦게 발견을 할 수도 있고, 잠재의식 속에 또 다른 나를 찾는다.

몇십 년씩 잠자고 있는 나의 꿈을 흔들어 깨우자. 그것이 무엇이든지 일단 깨워라. 깨워서 나의 무한한 능력을 발견하자. "여러분! 궁금하지 않으세요. 저는 어떤 때는 자신에게 놀랄 때가 많아요. 분명 나는 이런 사람이 아니었는데."라고 외치며 말이다. 그간 내가 미처 나를 발견하지 못했던 것이다. 나는 무엇이든지 '왜?'라는 질문을 스스로 던지면서 도전을 한다. '왜?'와 친해지다 보면 "어! 나에게도 이런 능력이 있네."라면서 스스로 놀라게 된다. 그때의 기쁨은 이루 말할 수 없다.

'왜?'라는 질문을 통하여 아이들이 성장한다. 50세가 넘으면 '왜?'라는 질문을 자주 던지고 답을 찾아서 자신만의 능력을 키워서 나답게 살아가자. 나답게 살아간다는 것 또한 중요하다. 그 속에서 스스로 성장할 것이라고 확실히 믿는다. 자신을 믿어 주고 믿고 따르자.

시니어 시대를 맞이하여 우왕좌왕하지 말고 내 인생의 목적지를 확실하게 정해서 생애 설계를 멋지게 그려 보자. 생각만 해도 얼마나 멋지고 아름다운 일인가? 백세 시대라고 흔히 말들을 한다. 그냥 백세 시대를 무의미하게 맞이할 것인지 아니면 의미 있게 맞이할 것인지 이것 또한 나의 몫이다.

스피치는
삶을 당당하게 만든다

스피치로 삶을 당당하게 만들어라. 삶을 당당하게 살아가는 사람들의 습관을 보면 한마디의 말을 하더라도 희망적인 단어를 주로 사용한다. 말하는 사람도 당당하지만 주변에 있는 사람도 더불어 당당해진다. 반면에 항상 기가 죽어 있는 사람들을 유심히 관찰을 해 보자. 그 사람의 입에서 나오는 한마디, 한마디가 부정적인 말을 사용할 때 그 영향은 본인은 물론 주변 사람까지도 영향을 미친다. 그만큼 말이라는 것은 중요하다.

젊었을 때는 희망적인 단어를 주로 사용한다. 젊었을 때는 꿈도 야망도 많으니 긍정적인 단어를 주로 사용하지만 시니어가 될수록 내 입에서 부정적인 언어를 많이 사용한다. 그럴 수밖에 없다. 그 이유는 희망도 없고 삶의 의미가 갈수록 희미해지고 몸은 여기저기 아프다. 이런 삶을 오래 살다 보면 그럴 수밖에 없다.

스피치 학원에서 자신감 구호를 많이 외친다. 그것은 스피치로 자신감 있게 당당한 삶을 살아가자는 뜻이 있다. 말이란 자꾸 큰 소리로 하다 보면 뇌에 입력이 되어 자신도 모르게 무엇이든지 할 수 있다는 힘이 생긴다. 다시 말하면 긍정의 단어를 자주 사용해야 한다는 것이다. 긍정의 힘은 무한한 가능성의 힘을 발휘한다. 긍정의 말을 통하여 꿈이 생기고 용기가 생기고 주변 사람들에게 좋은 영향력을 미친다. 긍정의 씨앗은 긍정의 열매를 맺는다. 부정의 씨앗은 부정의 열매를 맺는다. 그러니 얼마나 중요한가? 시니어 스피치는 당신의 삶에 있어서 꼭 필요하다. 스피치로 당당한 삶을 살아가는 방법을 살펴보겠다.

― 스피치는 자신감에서 나온다

40년이 족히 넘은 친한 친구가 있다. 이 친구는 항상 부러움의 대상이 된다. 이유는 재벌가의 사모님이라 한마디로 돈으로 많은 것이 해결되기 때문이다. 모임이 있는 날이면 친구들이 하는 소리로 "너처럼 물 쓰듯이 원 없이 돈 한번 쓰고 죽으면 소원이 없겠다."라고 말하면 그 친구가 "그래, 돈 줄 테니 쓰고 죽어 봐."라 한다. 그러면 웃음소리가 식당 안을 가득 채운다. 옥에도 티가 있듯이 이런 친구에게도 단점이 있다. 돈 주고도 해결을 못하는 문제 말이다. 그 친구를 관찰하면 그 작은 입에서 나오는 말은 거의 부정적이다. 늘 친구는 기가 죽어 있고 의욕도 없으니 친구로서 볼 때 측은지심이 든다. 겉은 돈으로 치장을 했지만 입에서 나오는 말투는 돈으로 장식을 못한다. 외모는 당당하지만 늘 기가 죽어 있다. 늘 부정적인 말을 하니 자신감이 나올 수가 없다.

친구의 말을 곰곰이 분석해 보면, 그런 부정적인 말로 스스로 혹은 상대방의 기를 죽인다. 모임에 나와서 자주 하는 말은 늘 '죽겠다, 힘들어 죽겠다, 짜증나 죽겠다, 신경질 나 죽겠다' 등을 수시로 입에 달고 산다. 나름대로 무엇인가 내면에 말 못할 사정이야 있겠지만 주변 사람들은 듣기 싫다. 세상에 아무리 좋은 말도 세 번 이상 들으면 싫다. 그 친구는 말이 버릇이 되어서 말버릇이 되었다. 가끔씩 만나는 친구들도 그 말이 듣기 싫은데 한 집 안에 사는 가족들은 내성이 생겨서 그러려니 하고 살아갈 것이다.

내면에서 당당함이 나와야 하는데 재벌 사모님하고는 이미지가 영 딴판이라 어떤 때는 안타까운 마음이 든다. 친구들이 조언을 해주면 본인의 말버릇을 모른다. 스스로의 말버릇을 점검해서 고쳐야 한다. 자동차가 고장 나면 정비소에 가서 정비할 곳을 찾듯이 나의 말버릇을 친한 친구에게 물어보고 가끔씩 점검을 받아야 말도 건강하고 성장한다. 이것은 누구에게나 꼭 필요하다. 말도 점검을 해야 한다는 사실을 꼭 기억하자.

우리는 이런 말을 해서는 안 된다. 이 영향 때문에 가족은 물론 주변 사람까지 전염된다. 명품 옷으로 자신감을 키우는 것은 순간이다. 그런 명품은 오래가지 못한다. 머리부터 발끝까지 멋지게 치장을 했다면 마무리로 빛나게 만들어야 한다. 나를 빛나게 하는 것은 바로 자신감이다. 그 자신감은 바로 스피치로 연결된다는 사실을 꼭 기억하자. 겉모습은 어리숙하게 보일지라도 몇 마디 건네다 보면 그 사람을 빛나 보이게 하는 것이 있다. 몇 마디 대화를 주고받고 나서 "어, 그 사람 보기보다 괜찮네."라는 말이 나온 적 있다. 이것이 바로 스피치의 마력에서 나오는 힘, 즉 자신감이다.

스피치를 잘하는 것과 못하는 것의 차이는 한마디로 자신감이 있는 것과 없는 것이다. 자신감이 있는 사람은 당당한 모습으로 살아간다. 외모, 학력, 빈부를 떠나서 모든 것을 긍정적으로 생각하고 긍정적인 말을 사용한다. 특히 시니어가 될수록 더 당당한 삶을 살아가면서 주변에 있는 후배들에게 인생의 경험을 들려주고 인생의 롤모델이 되어서 많은 영향을 준다. 이것은 시니어가 해야 할 몫이며 인생선배의 역할로서 필요하다. 하지만 자신감이 없는 사람은 모든 조건이 갖춰져도 당당한 삶을 살지 못한다. 그런 사람들은 시니어 스피치를 통하여 나를 세우는 말을 많이 하자. 긍정적인 생각에서 긍정적인 단어가 나온다. 예를 들면 '고마워, 사랑해, 넌 잘할 수 있어' 등이 나를 세워주는 말이다.

— 당당함이란 이런 것일까?

지식과 정보가 홍수같이 쏟아지는 현대에 살고 있다. TV, SNS,

신문, 책 등 다양한 언론 매체를 통하여 직·간접적인 지식을 얻는다. '카카오톡'에 올려진 내용을 잘 살펴보자. 주옥같은 말과 사진으로 장식한다. 그렇게 좋은 것만 듣고 먹고 마시는데, 뒤돌아서면 쌍스러운 욕이 나오고 남을 저주하는 말이 흘러나와 심기가 불편해질 때가 한두 번이 아니다. 심지어 악성 댓글에 못 이겨서 어리석게도 삶을 마감하는 사람들을 매스컴을 통하여 간혹 듣게 된다. 칼로 벤 상처는 시간이 흘러가면 아물지만, 말로 가슴을 벤 상처는 무덤까지 간다. 그만큼 사람을 죽이고 살리는 것이 말의 힘이다. 그러니 말의 힘이 얼마나 무서운 것인가?

어느 날 지하철을 타고 집을 향해 가는데 깔끔하게 차려입은 65세쯤 된 아주머니를 보았다. 스마트폰에 묵념하며 혼자 미소 짓고 응대를 한다. 잠시 후 전화가 걸려온 모양인데, 남편과 말다툼을 하는 것 같다. 전화를 받는 순간 양이 늑대로 변한다. 예쁜 입에서 총알같이 거친 말이 쏟아져 흘러나와 주변의 시선이 집중되어 스타가 되었다. 그분은 아랑곳하지 않고 30분을 넘게 통화를 한다. 옆에 계신 어르신이 한마디 던졌다. "여보세요. 고운 말을 사용할 수 없나. 옆에서 듣기 거북하네요." 그러자 아주머니가 바로 말을 던진다. "아저씨가 무슨 상관이에요, 재수 없어." 목적지에 내릴 때까지 그녀의 거침없는 통화는 계속 이어진다. 아마 욕으로 시작했으니 욕으로 마무리를 할 것 같은 예감이 들었다. 외모는 천사였지만 말은 마치 악마 같았다.

누가 이 광경을 보고 저 아주머니는 참 당당하다고 말할 것인가? 그렇게 말할 수도 있다. 사람마다의 생각의 관점이 다르니까 말이다.

그러나 나는 그렇게 생각하지 않는다. 그것은 자신을 넘어뜨리고 상대방도 넘어뜨리는 행동이다. 당당함은 이런 것이 아니다. 당당함이란 모든 사람들 앞에서 예의에 어긋나지 않게 행동을 하는 것이다.

왜 우리는 변화가 잘 일어나지 않을까? 사례에서 보았듯이 아주머니의 행동을 한번쯤 생각해 볼 문제이다. 이렇듯이 보약이 되는 글을 많이 읽어도 행동으로 실천하지 않으면 지식은 쓰레기에 불과하다. 사계절의 변화는 눈에 띄게 보인다. 그러나 사계절의 변화도 환경오염 때문에 과거처럼 또렷하지 않듯이 사람의 마음도 이미 오염이 심해서 퇴색해 가고 있다. 이러니 좋은 글을 읽는다 해도 좀처럼 변화가 일어나지 않는다. 변화란 상대방의 변화만을 도모하기 전에 우선 나부터 조금씩 변화를 가져 보는 것이다. 그 변화로 인해 주변에서 변화가 일어난다. 그리고 당당함은 즉 언행일치에서 시작된다는 사실을 기억하자.

— 스피치는 우리의 삶을 당당하게 만든다

주변을 살펴보자. 인생을 오래 살았다는 이유로 사람들에게 막말을 하는 사람들을 흔히 볼 수 있다. 한 마디로 꼴불견이다. 신도림역 계단을 내려가는데 노쇠기가 훌쩍 넘으신 할머니 두 분이 역이 떠나갈 듯 이년 저년 하면서 쌍스러운 욕과 함께 몸싸움 판을 벌이고 있다. 이유는 한 할머니가 줄을 서서 기다리고 있는데 지나가던 할머니가 가방으로 스치고는 사과도 없이 지나갔다고 싸운 것이다. 두 분의 싸움 구경은 볼만했다. 그럴 때 즉시 "미안합니다."라고 하면 문제의 사건은 깨끗이 해결이 된다. 출근 시간에 사람이 얼마나 많은가? 옆에 서 있는 내가 젊은 사람들에게 민망할 정도였다. 찰나 전철이 도착해서 관객은 모두 전철에 몸을 싣고 떠났다.

가는 말이 고와야 오는 말이 곱다는 말이 절실히 필요한 상황이었다. 스피치란 적재적소에 알맞을 때 스피치로서의 가치가 있다. 가방으로 스치고 지나간 할머니가 상대방을 보고 미안하다는 한 마디의 말을 했으면 상황은 달라졌을 것이다. 아침 출근길에 서로 웃으면서 기분 좋게 하루의 일과를 맞이했을 것이다. 아마도 그분들은 돌아서서 '재수 없는 날'이라고 서로 욕을 할 것이다. 스피치는 지금의 내 생각을 상대방에게 올바르게 전달을 잘해서 서로가 질적으로 성장하는 것이다.

나 역시 그렇게 살아가려고 많은 노력을 한다. 불조심만 할 것이 아니라, 말조심도 해야 한다. 불 피해는 눈에 금방 보이고 바로 복구 작업이 된다. 그러나 말 피해는 눈으로 보이지는 않지만 무덤까지 갖고 간다. 누구나 조심 또 조심해야 한다. 말 피해가 얼마나 무서운 것인가? 생각을 해 보자. 나는 지금 어떤 말을 하고 있는지. 시니어에게 스피치는 꼭 필요하다. 나름대로 스피치로 자신을 잘 다듬고 다듬어서 나이에 맞게끔 행동하자.

시니어 스피치는 삶을 당당하게 만든다. 그 당당함은 스피치다. 당당함이란 예의와 격식에 맞는 행동을 말하는 것이며 스피치는 우리의 삶을 활기차게 만들어 준다. 중년일수록 매사에 언행일치가 되는 삶을 살자. 말 따로 행동 따로 노는 사람은 꼴불견이다. 사계절의 변화는 뚜렷한데 사람의 변화는 좀처럼 눈에 띄지 않는다. 그만큼 변화가 일어나는 것은 힘든 일이다. 하지만 끊임없이 노력한다면 반드시 변화는 일어난다.

스피치의 중요성

미래학자 피터 드러커 박사는 '인간에게 가장 중요한 능력은 자기표현이며, 현대의 경영이나 관리는 스피치에 의해서 좌우된다'고 말한다. 즉 리더가 갖추어야 할 제1의 조건은 바로 스피치다. 스피치에 관심 있는 사람이라면 이 명언을 모르는 사람이 없을 정도로 널리 알려져 있다. 그만큼 스피치가 중요하다는 것이다. 스피치는 살아가면서 누구나 눈만 뜨면 하는 것이기 때문에 필요성을 느끼지 못한다. '제대로 된 말'을 해야 할 필요성을 느끼기 시작할 때부터 여기저기 학원을 찾아가서 스피치를 배운다.

사람들에게 스피치를 배웠느냐고 물어보면 대부분 경험을 했다고 한다. 배울 때만 활용을 하지 돌아서면 다시 전처럼 된다고 한다. 스피치의 중요성은 일회용이 아니라 영구적인 것이다. 죽는 날까지 말의 중요성을 알고 실천해야 한다. 세 살 적 버릇이 여든까지 간다는 말이 있듯이 이제부터 말에 대한 좋은 습관을 들여서 평생을 행복하게 더불어서 살아갔으면 한다. 그동안 교육을 하면서 느꼈던 시니어 스피치의 중요성을 알아보자.

— 스피치는 경쟁력이다

미래는 지식 사회로 급속하게 변해 가고 있다. 현대 사회에서 지식을 배우고 아는 것에 머문다면 그 지식은 죽은 지식에 불과하다. 지식보다 더 중요한 것은 그 지식을 어떻게 표현하고 또 다른 사람에게 어떻게 잘 전달하느냐다. 지식 정보화 사회에서 지식은 내면의 힘을 지니고 그 자체로 힘이 될 수 있다. 지식은 나를 위한 것이기 때문이다. 그러나 아는 것을 표현하는 것이 힘이라는 말이 있듯이 내가 알고 있는 지식을 다른 사람과 대화를 나누거나 지식을 공유할 때 활용해야 할 것이다. 곧 스피치를 통하여 정보에 대한 소통을 하고 의사를 교환할 때 지식이 비로소 힘이 된다는 것이 요즘 같은 경쟁력 시대에 더 이해가 된다. 소통을 하기 위해서 문자와 언어가 있다. 문자를 언어로 표현해서 소통하는 것이 더 경쟁력이 있다.

스피치는 리더나 특정인 관리자들에게만 요구되는 능력은 아니다. 기업이나 관공서에서 모든 사람들에게 필요하며 연세가 지긋하신 분들이 스피치 학원을 찾아오시는 것도 스피치의 중요성과 필요성을 느끼기 때문이다. 그리고 웬만한 직장에 취업을 하려면 1차적으로 서류 심사를 하고 합격하면 2차는 면접을 더 중요시하게 되는데 이 또한 스피치의 능력을 보기 위함이다.

요즘은 시니어들도 구직할 때 면접을 본다. 면접을 통하여 일을 할 수 있는 능력을 판단하기 때문이다. 백세 시대를 맞이하여 젊은 청춘처럼 일을 하려고 하면 우선 그들과의 경쟁 속에서 갖추어야 할 것도 일의 능력과 스피치다. 젊은 사람들과 함께 의사소통을 나누며 당당하게 살아가야 하기 때문이다. 스피치는 특정인에게만 주어지는 것이 아닌 모든 사람에게 필요한 것이다.

학교 강의도 주로 모둠으로 이루어진다. 요즘은 유치원을 비롯한 초등학교, 대학교까지 모둠 위주로 강의를 진행하며 발표할 기회도 많이 주어진다. 하물며 시니어까지 스피치가 대세다. 이유는 늦게까지 활동을 하시는 분들이 많기 때문이다. 이제는 발표를 할 기회도 많은 추세이기에 스피치의 능력은 누구나 반드시 갖추어야 할 덕목이며 경쟁력으로 자리를 매김한다. 일거수일투족을 스피치 능력으로 판단하기 때문에 스피치도 '경쟁력'이라는 수식어가 졸졸 따라 다닌다.

한 초등학교에서 토론 강의를 진행했는데, 주제는 '고운 말을 사용하기'였다. 모둠으로 나누어서 2시간을 진행하는데 학생들은 끊임없이 의견들을 제시하고, 나누고, 듣고, 말하고, 쓰고 불꽃 튀는 경쟁을 했던 기억이 난다. 그만큼 요즘 학생들은 스스럼없이 자신만의 의사를 표현한다. 이것 또한 스피치의 경쟁력이 아닐는지 짚어 본다.

― 스피치는 능력이다

시니어 시대를 맞이하여 직업의 연령대도 높아지고 있다. 한마디로 경쟁이 갈수록 치열해지는 환경에서 살아갈 수밖에 없다. 이 말은 우리가 살아가면서 젊은 사람들과 소통을 하려면 설득할 대상은 점점 많아진다는 것을 의미한다. 이런 환경에서 자신을 적극적 · 효과적으로 표현하지 않으면 남들에게 인정받기 어렵다. 예를 들어서 경비원 모집을 한다고 하자. 그곳에 서류를 넣고 나면 면접에서 주어진 시간 동안 자신이 준비된 인재라는 점을 면접관에게 강하게 호소할 수 있어야 한다. 다시 말해 아무리 자신이 많은 정보와 좋은 아이디어를 가지고 있어도 이를 남에게 전달할 수 없다면 아무 소용이 없다는 것이다. 따라서 스피치 능력은 자신의 능력을 겉으로 나타내는 중요한 도구다. 내가 표현한 것만큼 능력과 실력을 인정받기 때문이다. 즉 스피치는 능력으로 상대방에게 당당하게 보여주는 효과다.

스피치로 인정받자. 요즘은 어느 장소이든지 사람이 모이는 곳이라면 자신의 의견을 효과적으로 전달할 수 있는 스피치에 능숙한 사람이 능력 있는 사람으로 인정받는다. 소규모라 할지라도 점점 발표할 기회가 많아진다. 이런 발표할 기회가 주어지면 한걸음 뒤로 물러날 것인가 혹은 주제에 걸맞게 내용을 체계적이면서 일목요연하게 구성해 이를 명료하게 발표할 것인가를 고민하고 실천하면 주변으로부터 똑똑하다는 평가를 받는다. 젊었을 때 대단했겠다, 나이를 먹는 것이 아깝다 등 이런저런 대단한 찬사를 듣는 것이다. 반면 아무리 아는 것이 많고 공부를 많이 했어도 제대로 발표를 하지 못하면 헛똑똑이라는 인상을 주게 된다. 짧은 시간 안에 나를 표현한다는 것은 매우 어려운 일이지만, 이 어려움을 해결해 주는 것이 바로 스피치가 필요한 이유다.

시니어가 되면 발표할 기회가 많아지는 추세다. 발표를 잘하는 사람은 능력 있는 사람으로, 발표를 잘하지 못하는 사람은 무능력한 사람으로 평가받는 시대다. 스피치를 잘하지 못해서 자신이 가진 능력만큼 남들에게 인정받지 못한다면 속이 상할 수밖에 없다. 그런 것을 해결하기 위해서 평소에 독서를 통하여 말하는 능력을 키워 나가자. 책 속에 정답은 거의 들어있으며 책은 백과사전이라고 말한다. 한 권의 책을 정독하기는 어렵다. 이유는 간단하다. 예전과 달리 책을 읽어 내려가다 보면 눈이 피곤해서 책을 멀리하기 때문이다. 횟수가 늘어날수록 책과 벽을 쌓게 된다. 이럴 경우 인터넷에 들어가 짤막한 좋은 글들을 큰 소리로 읽는 것도 많은 도움이 된다. 이러한 방법을 동원해서라도 정보를 많이 갖고 있는 것이 말하는 것에 있어서 곧 재료가 된다.

― 스피치 능력이란 단순히 말을 잘하는 능력이 아니다

스피치 능력이란 올바른 정보를 선별하고, 내용을 논리적 · 체계적으로 구성하며 이를 상황과 청중의 눈높이에 맞춰서 다듬고, 남들과 공유할 수 있는 종합적인 의사소통 능력을 말한다. 특히 정보화 사회에서 상황에 맞는 적절한 말하기 능력은 개인의 능력을 가늠하는 핵심 능력으로 평가된다.

말로 표현할 수 없는 것은 결국 모르는 것과 같다는 말이 있듯이 어떤 사물을 보거나 의견을 듣고는, 그에 대해 느낀 감정을 스피치로 표현을 할 때 그 사람은 실제로 그 상황을 정확하게 본 것이다. 반면에 어떤 상황을 같은 시간에 보았어도 그 상황을 스피치로 표현하지 못하면 그 상황을 보지 못한 것과 마찬가지다. 즉 현대 사회는 스피치가 참으로 중요하고 실력이며 경쟁력이다.

상대방의 말을 잘 들어 보자. 사람들은 상대방의 말을 들으며 인성과 품성을 판단한다. 말이란 것은 상대방의 마음을 헤아리고 이해하며 감정을 나누면서 소통하는 것이다. 말은 청산유수같이 하는 일방적인 대화가 아니라 쌍방 커뮤니케이션으로 이루어졌을 때, 마음과 마음이 서로 소통이 잘 이루어졌을 때 이것이 말을 잘하는 능력이 된다. 즉 한마디의 적절한 말은 상황에 맞으면 천금의 가치가 있다.

시니어 스피치의 중요성은 이미 잘 알고 있다. 알고 있으면서도 실천을 하지 못한다. 생활 속에서는 누구나 쉽게 말을 하면서 살아가기 때문에 중요성을 잊고 산다. 현대인은 스피치가 경쟁력이라고 말을 한다. 이것은 상대방의 능력을 스피치로 판단하고 있기 때문이다. 하지만 스피치 능력이란 단순히 말을 잘하는 능력이 아니다. 상대방과의 쌍방 커뮤니케이션으로 소통이 이루어졌을 때 말을 잘하는 능력자라고 한다. 스피치는 일방적인 청산유수가 아니라는 점을 명심하자.

건강 비결은
스피치와 연결된다

의사가 고치는 병은 20%, 본인의 의지가 80%라는 말이 있다. 명성준 한의원 원장님의 말에 의하면 건강의 비결은 말과 연관이 된다고 한다. 그만큼 환자의 심리적인 요인이 중요하다. 같은 체력과 같은 병이라도 어떤 사람은 잘 낫고 또 어떤 사람은 잘 낫지 않는다. 왜 그럴까? 아무리 심한 병이라도 입술로 병이 나을 수 있다고 고백하면 병이 낫는다. 반대로 가벼운 병일지라도 자주 입술로 부정적으로 병이 나을 수 없다고 말하면 실제로 가벼운 병이 무겁게 되어 고질적인 병이 될 수도 있다. 물론 모든 병이 다 말로만 고백한다고 낫지는 않고 필요에 의해 약이나 식이 요법 또 수술이 필요한 경우도 많다.

그러나 같은 병이라도 긍정적인 말을 하는 환자는 확실히 회복이 빠르다. 우리 몸은 약 60조의 세포로 되어 있다. 모든 동식물이 세포로 이루어져 있는 것을 발견한 사람은 19세기 중반, 독일의 과학자

슐라이덴과 슈완이었다. 그 후 피로에 의해 그때까지 알지 못했던 인체의 다양한 병을 세포 수준에서 고려하게 되었다. 보고에 의하면 세포에게 긍정적이고 격려해 주고 좋은 말을 많이 해 주면 건강에 상당한 도움이 된다고 한다.

임상적으로도 살펴보면 안정적이고 긍정적으로 좋은 말을 많이 할 때, 우리 몸속에 좋은 호르몬(엔도르핀, 멜라토닌, 세로토닌, 다이돌핀)들이 다량 분비되어서 건강에 많은 도움을 준다. 반대로 스트레스를 많이 받고 부정적인 말을 많이 하면, 뇌에서는 몸에 부담을 주는 호르몬(코르티솔, 아드레날린, 노르아드레날린)이 더 많이 생성된다. 호흡이 빨라지고 맥박과 혈압이 올라가므로 건강에 안 좋은 영향을 끼치는 것이다. 대부분의 사람들은 명성준 원장님 말에 공감할 것이다. 나는 이 내용을 읽고 무릎을 치면서 이 말은 정말 맞는 말이라며 박수를 쳤다. 강의를 할 때 이 말을 항상 부르짖으면서 강조했기 때문이다. 나 역시 말만 잘해도 건강해진다는 말을 하면서 생활을 해왔기 때문이다. 내용은 다음과 같다.

― 살리는 말이 있고 죽이는 말이 있다

마음과 정신 상태가 긍정적인지, 부정적인지에 따라서 완전히 다른 삶을 살아간다. 그만큼 마음의 병이 무서운 것이다. 이런 마음의 병은 내가 어떤 말을 사용하느냐에 따라 확연히 달라진다. 예를 들어

보자. 시니어를 대상으로 이야기를 나눌 때 모든 대화에서 "아프다. 빨리 죽어야지."라는 말이 빠지면 대화가 안 될 정도다. 하지만 건강한 사람은 공감이 되지 않아서 대화의 자리에 끼질 못한다. 그만큼 알게 모르게 우리는 70%가 넘게 부정적인 대화를 늘 사용하고 있다.

어머니들은 이런 말씀을 자주 하신다. 자고 일어나면 매일 여기도 아프고 저기도 아프고 온몸이 안 아픈 데가 없다고. 자고 일어나면 아픈 곳만 생긴다고 말씀하신다. 빨리 죽어야지 왜 이렇게 오래 사는지 모르겠다며 어서 죽어야겠다는 이야기를 입술에 달고 사신다. 아마 많은 사람들이 늘 익숙하게 듣는 이야기일 것이다.

어느 날, 어머니께 말씀을 드렸다. 늘 부정적인 생각을 하시고 죽겠다는 말을 입에 달고 사시니 진짜 돌아가실까 염려된다고 말씀드렸다. 이제는 "아파도 편안하고 좋은 세상에서 살아가니 이것도 감사하구나."라고 말을 바꿔보시라고 조언을 드렸다. 이렇게 '죽겠다'를 '살겠다'로 바꾸시라고 했더니 웃으시더라. 어머니는 현명하셔서 바로 행동으로 옮기셨다.

잠언 15장 13절 '마음의 즐거움은 얼굴을 빛나게 하여도 마음의 근심은 심령을 상하게 하느니라', 잠언 17장 22절 '마음의 즐거움은 양약이라도 심령의 근심은 뼈를 마르게 하느니라'라는 성경 구절을 찾아서 읽어드렸다. "어머니, 이렇게 좋은 말을 읽고 늘 웃으시면서 범사에 감사하면서 살아가요. 그러면 주변에 있는 사람들도 어머니 덕분에 행복하잖아요."

쉽게 변하지 않는 것이 사람의 마음이다. 사람은 마음먹기에 따라 건강에 큰 영향을 미친다. 생각의 차이인 것 같다. 말의 습관에 따라서 건강이 좌우되기도 한다. 긍정의 말은 건강을 갖고 부정의 말은 질병을 갖고 온다.

― 스피치를 잘 표현하면 건강하다

말은 치료제다. 요즘 들어 젊은 사람을 비롯하여 많은 사람들이 점점 마음의 병을 앓고 있다. 스트레스로 인한 우울증, 불면, 두통, 요통, 위장 장애, 정신 질환을 호소하는 환자가 점점 늘어가고 있는 추세라고 한다. 이러한 증세는 병원에서 치료를 받으면서 추가적으로 스피치를 통하여 자기의 감정 표현을 잘하면 건강에 많은 도움이 된다.

시니어 분들과 강의를 진행할 때 이런저런 이야기를 자주 듣는 편이다. "원장님, 발표만 했는데 마음의 답답함 그 무엇인가 뻥 뚫려서 가슴이 시원한 것 같아요. 노래를 부르고 나면 가슴이 시원하고 활력소가 생겨서 건강해지는 느낌이 드는 것처럼요."라고 이구동성으로 말한다. 제일 많이 듣는 이야기는 가슴이 뻥 뚫린다는 말이다. 어떤 수강생분은 강의 시간에 갑자기 '스피치'라는 단어로 삼행시를 지어보겠다고 해서 운을 띄워드렸다.

스 – 스트레스도 해소되고

피 - 피로도 풀리고

치 - 치료가 된다

삼행시를 듣고 수강생들은 환호성을 지르고 박수를 치면서 난리가 났고 그렇게 박장대소하며 스트레스를 날려버렸던 기억이 난다. 통쾌한 시간이었다.

수강생들은 스피치를 통하여 건강해졌다는 이야기를 자주 한다. 마음이 답답한 사람들의 특징은 모든 것을 꾹 참고 인내하는 습관이 있다는 것이다. 이런 사람들을 보고 흔히 가슴에 누적되어 있는 스트레스가 오랜 세월이 흐르면서 일명 마음의 화병이 되었다고 한다. 이 것의 주범은 하고 싶은 말을 못 하고 꾹 참고 있는 것이다. 그 순간 착하다는 이야기만 듣다 보니 말대꾸도 하지 못하고 속으로 가슴앓이를 한다. 이런 병은 약도 없다. 다른 사람들이 보았을 때는 착하고 얌전하다고 칭찬하지만 그 속은 시한폭탄을 끌어안고 살아가는 사람처럼 언제, 어디서 폭발할지 모르는 무서운 사람이 된다. 말 한마디 못하고 얼마나 가련한가? 얄밉게도 화를 잘 내고 도리어 큰 소리를 내며 싸우는 사람들은 건강하다. 속에 있는 감정을 할 말, 못할 말로 다 표현하기 때문에 그 소리를 통하여 몸에 있는 화, 스트레스, 독소가 나온다.

건강의 비결은 스피치와 연결된다. 이런 점을 해결할 수 있는 것이 스피치다. 이왕이면 좋은 쪽을 선택해서 자신의 감정을 스피치를 통하여 잘 표현을 한다면 육체도, 마음도 건강해진다. 매사에 스피치를 잘 배우고 익혀서 건강한 삶을 살아가기를 바란다. 모든 병의 근원인 스트레스를 스피치로 잘 풀고 해결을 해야 한다. 그러면 육체와 정신이 건강하다.

― 부정적인 생각과 부정적인 행동은 독이 된다

남편은 2015년에 퇴직해서 1년은 신바람 나게 놀았다. 주변 사람들은 퇴직 후 1년은 잘 보내고 2년째가 되면 일이 있는 사람은 괜찮은데, 일이 없는 사람은 우울증이 온다고 이야기를 했지만 크게 신경 쓰지 않았다. 그런데 웬일인지 1년이 지나고 2년째가 되니 어느 순간서부터 남편은 밤에 잠을 못 이루고 뒤척이며 자다 깨기를 반복했다. 그리고 TV는 단짝 친구가 되어 버렸다. 남편은 바보상자만 물끄러미 바라보며 수많은 시간을 허비하는 중이었다.

어느 날 손자가 칠판에 다섯 문제를 냈다. 이 문제를 할아버지와 할머니 보고 풀라고 한다. 손자는 할머니는 책도 많이 내고 컴퓨터도 잘하고 강의도 하고 말도 잘해서 잘할 거라는 예감이 든다고 했다. 그리고 할아버지는 눈만 뜨면 TV만 봐서 못할 거라고 했다. 하지만 나는 한 문제도 못 풀었고 반대로 할아버지는 한 문제를 풀었다. 그때 손자가 "할아버지는 일과가 TV 보기인데 똑똑하시네요"라고 해서 웃음바다가 됐다.

남편은 무엇이든지 부정적인 생각을 했다. 삶이 재미가 없고 무의미하다는 둥 가부좌를 하고 앉아서 푹푹 한숨만 내쉬는 남편을 볼 때 무엇이라고 해 줄 말이 없다. 모든 것을 부정적으로 생각하니 세상이 아름답게 보이겠는가? 모든 것이 회색과 검정색, 어두운 빛으로 장식이 되어 있는데 말이다. 부정적인 생각을 하는 사람에게는 긍정적인 말도 독이 될 수 있다.

부정적인 생각은 부정적인 행동을 낳는다. 사사건건 싸움을 하려고 작정한 사람처럼 달려드는 사람의 말에 대꾸하다 보면 바람 잘 날이 없다. 배우자는 그저 옆에서 바람 잘 날을 기다릴 뿐이다. 오히려 여덟 살 손자하고도 말싸움 하는 것을 보면 왜 이렇게 이성을 잃어가는 것인지 의문이 들기도 한다. 이럴 때 사용하는 도구가 '묵비권'이며 옆에서 관심을 가지고 관찰하고 원인 분석을 하며 지켜보는 것이다.

혈압과 당뇨가 심해져 병원에 가니 기본적인 질문을 한다. "요즘 스트레스를 받으시나요? 잠은 왜 못 주무세요? 신경 쓰는 일이 있나요? 운동은 꾸준히 하시나요?" 그러면 남편은 자고 일어나면 여기저기 안 아픈 곳이 없다고 하소연한다. 하지만 의사 선생님은 아무 이상이 없으니 마음을 편하게 하고 긍정적인 생각을 하며 스트레스 받지 마시고 살라고 하셨다. 매사 부정적인 생각은 몸을 병들게 한다며 말이다.

배우자는 옆에서 이런 상황을 지켜보노라면 답답하다. 무엇이라 말을 하면 기름통에 불쏘시개를 던지는 꼴이 된다. 스스로 생각을 바꿀 때까지 옆에서 지켜보는 것이 정답이다. 부정적인 생각과 부정적인 행동은 독이 된다는 사실을, 제일 가까이 있는 남편의 상황을 보면서 절실히 느꼈다. 칼보다 더 무서운 것이 말이다.

건강 비결은 스피치와 연결이 된다. 스피치로 잘 표현하며 살면 건강해진다는 사실은 이미 언론과 각종 매체를 통하여 잘 알려져 있다. 부정적인 생각과 부정적인 행동은 독이 된다는 사실을 기억하고 내가 좋은 말을 함으로 인해서 상대방도 건강해진다는 사실을 잊지 말자. 중년을 넘어서 제일 중요한 것이 건강이다. 건강도 말이 좌지우지한다는 것을 기억하자.

화술로 보석같이
빛나는 삶을 살자

보석을 바라보면 감탄사가 절로 나온다. 눈부시게 빛을 발하는 보석을 보면 매료되어 한동안 눈길을 뗄 수가 없다. 몸에 지니고 싶은 욕망, 만져보고 싶은 욕망이 용솟음친다. 보석도 처음에는 쓸모없는 돌덩이였지만 여러 공정 과정을 거쳐서 신비의 보석으로 탄생된다. 이렇듯 보석이 탄생되면 마지막으로 주인을 만날 때 보석의 역할을 다하는 것이다.

이제는 화술로 보석같이 빛나는 삶을 살자. 보석보다 더 빛나게 만들고 가꿔야 할 것은 바로 화술이다. 시니어가 되면 보석으로 빛을 발휘하는 것도 좋지만 먼저 화술의 빛을 발휘해서 주변 사람들과 더불어서 빛나는 삶을 살아가자. 화술을 갈고닦는 것은 한순간에 되는 것은 아니며 공을 들여야 한다.

살아있는 동안 말이라는 것은 항상 나와 함께 동행한다. 죽는 날까지 화술이 내 안에서 빛을 발산할 수 있도록 갈고닦아야 한다. 수 강생들에게 이런 이야기를 자주 한다. 화술은 하루아침, 한두 달 만에 이루어지는 것이 아니다. 말하는 것도 습관이기 때문이다. 나쁜 습관 은 몸에 자연스럽게 배지만 좋은 습관이 몸에 익혀서 자연스럽게 되 기까지는 보통의 노력 없이는 어렵다. 얼굴에 화장을 하면 어떤 날은 화장이 잘되고 어떤 날은 안 되는 날도 있다. 특히 여자들은 화장품 을 필수품으로 생각한다. 화장이란 도구를 통하여 얼굴을 빛나게 하 듯이 화술도 끊임없이 갈고닦아서 인격과 품성이 더욱 빛나게 될 때 주변의 사람들이 먼저 알아본다는 사실을 기억하자. 화술은 누구를 위한 것이 아닌 자신을 위한 것임을 잊지 말길 바란다. 화술로 보석 같이 빛나는 삶을 살아가기 위해서 어떤 것이 있나 살펴보자.

— 이제 화술로 갈고닦아야 한다

좀 더 지혜로운 사람이 되자. 서점에 가 보면 자기 계발에 관한 책 이 굉장히 많다. 자기 계발서가 주를 이룬다는 것은 그것이 어느 특 정인에게만 필요한 것이 아니라 그만큼 누구에게나 필요한 것이기 때문이리라. 고로 한 권 이상은 읽어 보았을 것이다. 백세 시대를 맞 이해서 자기 계발을 위해 끊임없이 노력하자. 수많은 자기 계발서가 있지만 여기서는 시니어분들에게 '시니어 스피치'에 대하여 논하는 것이다. 어떻게 하면 상대방의 마음을 사로잡고 편하게 해줄지 또 즐겁게 해줄지 고민하고, 어떻게 하면 내 편으로 만들지 고민하는 사람, 전달하고자 하는 내용으로 상대방을 잘 설득할 수 있을지에 대한 질문을 갖고 노력하는 사람은 화술에 힘이 생겨서 많은 사람들 틈에 가만히 있기만 해도 빛이 난다. 즉 화술의 힘을 발휘한 것이다.

오래전에 책에서 읽은 글귀가 문득 떠오른다. 마을에 내로라하는 아주머니들이 모여 입에 침이 마르도록 몸에 지닌 갖가지 희귀한 보석을 자랑하고 있었다. 보석의 값이 어마어마해서 가격을 따질 수가 없다는 이야기도 한다. 서로가 돌아가면서 정신없이 자랑을 하는데, 한 아주머니는 아무 말 없이 묵묵히 듣고만 있었다. 사람들은 "어머, 그 흔한 보석 반지 하나도 지니지 못한 것을 보니 살기가 힘든가 봐요?"라고 한다. 그럼에도 그녀는 아무 대답 않고 그저 바라만 보고 있었다. 그럼에도 연거푸 같은 질문이 오자 그 아주머니는 입을 열었다. "저는 보석을 집에 놓고 왔는데요." 다들 놀라서 호들갑을 떨며 얼마나 귀하기에 지니지도 않고 다니느냐며 기다릴 테니 가서 보석을 갖고 오라고 했다. 그러자 그녀는 못 이기는 척 나가더니 잠시 후 한 아이를 데리고 돌아왔다. 빨리 보석을 보여 달라고 법석을 부리는데 아주머니는 웃으시면서 아이를 가리키며 "이 아이가 제 보석입니다. 값으로는 따질 수가 없지요"라고 아이를 자랑하신다. 듣고 있던 아주머니들은 아무 소리 없이 그냥 집으로 돌아갔다는 이야기다. 그렇다. 보석보다 귀한 것은 자녀다.

자녀는 보석보다 더 귀하다. 어디 보석에다 비유를 할 수 있을까? 그러나 귀한 자녀도 교육하지 않는다면 쓸모없는 돌덩이가 될 것이다. 우리 어른들이 귀한 자녀들에게 어릴 적부터 올바른 화술을 가르친다면 금상첨화일 것이다. 남녀노소를 막론하고 화술로 갈고닦아서 보석같이 빛나는 삶을 살아갈 수 있도록 돕자.

─ 시니어의 할 일은 귀여운 손자, 손녀의 화술을 교육하기

내 자녀는 먹고 살기 바빠서 가정 교육을 제대로 못했지만 자녀의 자손에게 교육을 한다면 보석보다 더 값진 교육이 될 것이다.《명심보감》에 '한 상자의 황금을 자식에게 물려 주느니 경서 한 권을 가르쳐 주는 게 낫다. 천금의 돈을 자식에게 전해 주느니 재주를 하나 가르쳐 주는 게 낫다'는 말이 있다. 교육은 우리들의 몫이라 생각한다.

인성 교육이 화두가 됐다. 최초의 학교는 가정이며, 최초의 교사는 부모. 가정에서 우리 자녀만이라도 조부모가 보다 잘 갖춘 교육으로 잘 돌봐서 제대로 된 인격과 성품으로 길러낸다면 아이들은 행복한 세상을 살아갈 것이다. 시니어들이 할 일을 찾아보면 무궁무진하다. 사람의 가장 큰 성공은 사람을 올바르게 만든 것이라고 한다. 한 아이를 올바른 길로 성장할 수 있도록 양육을 한다는 것은 제일로 값진 일이다. 할머니와 할아버지가 가정에서 항상 모범이 되고 자녀 혹은 손자, 손녀에게 인성 교육의 가장 기본이 되는 화술 교육을 가르치면 얼마나 좋을까. 그렇게 할 수 있다면 조부모도 말을 조심하게 되고 함부로 행동하지 않는다. 먼저 우리 가정의 변화가 일어나면 주변에 있는 가정에도 변화가 일어난다. 어른이 모범을 보여주자. 윗물이 맑아야 아랫물이 맑다.

─ 조부모의 역할이 중요하다

모든 것이 언어로 시작해서 언어로 마무리된다. 신호등을 기다리고 있는 중이었다. 나의 습관 중 하나는 거리를 다닐 때 혼자 중얼중얼하는 것이다. 그것은 시를 암송하면서 다니기 때문이다. 그렇게 하면 시간도 벌고, 한 편의 시도 외울 수 있어서 일석이조의 효과를 본다. 마침 건너편에서 할머니와 손녀가 오고 있었다. 들어 보니 손녀가 아파서 유치원도 가지 못하고 병원엘 다녀오는 모양이었다. 손녀는 아프다고 울면서 칭얼거린다. 그런데 할머니는 "네가 아파서 할머니는 지금 점심도 못 먹고 배고프다!" 등 욕을 하며 손녀 탓만 계속한다. 손녀가 계속 칭얼대니 할머니는 그러면 버리고 간다고 협박을 한다. 그러자 손녀는 "울지 않을 테니 버리지 마세요"라며 할머니 손을 꼭 잡고 매달리며 애원을 한다.

이 광경을 본 나는 가슴이 너무나 아프고 찡했다. 남의 일 같지가 않았다. 같은 할머니로서 입장을 바꿔서 생각했다. 가슴 아픈 일이었다. '할머니가 되어서 아무리 배가 고파서 속상했다고 할지라도 어린 손녀에게 그렇게 행동을 하니 손녀가 무엇을 보고 배우겠는가'라는 걱정이 되었다. 우리는 어린아이들을 탓하기 전에 어른이 된 자신을 먼저 돌아보고 반성해야 한다. 어린아이를 탓하지 마라. 그 길은 내가 이미 걸어왔던 길이며, 어린아이는 꿈을 향해서 걸어가는 중이다. 아름다운 꿈을 향해서 걸어가고 있는 미래를 어른들이 좋은 추억으로 만들어 주어야 한다. 그래야 아이들도 아름다운 세상이 있다는 것을 어른들을 통하여 배우며 신뢰한다.

위 사례는 한 할머니의 인성이 그대로 드러나는 장면이다. 어떻게 그런 말을 할까. 그 할머니의 말투를 보면 살아온 삶의 말투가 그대로 묻어나온다. 말 한마디, 한마디가 얼마나 소중하고 귀한 것인가. 그 어린 손녀의 가슴에 버리고 간다는 그 한마디가 얼마나 큰 상처를 주었을지 가늠해 보니 가슴이 아렸다.

조부모의 역할이란 무엇일까. 전철 안에서 많은 생각을 했다. 그냥 아이들만 돌봐야 하는 것인지 아니면 아이들을 돌보면서 교육까지 해야 하는 것인지. 아이의 부모는 자신의 부모님을 믿고 아이를 맡기고 직장을 다닐 것이다. 그 손녀는 그렇게 말하는 할머니 밑에서 성장하면, 아이의 인성도 할머니처럼 성장할지 모를 일이다.

중년이 되고 시니어가 될수록 모든 사람들의 모범의 대상이 되자. 바라는 것은 화술을 갈고닦아서 가족에게 희망을 주고 주변에 있는 사람들에게 용기를 주고 덕을 세우자. 사람들의 기를 세우는 보석같이 빛나는 화술의 힘을 키워야 한다.

화술로 보석같이 빛나는 삶을 살기 위해서 이제부터라도 화술을 갈고닦아야 한다. 늦지 않았다. 그 닦은 화술로 시니어가 할 일은 귀여운 손자, 손녀의 화술 교육을 제대로 해보는 것이다. 이것이 마지막으로 후손들에게 해줄 바람직한 일이며 중요한 조부모로서의 역할이다. 요즘 자라나는 청소년들이 사용하는 언어를 들으면 어머니의 배 속에서부터 마치 욕을 배우고 나오는 것 같다. 너 나 할 것 없이 교육의 현장이라는 곳조차 욕이 아니면 대화가 안 되듯이 올바른 언어생활이 무너지고 있다는 것을 피부로 느낀다. 어른도 마찬가지다. 교육의 현장에서도 언어 순화 운동이 일어나고 있지만 변화가 없다는 것은 실천을 하지 않기 때문이다. 가정이라는 울타리 안에서 먼저 가족 구성원이 언어 순화 운동이 일어나면 모든 가정이 다 일어날 것이다. 보석보다 더 귀한 보석은 자녀들이라는 것을 꼭 명심하길 바란다.

시니어 스피치로
나를 브랜드화하라

새 술은 새 부대에 담아야 한다. 자신을 브랜드화하려는 사람은 철저히 프로 의식으로 무장되어 있다. 좀 지독하다 싶을 정도로 주인 의식과 자기 관리에 철저한 사람만이 진정한 프로 대접을 받을 수 있다. 과감한 변신은 필수다. 나를 브랜드화하는 작업에서 가장 중요한 것은 자신을 변화 · 변신하는 것이다. 시니어가 되면 모든 면에서 조심스럽고 생각이 복잡해져서 변화가 두렵지만, 이제 나를 브랜드화하기 위하여 먼저 분석을 하고 내가 할 일이 있다면 거기에 맞는 과감한 변신을 시도하자. 새로운 일에 도전하려면 그동안의 스피치 습관을 새롭게 바꿔 보자. 나를 브랜드로 만들기 위해서는 무엇이 필요한지 알아보자.

— 스피치로 나를 브랜드화하라

　스피치를 배우는 사람들의 목적은 다양하다. 다양한 필요성에 의해서 온다. A라는 중년의 사람이 찾아왔다. 뒤늦게 철이 들어서 공부를 시작했다고 한다. 한 방송통신 대학교의 임원이라 1박2일 축제를 하는데 사회를 맡아서 진행을 한단다. 모든 준비를 했는데 걱정이 된다고 하셨다. 본인은 중소기업체 대표라서 많은 회의도 하고 거래처를 다니며 평생 말을 한 사람이지만 막상 사회자가 된다고 하니 떨려서 잠을 못 이뤘다고 한다. 날짜가 언제냐고 물어보니 내일이란다. 미리 시나리오를 갖고 오셨고, 상담을 받고 바로 지도 받을 각오를 하고 있다고 했다. 철저하게 준비를 하고 변화와 변신을 하려는 강한 의지가 그분의 눈빛에서 이미 말을 해 주고 있었다.

　그분은 이런 기회가 인생에 두 번 다시는 찾아오지는 않을 것이라는 생각과 이번에 '나'라는 사람을 확실하게 보여주자는 생각을 하셨다고 했다. 교육을 하면서 느낀 것은 목마른 사람이 우물을 판다고 스펀지처럼 그대로 받아들인다. 스파르타식으로 하루 교육을 받고 돌아갔다. "제가 정말 멋지게 잘하고 다녀오겠습니다. 끝나는 대로 연락을 드리겠습니다." 다음 날 오후에 문자가 왔다. '원장님, 저 아무래도 사업을 그만두고 강사로 나서야 될 것 같습니다. 청중이 끝나고 칭찬을 하면서 직업을 바꿔야 되는 것 아니냐는 소리에 천군만마를 얻은 기분입니다.'

　이것이 말이 무기가 되고 말이 힘이 되는 것이다. 이분은 스피치로 자신을 브랜드화한 것이다. 그렇다면 스피치로 나를 브랜드화하려면 어떤 것이 있나 살펴보자.

— 지난 30년 동안의 살아온 경험으로 제2의 인생을 준비하라

퇴직한 후에 본인의 지나온 삶을 돌아보아라. 그 속에는 수많은 이야깃거리 보물들이 숨어있다. 삶의 지혜와 경험, 지식들로 가득 차 있다. 그것을 고이 간직만 하고 그대로 영구 보존한다면 아무 소용이 없다는 것을 이미 잘 알고 있을 것이다. 수강생 중에 한 분은 퇴직을 하고 집에만 있자니 따분하고 무언가 배울 게 없을지를 찾다가 스피치 학원에서는 무엇을 하는지 궁금해서 방문하셨다고 했다. 여기는 말을 잘하는 사람들이 오신다고 했더니 웃으시더라. 공개 강의를 하는 날, 다시 오셨고 제2의 일을 시작하기 전에 먼저 스피치를 배우고 나서 새롭게 일을 하고 싶다고 했다. 이분도 마찬가지로 목적을 갖고 오신 것이다. 수강 등록을 하고 교육 시간에 발표를 하는데 '살아 있는' 이야기만 하신다. 앞으로 강의를 하시면 잘하실 것 같아서 생각이 어떠시냐고 묻자 "제가 그런 능력이 있나요"라고 하신다. 그래서 나는 "능력은 키우면 되고, 선생님의 30년 넘은 경험과 지식 그리고 여러 노하우는 돈으로 살 수 없는 선생님만의 브랜드 곧 지적 재산입니다. 이것을 발판으로 삼아 목적을 세우고 열심히 실력을 갈고닦아서 새로운 제2의 인생을 사는 거예요. 이제 시니어가 되었으니 남은 인생을 사회에 봉사하면서 살아가요"라고 했더니 빙그레 웃으신다.

　지난날 인생의 삶은 그냥 얻어진 것이 아니다. 30~40년을 헛되게 산 것이 아니다. 지혜로운 사람은 지난 경험과 경력을 자신만의 브랜드로 만들어서 스피치의 힘과 함께 새로운 제2의 인생을 살아간다. 그런 사람들을 주변에서 얼마든지 볼 수 있다. 반대로 퇴직을 하고, 평생을 죽도록 소처럼 일했는데 남은 기간 또 일을 하냐면서 24시간 TV를 친구 삼아 소파에만 누워서 리모컨 조정만 하는 사람도 있다. 고령화 시대를 살아가면서 우리는 과연 어떤 선택을 하는 것이 옳고 그른지 현명한 판단을 해야 한다.

― 스피치로 품격 있는 제2의 인생을 살아가자

　스피치 실력을 닦아 놓자. 제2의 직장을 가지든 무슨 일을 하든지 스피치 실력을 갈고닦았다면 어디를 가든지 대환영을 받는다. 모임에 가서 한마디를 하더라도 보는 사람들의 눈이 달라진다. 이런 경험을 한 적이 있을 것이다. 모임에 갔더니 누구는 자랑만 늘어놓고 술이나 마시고 시간 낭비만 하고 왔다는 생각이 든다면 다음엔 모임을 안 나갈 것이다. 이렇게 맹세를 하고는 다음에 연락이 오면 또 나간다. 그나마 그 모임이라도 없으면 갈 곳이 없기 때문이다. 이런 자리일지언정 말을 잘하면 사람들이 부러워한다. 스피치란 무대, 공식적 발표, 인사, 강의 이런 자리가 아니더라도 일상생활 속에서의 스피치는 정말로 중요하다. 공식적인 자리보다 생활 속의 스피치를 잘하는 사람이 말을 잘한다. 생활 속에서의 스피치가 곧 공식적인 스피치로 연결되기 때문이다.

시니어 스피치의 힘은 대단하다. 지금까지의 살아온 경험, 지혜, 지식을 잘 살려서 자기만의 1시간 강의안을 만들어 보라. 주제를 찾았다면 작품을 완벽하게 만들고 스피치를 통하여 연습의 훈련을 하자. 완벽하게 연습을 하면서 수정을 한다. 완벽이란 없지만 부족한 것을 채워 가는 과정이다. 마지막으로 이 작품을 갖고 백 번만 연습을 하면 그 주제의 내용이 당신의 입맛에 딱 맞는 스피치가 될 것이며 누구와 대화를 나눠도 자연스러워진다. 이 주제만큼은 당신의 몸에 학습이 된 것이다.

그다음 단계는 지식의 판로를 찾는 것이다. 요즘 지역 구청 홈페이지에 들어가면 재능 기부라는 것이 있다. 그런 곳을 통하여 연결을 할 수 있으며 경험 삼아 재능 기부를 하다 보면 좋은 일들이 많이 생긴다. 오랫동안 현장에서의 쌓아온 경험 그동안 삶을 저축해 온 통장에서 하나씩 하나씩 꺼내어서 당신의 이야깃거리로 만들어서 제2의 인생의 삶을 품격 있는 스피치를 하며 살아가자.

목소리도 나이가 든다.
피부에 투자를 하는 사람이 많다.
그만큼 목소리도 투자하면 젊어진다.
피부 관리는 돈이 들어가지만 목소리 관리는 돈이 필요 없다.

2
PART

시니어 스피치를
업그레이드하자

오감을 자극하는 낭독 훈련

오감을 자극하는 낭독 훈련을 한다. 초등학교 다닐 적 강의 시간에 책을 큰 소리로 읽었던 기억이 난다. 선생님은 국어 시간이 되면 큰 소리로 책을 읽으라고 하셨다. 요즘 학생들은 주로 묵독을 한다. 때로는 묵독도 필요하지만 책을 크게 낭독하는 습관이 필요할 때도 있다. 오래전부터 큰 소리로 낭독하는 훈련을 습관처럼 실천하며 꾸준히 노력한 결과, 많은 이점을 얻었다. 말하는 자신감, 어휘력, 발음, 표준어, 표현력, 언어 감각, 기억력, 낭독의 자신감, 목소리 등 다양한 것을 얻었다. 특히 시니어들에게 적극적으로 책을 크게 읽는 낭독 훈련을 권하고 싶다.

나이가 들면 혼자 보내는 시간이 많다. 우두커니 TV만 켜 놓고 아무 생각 없이 시청을 하며 하루를 무의미하게 보내는 것이다. 유일한 친구는 바로 TV다. 남편도 예외는 아니었다. 퇴직을 하고 집에만 있다 보니 하루 동안 말을 하는 시간이 거의 없었다. 왜냐하면 TV라는 친구는 대화 기능이 없고, 일방적으로 이야기를 하기 때문에 그냥 경청만 하게 된다. 이런 시간이 계속 이어지다 보면 한마디로 언어 영역이 뒤처지고 인지 능력이 떨어지기 쉽다. 그래서 순간적으로 말을 하려면 할 말도 없고 발음도 어눌해지며 나중에는 입을 닫고 사는 꼴이 된다.

이런 문제를 해결하는 것이 바로 낭독 훈련이다. 올바르게 낭독을 하면 언어 영역과 인지 능력이 뛰어나지고 뇌가 활성화가 되어서 오감을 자극한다. 치매를 예방하는 데 낭독 훈련이 효과적이다. 다시 말하자면 치매 예방을 하는 데 낭독 훈련만큼 좋은 것은 없다. 이 방법은 시니어들에게 적극적으로 추천한다. 아무리 좋은 방법을 일러 준다 해도 실천하지 않으면 아무런 소용이 없듯이 이 훈련 방법은 스스로를 위해서 하는 것이지 남을 위해서 하는 것은 아니라는 것을 알았으면 좋겠다. 그럼 책을 낭독하는 방법에 대하여 말을 하고자 한다.

━ 동화책을 낭독하면 정서가 안정적이다

동화책을 소리 내어 읽다 보면 정서를 풍부하게 만드는 데 많은 도움이 된다. 감정을 담아 아름다운 문장을 낭독하는 과정을 통하여 자신감, 어휘력, 상상력, 바른 말, 고운 말, 표현력, 감수성이 쑥쑥 자란다. 우리가 어렸을 적에 할머니 곁에 옹기종기 앉아서 구수한 이야기를 듣던 기억은 오랜 세월이 흘러도 아름다운 추억으로 생생하게 남는다. 이것은 할머니의 구수한 옛날이야기가 정서적으로 편안함을 안겨주는 행복의 선물이기 때문이다. 예를 들면 다음과 같다.

옛날에 엄마 돼지와 아기 돼지 삼 형제가 살았어요. 어느 날 엄마 돼지가 아기 돼지 삼 형제에게 말했어요. **"얘들아, 이제 너희들도 각자 집을 짓고 살아라."** 하지만 아기 돼지 삼 형제는 늑대 때문에 혼자 사는 게 겁이 났어요. **"엄마, 늑대가 들어오면 어쩌죠?"** "그러니 집을 아주 튼튼하게 지어야 한단다." 엄마 돼지의 말에 삼 형제는 고개를 끄덕였어요. 첫째 돼지가 집을 지을 재료를 구하러 나갔어요. **"수탉아! 무엇으로 집을 지으면 튼튼할까?"** 첫째 돼지가 물었어요. "당연히 볏짚으로 지어야지." 첫째 돼지는 수탉에게 볏짚을 얻어와 집을 짓기 시작했어요. (중간 생략)

지금도 부모님께서 어렸을 적에 들려준 동화 이야기는 잊히지 않는다. 동화는 어렸을 적 들었던 내용과 지금 시니어가 되어서 읽은 동화책은 180도 느낌이 다르다. 어렸을 적 느꼈던 감정과 성인이 되어서 읽은 감정이 확연하게 다른 것이다. 동화의 내용은 우리 인생의 나침판의 역할과 지침서가 될 수 있다. 자연스럽게 인성 교육이 저절로 된다.

인지후는 초등학교 2학년이 된 나의 손자다. 저녁 8시 30분에서 9시가 되면 나에게 전화를 걸어서 동화 혹은 옛날이야기를 해달라고 부탁을 한다. 그러면 나는 미리 준비를 해놓고 얼른 두세 권씩 읽어 주고는 퀴즈를 내며, 듣고 느낀 점을 발표하고 마무리를 한다. 요즘은 바빠서인지 전화는 가끔씩 하는데, 왜 전화를 안 하냐고 물어보면 2학년이 되니 공부, 학원, 숙제 등 할 일이 너무 많아서 시간이 없단다. 지후의 순수한 마음이 세상에 물들어 가는 것은 아닌지 걱정된다.

동화책은 어른들에게도 꼭 필요한 책이라고 생각한다. 책을 통하여 작가의 심리를 이해한다. 때론 낭독할 때 책 속의 주인공이 되어서 나름대로 성우의 목소리를 내기도 하고, 감정을 가득 담아서 다양한 목소리를 내면 아주 재미있고 시간 가는 줄 모른다. 어떤 책을 읽든지 낭독을 할 때는 큰 소리로 천천히 또박또박 정확하게 읽는 훈련이 중요하다.

─ 시를 낭독함으로써 마음을 치유하자

시는 자신을 돌아보게 하는 힘이 있다. 시를 낭독하고 시 속의 주인공과 마음의 대화를 나눠 보자. 치유가 필요할 때 마음의 위로가 되는 글을 적어 보는 것도 도움이 된다. 시를 통하여 감정, 정서, 분노, 화병, 우울, 불안, 걱정을 다스림으로 좋은 치유제가 된다. 시 낭독은 특히 스트레스를 해소하고 마음의 평정을 되찾는 데 많은 도움이 된다. 다음은 정호승 시인의 '수선화'의 내용이다.

울지 마라 외로우니까 사람이다

살아간다는 것은 외로움을 견디는 일이다

공연히 오지 않는 전화를 기다리지 마라

눈이 오면 눈길을 걸어가고

비가 오면 빗길을 걸어가라

갈대숲에서 가슴 검은 도요새도 너를 보고 있다

하느님도 가끔은 외로워서 눈물을 흘리신다

(이하 생략)

시 낭송을 하면 "어쩜 저리도 내 마음과 같을까"라고 공감하면서 눈물을 흘리시는 분들이 여기저기 계신다. 요즘 혼자 사시는 분들이 늘어나고 있는 추세다. 외로움이란 마음의 병을 남녀노소 누구나 앓고 있다. 시를 읽고는 "그래, 맞아. 인간은 외로운 거야. 훌훌 털어 버리자"라고 말씀을 하시며 웃으시며 눈물을 흘리신다. 홀로 왔다 홀로 가는 인생이 아닌가? 그래서 인간은 정처 없이 떠돌다 구름처럼 여기저기 잠시 머물다 가는 인생인데 왜 자녀들이 찾아오지 않는다고 쓸데없이 전화를 기다리느냐고 하신다. '시 치유'란 말을 많이 들어 보았을 것이다. 바쁜 세상에 두꺼운 책은 시간이 없어서 못 읽고 시집은 간단해서 좋다. 시니어들에게 권할 만한 책이다.

시를 자주 낭독을 하다 보면 장점을 발견한다. 상상력, 창의력, 유창성, 표현력과 함께 더 중요한 것은 인성 교육까지 연결이 된다는 점에서 큰 의미가 있다. 한 편의 시는 아주 짧다. 그 짧은 글을 읽으면서 깊이 생각하고 시 속으로 들어가서 시인과 직·간접적으로 만나 감정을 느끼고 공유를 한다. 그러면 어느 순간에 시인이 되어서 언어 자체에 감수성이 풍부한 시니어가 된 것을 발견한다. 시는 한마디로 감정을 치료하는 데 많은 도움을 준다.

이 시는 뒷산을 산책하다가 풀잎 위에 물방울이 옹기종기 모여 앉아있는 모습을 보고 표현한 것이다. 큰 물방울, 작은 물방울들이 모여 있는 모습이 전통 가족의 모습과 같았다. 얼마나 행복한 가정인가. 풀 끝에 앉아있는 물방울들을 바라보면서 자연의 신비함을 어루만졌다.

물방울

　　　　　이한분

작은 물방울

햇빛에 영롱하게 비치는 물방울

수정같이 맑은 물방울

풀잎 위에 고요히 놓여있다

풀잎 톡톡 건드리면

떼굴떼굴 구르는 모습

너무 예쁘다

살며시 다가가서 만지면

물로 변하는 요술쟁이 물방울

풀벌레가 풀잎 살짝 건드리면

문득 물방울 굴러가는 소리

아빠, 엄마, 아가 방울

풀잎 위에 오순도순 앉아있으면

지나가는 바람이 살며시 건드리고

온 가족이 떼굴떼굴 미끄럼을 탄다

2017년도에 주안도서관에서 국립중앙도서관과의 공모사업으로 시각 장애인 독서 프로그램 '시(詩)와 함께하는 행복한 인생'을 약 2개월간 진행했다. 대부분의 연령대는 55~85세로 남자분들이 시를 더 좋아하는 것 같았다. 그분들 생각에 시는 시인들만 하는 것인 줄 알았는데 프로그램에 참여하여 교육을 받고 보니, 시란 생활 속과 모든 삶 그 자체가 시라는 것을 깨달으셨다고 했다. 강의가 끝나기까지 결석치 않고 초롱초롱한 모습과 과제물을 꼭 챙기시는 모습에서 배움에 나이가 없다는 것이 증명됐다. 이분들에게 '시'라는 강의를 통하여 많은 변화가 일어났다. '우울증이 치료가 되었다. 삶이 행복하다. 배움이 좋다. 시를 외우다 보면 치매 걱정이 안 될 것 같다. 희망이 생겼다.' 등 저마다의 이야기가 다양했다.

프로그램을 진행하면서 가장 인상 깊었던 것은 80세가 훌쩍 넘으신 남자 수강생 한 분이 소풍 가는 날까지 자작시를 지어서 갖고 오셨다. 한마디로 대단한 열정이었다. "선생님, 숙제요"라고 하시면서 쭈글쭈글한 두 손으로 숙제를 내미실 때면 눈가에 눈물이 촉촉해졌다. "참 잘하셨어요." 토닥이면서 꼭 안아드렸다.

이러할 때 교육자로서 뿌듯함이란 이루 말할 수 없다. 그분은 항상 이런 말씀을 하셨다. "이 나이에 선생님이 아니면 어떻게 시를 짓겠는가? 늙었지만 자꾸 머리로 생각을 하다 보니 두뇌가 회전되고 특히 치매 예방이 되는 것 같아서 아주 좋은 교육입니다." 시란 짤막한 함축어로 표현을 하기 때문에 누구나 조금만 교육을 받으면 시인이 될 수 있다. 오늘부터 나의 감정을 시로 간단하게 표현을 해 보자. 시인만 시를 쓰라는 법은 없다. 아이들은 감수성이 풍부해서 누구나 시인이라는 말이 떠오른다.

― 낭독 훈련은 언어 능력 향상에 도움이 된다

책을 읽는 그 자체는 일종의 대화이기 때문에 언어 능력 향상에 큰 도움이 된다. 책을 통해 풍부한 배경지식을 쌓게 될 뿐 아니라 책을 읽으므로 이해력이 깊어지고 여러 분야에 관심과 흥미를 갖게 된다. 가끔 책을 읽을 때도 역시 소리 내어 읽는 것이 자신감을 키우는 데 도움이 되며 발음이 정확해진다. 중년이 될수록 책을 통해 정확한 발음으로 낭독하는 것은 아주 중요하다. 나이가 들면 발음이 어눌해지고 의사 전달력이 떨어진다. 이것을 해결하는 방법은 큰 소리로 낭독을 하는 것이다.

낭독 훈련은 한 번을 읽어도 제대로 큰 소리로 읽는 것이 도움이 된다. 명료하게 낭독하는 게 중요하다. 낭독이 또렷하지 않은 원인은 입을 충분히 벌리지 않기 때문이다. 턱 근육이 경직되고 입술을 거의 움직이지 않아서 발음이 흐릿해질 수도 있다. 분명하지 않은 낭독은 음성 기관의 구조적 결함과 관련이 있을 수 있으나 꾸준한 연습으로 개선할 수 있다. 낭독의 명료성을 향상하려면 말하는 속도를 늦추고 음절 하나하나 소리를 내기 위해서 최선을 다해야 한다. 처음에는 너무 정확해서 딱딱하게 들릴 수 있지만 연습을 계속하면 부드러워진다. 훈련을 통하여 긴장을 푸는 방법은 책을 천천히 여유 있게 읽는 것이다.

의미 강세로 흥미를 더한다. 의미가 있거나 의미를 주는 단어는 구를 특별히 강조해서 소리 낸다. 더 큰 음량, 더 강도 높은 느낌을 천천히 신중하게 변조해서 사용해 보자. 또 어떤 단어에서는 음조 곧 소리의 높낮이와 강약이나 빠르고 느린 정도를 낮추거나 높임으로써 강조를 전달할 수도 있다. 낭독의 재미를 더하는 목소리 변화는 다양한 음량과 속도 음높이를 잘 사용하면 훨씬 더 듣기 좋은 낭독을 할 수 있다. 뿐만 아니라 낭독에 대한 느낌을 전할 수 있다. 정확하지 않은 낭독은 의미 전달에 실패한다. 느낌표, 온점, 반점 등 구두점은 문장이나 절 또는 구 끝에 찍어서 말할 때 잠시 사이를 두는 부분이나 말투가 바뀌는 부분을 나타내므로 정확히 지킨다. 의미 강세도 더 확실하게 해주는 것이 도움이 된다. 다음 예문을 읽어 보자. 진하게 된 부분은 감정을 넣어서 다양한 표현을 해 보자. 마음에 전달되는 감정이 다를 것이다. 중요한 것은 듣는 사람도 언어가 살아있는 것을 느낄 수 있다는 것이다.

> 며칠 후 배고픈 늑대가 첫째 돼지의 초가집에 나타났어요. **"첫째 돼지야,**
> **문 열어라. 문 열어."** **"싫어."** "그럼 네 집을 날려 버릴 테다." 늑대는 입으
> 로 바람을 불어 초가집을 폴폴 날려 버렸어요. **"도와줘."** 첫째 돼지는 둘
> 째 돼지의 집으로 달려갔어요. **"둘째 돼지야, 문 열어라. 문 열어."** 늑대가
> 쫓아와 소리쳤어요. **"싫어."** "그럼 네 집을 부수어 버릴 테다." 늑대는 주
> 먹으로 나무집을 **쾅쾅** 부숴 버렸어요.

　급격한 사회 변화로 독거노인들이 많아졌다. 그들의 유일한 대화
친구는 TV다. 그것마저 없으면 웃을 일도 없다. 이런 부분이 지속되
면 누구나 언어 영역이 뒤처지고 인지 능력이 떨어지기 마련이다. 책
을 읽는 것이 어렵다면 TV에 나오는 사람이 말하는 것을 따라서 하
면 된다. 드라마, 개그, 뉴스 등 관심 있는 프로그램을 시청하면서 한
시간씩 투자해서 다양한 낭독 훈련을 하면 된다. 이러한 방법으로 문
제를 해결할 수 있다. 올바른 낭독 훈련은 언어 영역과 인지 능력의
향상을 돕고 뇌를 활성화하여 오감을 자극할 수 있다. 시력이 좋지
않는 분들에겐 대신 책을 낭독해 주는 곳도 있다. 올바른 낭독은 목
소리를 통하여 사상과 감정, 영혼의 소통, 감성을 상대방에게 전달하
는 것이다. 낭독 훈련을 통하여 시니어 스피치를 업그레이드하자.

모방 훈련은 스피치가 막막할 때 도움이 된다

　모방은 재창조를 만들어 낸다는 말이 있듯이 스피치가 막막할 때 모방 훈련은 많은 도움이 된다. 누구나 스피치를 제대로 한다는 것은 쉬운 일은 아니다. 스피치는 선천적으로 타고난 사람도 있지만 후천적으로 노력을 해서 말을 잘하는 사람들이 더 많다. 현대 사회는 자기표현을 잘하는 사람을 필요로 하기 때문에 말을 잘하는 사람은 모든 사람들의 부러움의 대상이 되며 사회생활을 하는 데 많은 도움이 된다. 현직에 있을 때는 나름대로 말을 잘했다고 한마디씩 한다. 그러나 퇴직을 하고 집에 있는 사람들은 종종 이제 말도 생각대로 잘 안 되고, 말도 제대로 다스리지 못한다고 하소연을 한다.

　일상생활 속에서 누구를 만나도 자기의 의견을 정확하게 표현을 한다면 얼마나 좋을까라는 생각만 하지 말자. 스피치에 대하여 관심을 갖고 연습을 하다 보면 어느 순간에 내가 말을 잘하고 있고 실력이 늘었다고 느낄 수 있다. 모방 훈련 스피치에 대하여 생각해보자. 이 훈련을 지속적으로 하다 보면 당신도 어느 순간에 주변으로부터 부러움의 대상이 된다. 그렇다면 모방 훈련은 어떻게 하는지 살펴보자.

― 할 말이 있어야 스피치를 잘할 수 있다

선거관리위원회에서 근무하는 분이었다. 그분은 연구소에 와서 발표를 하려고 하면 부담이 된다고 하셨다. 이유를 들어보면 아는 것이 없고, 무슨 말을 해야 할지 머리가 하얗다고 하소연하신다. 한마디로 할 말이 없다는 것이다. 그러면 생각을 좀 바꿔서 주변을 살펴보자고 했다. "어제 무슨 일이 있었나요?"라는 질문에 한참 생각을 하시더니 인터넷에서 시를 읽었다고 한다. 그러면 다음 강의 시간에 시를 찾아서 다시 읽어 보고 느낀 감정을 갖고 발표를 하자고 했다.

그대는 나의 소중한 별

김소엽

우리네 인생길이 팍팍한 사막 같아도
그 광야길 위에도 찬란한 별은 뜨나니
그대여 인생이 고달프다고 말하지 말라
잎새가 가시가 되기까지 온몸을 오그려 수분을 보존하여

생존하고 있는 저 사막의 가시나무처럼

삶이 아무리 구겨지고 인생이 기구해도

삶은 위대하고 인생은 경이로운 것이니

그대여 삶이 비참하다고도 말하지 말라

(중간 생략)

이 세상 어딘가에 그대가 살아 있어

나와 함께 이 땅에서 호흡하고 있는

그대의 존재 자체만으로도

나는 고맙고 행복하나니

그대는 나의 가장 소중한 별

그대는 나의 가장 빛나는 별

시어를 정성을 들여서 낭독을 하고 느낀 감정을 발표했다. 금방 눈가엔 눈시울이 적셔지고 감정 표현을 하는데 수강생 모두에게 감동을 주어서 눈물을 흘리게 했다. "지금까지 내가 살아오면서 아무 생각 없이 살아왔구나. 직장에서 말 잘한다고 하던 사람인데 업무적인 일만 그 분야에서 잘했지 60세가 다 되도록 할 말이 없다고 한 것이 쑥스럽네요"라고 한 것이 그분의 발표 후 소감이다. 관심을 갖고 주변을 돌아보면 온통 할 말로 가득 차 있다. 할 말이 많아서 발표를 자꾸 하고 싶은 충동이 느껴진다고 해서 모두가 웃으면서 격려의 박수를 보냈던 기억이 난다.

— 말을 잘하고 싶으면 말 잘하는 사람을 모방하자

어느 날 한 목사님이 내게 "성도를 위해서 설교를 정말 잘하고 싶다"고 하셨다. 목회를 하시는 분이라면 간절한 바람일 것이다. 왜냐하면 설교가 생명이기 때문이다. "목사님, 혹시 우리나라에서 본받을 만한 목사님이 계신가요?"라고 질문을 던지자마자 장경동 목사라고 말한다. "그러면 지금서부터 그분의 설교·강의를 듣고 무조건 따라서 연습하세요. 기간은 6개월에서 1년입니다." 처음엔 깜짝 놀란다. "무슨 1년씩이나 연습을 해요?"라고 반문한다. "목사님, 설교를 잘하시려면 하루 이틀, 몇 개월 만에 되는 것은 아닙니다. 1년 동안 내가 장경동 목사의 설교에 푹 빠져서 그분의 모든 것을 일단 모방을 하는 거죠."

정말 1년간 앵무새처럼 그대로 따라서 진행하셨고 그 결과, 요령과 지혜가 생겼다고 하신다. 목사님 나름대로 자신만의 독특한 개성을 찾아서 개발을 하고 설교에 색깔을 입혀서 목회를 하는데 나름대로 성공했다. 설교에 성공을 했다고 해서 여기서 머무르면 안 된다. 꾸준하게 다른 분의 설교를 듣고 분석을 하며 또 다른 개성을 찾아보는 것도 중요하다. 그래서 인생은 끊임없이 자기 계발을 하고 투자를 해야 한다. 이때 성장을 한다.

─ 모방은 제2의 창조다

스피치가 막막할 때 자주 하는 말이 있다. "모방을 하세요. 모방을 해서 새롭게 재창조하세요." 살아가면서 모방 훈련은 꼭 필요하다. 모방을 통하여 연습하다 보면 나도 모르게 지혜와 요령이 생긴다. 그 다음엔 내 것으로 만들어야 한다. 아무것도 없는 상황에서 무언가를 만든다는 것은 어려운 일이다. 그럴 때는 비슷한 것이라도 찾아서 생각을 하다 보면 문제의 해결 방안을 찾는다. 스피치가 막막할 때, 즉 할 말이 없을 때 다른 사람들의 말을 인용해서 연습을 하면 나름대로 스피치를 잘할 수 있는 말과 아이디어가 탄생한다. 예문을 보자.

거미

　　　　이한분

거미가 줄을 치며
재미있게 놀고 있다

벌레들이 놀러 와서
재미있게 거미줄 그네를 탄다
벌레들은 정신없이 놀다가
거미줄에서 그대로 잠을 잔다

거미

인지후

거미가 기어간다
작고 귀여운 거미가

거미가 거미줄을 칠 적마다
우리 집 창문에 거미줄을 그었다

거미가 좋다
사랑해 거미야

　손자와 시 낭송 놀이를 할 때 거미에 대하여 시를 짓자고 하니 못
한다고 손사래를 치며 할머니 혼자서 하라고 한다. 교육을 할 때는
먼저 시범을 보여주는 것이 중요하다. 그래서 내가 먼저 거미에 대한
시를 짓고, 이 시를 보고 생각해 보라고 했다. 그랬더니 잠시 후 거미
라는 시가 탄생한 것이다. 이렇게 자꾸 모방하다 보면 제2의 창조가
된다.

　막상 말을 하려고 하면 막막하다. 그럴 때 말을 잘하는 사람을 본
보기로 정해 놓고 무조건 따라서 연습을 하자. 연습이 된 후 나만의
색깔을 입혀서 내 입말에 맞는 언어를 선택해서 말 요리를 하자. 말
요리를 맛있게 하다 보면 말솜씨 또한 늘어나며 말은 갈수록 보태진

다. 즉 할 말이 있어야 스피치를 잘할 수 있으니 할 말을 많이 만들어
놓자. 모방은 제2의 창조다. 관심을 갖고 주변을 살펴보면 이야기의
소재 거리가 풍부하다.

두뇌 활성화를 위해
뇌를 즐겁게 만들자

여기저기서 들은 이야기도 많고, 하고 싶은 말도 많고, 쓰고 싶은 말도 많다. 그렇다고 다 기록은 못하는 법. 여러분도 이해가 갈 것이다. 두뇌가 활성화되면 뇌가 즐거워서 건강해진다는 말이 있다. 해가 갈수록 많은 사람들의 바람으로 "치매만 안 걸렸으면 딱 좋겠어"라고 하는 말을 종종 듣는다. 시니어일수록 두뇌 활동을 통하여 뇌를 즐겁게 만들면 뇌가 건강하다. 즐거움이란 보는 즐거움, 먹는 즐거움, 입는 즐거움, 자는 즐거움, 쉬는 즐거움, 배움의 즐거움, 나눔의 즐거움, 베푸는 즐거움, 여행의 즐거움, 노래할 때 즐거움, 춤출 때 즐거움, 운동할 때 즐거움 등이 있다. 즐거움이란 단어가 들어간 글자를 찾으라고 하면 몇 시간을 해도 끝이 없다. 그만큼 즐거움이란 단어는 생활 속에서 많은 부분을 차지한다.

"뇌를 즐겁게 하기 위한 방법으로 무엇이 있을까?"라고 물어보면 이구동성으로 노래와 춤이라고 말한다. 노래와 춤은 마음과 기분을 좋게 또는 설레게 하며 덩달아서 덩실덩실 어깨춤을 추게 만든다. 노래와 춤은 바늘과 실이다. 가수들은 노래 없는 세상은 앙꼬 없는 찐빵이라고 말한다.

다양한 취미 생활을 통하여 뇌를 즐겁게 하고 그 즐거움으로 스트레스를 해소하고 건강한 삶을 살아가자. 뇌가 건강하고 즐거워야지 우리의 몸이 건강할 때 정신도 건강하다. 그 영향으로 삶도 윤택하고 모든 일도 즐거운 맘으로 재미있게 한다. 우리의 주인이 되는 뇌가 스트레스를 받지 않고 즐거운 뇌가 될 수 있도록 다독거리면서 즐거운 맘으로 살아가는 방법에 대하여 살펴보겠다.

─ 노래와 소통하면 뇌가 즐거워 춤을 춘다

호주의 아니타 콜린스 박사에 의하면 실험자에게 음악을 들려주고 FMRI와 PET 스캐너를 사용해 실시간으로 두뇌가 어떻게 작동하는지 살펴본 결과, 두뇌의 여러 영역에 한꺼번에 불이 켜졌고 멜로디나 리듬 같은 요소를 이해하기 위해 애쓸 때 뇌에서는 마치 불꽃놀이가 시작된 듯 여러 영역이 활성화됐다. 이처럼 음악을 통하여 두뇌가 많이 움직인다는 것이다. 즉 노래는 뇌의 전체에 영향을 준다.

일요일 낮 열두 시면 어김없이 송해 '오빠'가 안방극장을 찾아온다. 〈전국노래자랑〉이다. 시청자가 다양하며 인기가 있는 것은 대중가요가 주를 이루기 때문이다. 출연자의 연령대는 4세부터 100세도 넘는다. "안녕하세요, 안녕하세요. 일요일의 남자 송해입니다." 인사가 끝나자마자 청중의 뜨거운 환호성과 박수가 여기저기서 홍수처럼 쏟아져 나온다. 나 역시 이 방송의 열렬한 애청자이기에 안방에서 환호성과 박수를 보낸다.

특히 트로트는 쉬운 멜로디로 누구나 쉽게 부를 수 있고, 흥얼거리기 딱 좋아서 어린아이서부터 노년에 이르기까지 누구나 사랑하는 한국 노래다. '쿵짝 쿵짝' 네 박자 속에 젊음의 비결이 숨어있다고 한다. 트로트는 뇌세포까지 영향을 미쳐 뇌 활성도를 높이고 스트레스에 대한 저항 지수를 높이는 힘이 있다. 이렇게 뇌를 젊게 하고 몸에 활력을 주어 각종 노인성 질환과 우울증 치료 및 기억력 향상에 도움이 된다. 트로트의 매력으로 반복 구조와 가사의 전달력이 뛰어나 쉽게 익혀져서 외우기가 쉽기 때문이다.

트로트의 애절한 바이브레이션에는 마치 신생아가 울 때 나오는 떨림이 묻어 있다. 가사의 내용은 주로 익살스럽고 직설적이며 하소연을 이룬다. 그 템포는 조깅을 했을 때 교감 신경과 근육을 자극을 한다. 이러한 증상은 흥분을 했을 때 맥박 속의 진동수와 같다고 한다. 트로트를 즐기는 방법은 리듬을 타고 몸을 움직이면서 제대로 꺾기를 잘하는 것이다(이 내용은 10년 전쯤 TV를 시청하다 트로트에 대한 내용을 대충 메모했던 것이다. 이것 또한 메모를 하지 않았으면 참고 자료로써 사용하지 못했을 것이다. 그래서 메모는 이렇듯 활용이 가능하다).

노래는 사람들의 마음을 다독여 준다. 특히 대중가요는 뇌를 즐겁게 해주는 신비의 묘약이다. 우리 삶의 이야기에 음률을 넣어서 부르기 때문이다. 노래는 우리의 삶에 큰 비중을 차지한다. 평생 교육에서 제일 인기 있는 프로그램은 '노래 교실'이며 인기가 있다는 것은 그만큼 대중이 선호한다는 것이다. 노래를 통하여 마음과 소통을 하면 뇌가 즐거워서 춤을 춘다. 일할 때는 열심히 하고 쉴 때는 부지런히 즐거운 마음으로 박수치며 신바람 나게 노래 부르자.

강의 진행하기 전 분위기를 노래로 바꾼다. 노래방 기계를 켜놓고 즐겁게 노래를 부른 다음 그 기분으로 강의를 진행하면 수강생들도 발표에 대한 부담감이 줄어들고 재미있게 참여한다. 그리고 발표할 때는 스피치도 대중가요처럼 음악의 악상 기호를 따라서 연습을 하면 재미있게 스피치를 구사한다. 노래처럼 스피치가 살아서 청중의 마음을 움직이는 감동적인 스피치가 된다. 노래는 어색한 분위를 순간적으로 확 바꿔 놓는 마술 같은 존재이다. 강의 시간에 스트레스와 긴장감을 풀기 위해서 노래를 먼저 부르는 이유가 있다. 오랜 시간 경험을 하고 학습을 하다 얻은 나의 지혜이다. 우리 몸의 독소를 제거하는 것은 스트레스, 소리, 호흡, 말, 웃음이다. 노래를 신바람 나게 박수를 치면서 몇 곡을 부르면 이런 몸의 독소가 한 번에 빠져나오게 된다. 독소가 몸 밖으로 나오니 건강하고 뇌가 기분이 좋으니 스피치도 생각한 대로 내 맘대로 조절을 한다. 노래를 싫어하는 사람도 자꾸 관심을 갖고 하다 보면 나름대로 노래를 잘 부를 수 있다.

ㅡ 산책하면서 뇌를 즐겁게 하자

느긋한 기분으로 공원과 뒷산을 거닐어 본다. 세상만사 복잡한 세상을 살아가면서 무엇인가에 늘 쫓기고 앞만 보고 살아가는 신세. 하루 종일 직장 업무에 맞선 수강생들이 저녁에 피곤한 몸을 이끌고 오면 우선순위는 잠자는 것, 그다음이 교육이라는 말이 어울린다. 이렇게 육신이 지쳐 있으면 정신도 건강할 수가 없다. 피곤함이 계속 진행되면 내가 하고 싶은 말도 뜻대로 나오지 않는 법이다. 강의 시간마다 틈틈이 시간 나는 대로 산책을 하시라 말하면 기다렸다는 듯이 "잠 자야지요"라고 한다. "그래도 하세요. 산책은 미래의 건강을 위해서 투자하는 거예요"라고 조언한다.

산책을 통하여 아무 잡념 없이 걸을 수 있다. 그러다 보면 뇌는 기억을 한다. 하늘, 새소리, 바람 소리와 추억도 떠올리고 적잖은 것들을 보고 듣고 기억하고 판단하며 결정한다. 그렇기 때문에 걷기만으로도 뇌 운동을 할 수 있다. 때로는 산책을 하면서 노래를 듣는다. 듣는 것으로 끝나는 것이 아니라 흥얼흥얼 따라 하자. 노래도 한 곡을 갖고 반복해서 입으로 소리를 내어서 부르다 보면 자연스럽게 뇌는 기억을 해서 가사를 외운다. 또 좋은 시를 외우면서 걷다 보면 자연스럽게 시 한 편이 외워진다. 기억력이 상승하는 데 큰 도움이 된다. 때로는 아무 생각 없이 걷기도 하고, 의자에 앉아서 파란 하늘도 바라보고 옆 사람과 이야기도 하면서 시간을 보내는 것도 뇌 건강에 좋다. 산책이라는 것을 잘 활용을 해도 두뇌가 즐거워하며 정신적으로 건강해진다.

　간혹 머리가 복잡하고 생각이 안 나면 무조건 가벼운 차림을 하고 공원으로 산책을 간다. 그냥 아무 생각 없이 걷다가 보면 뇌는 생각을 하는가 보다. 가만히 앉아 의자에 앉아 있을 때보다 걷고 있을 때 자유로운 생각들과 감각이 떠올라 더 창의적인 결과물을 얻을 수 있다. 문득문득 떠오르는 생각지도 않았던 창의성이 떠오른다. 그러면 스마트폰에 메모를 한다.

　수강생 중에 아이디어맨이 있다. 그분의 말을 빌리자면 산책을 할 때 항상 아이디어 노트를 갖고 다닌단다. 공원 산책을 하다 문득 아이디어가 떠오르면 의자에 앉아서 그것을 즉시 메모를 하고 집으로 돌아오면 정리를 한다고 하셨다. 이렇게 산책은 아이디어와 창의성 공작소다. 산책이라는 것은 자연이 주는 편안함 속에서 숨을 쉬고 자연과 하나가 될 때 뇌가 건강하고 즐겁다. 그 즐거움으로 인하여 뇌가 건강할 때 좋은 생각에서 좋은 말도 나온다.

― 두뇌 활성화에 좋은 유산소 운동을 꾸준히 하자

　시니어에게 유산소 운동이 좋다는 것은 누구나 잘 알고 있다. 운동을 하면 혈액 순환이 더 활발해지면서 뇌로 전해지는 산소와 영양 공급이 늘어나 뇌세포의 활동이 왕성해진다. 전문가들은 일주일에 세 번, 30분에서 1시간가량 꾸준히 운동을 하면 건망증 예방에 도움이 된다고 말한다. 방송을 보면 건강 프로그램이 대세다. 그만큼 백세 시대를 맞이하여 국민들이 건강해야 국가가 건강하고 잘사는 나라가 되기 때문이리라. 우리나라 사람들은 이미 건강에 대한 지식이 많아서 반은 의사다. 어디가 아파서 지인들에게 물으면 치료법을 말해 주니 얼마나 고마운 일인가.

운동은 꾸준히 하는 것이 좋다. 나는 하루 밥을 먹듯이 운동은 건강을 위해서 꾸준히 하고 있다. 80세까지 강의를 하겠다고 한 나와의 약속을 지키기 위해서 실천을 하는 것이다. 뒷산, 공원, 실내에서 자전거 타기, 스트레칭, 걷기 등 다양한 운동을 꾸준히 병행한다. 손자가 할머니는 운동을 많이 해서 나보다 오래 살겠다고 해서 한바탕 웃었다. 무엇이든지 꾸준히 한다는 것이 매우 중요하다.

잠자기 전 하는 것이 꼭 있다. 세 줄 감정 일기 쓰는 것과 손과 발을 안마하는 것이다. 손 전문 안마사가 가르쳐 주었다. 무엇이든 좋다고 하면 내가 직접 실천을 하고 나서 좋으면 결과를 갖고 주변 사람들에게 홍보한다. 좋은 정보는 나눌수록 도움을 주고 행복하기 때문이다. 나도 반은 의사가 다 되었다. 믿거나 말거나지만. 그만큼 건강에 대한 상식과 관심이 많기 때문이다.

일과를 마치고 나면 크림을 바르고 손과 발을 주무른다. 20~30분 동안 안마를 하고 나면 피로가 다 풀리고 건강에 좋고 뇌도 즐거워한다. 전문가의 말을 빌리면 또 손을 이용한 운동을 즐기며 평소에 손가락을 많이 움직이는 손가락 체조를 하는 사람은 건망증에 잘 걸리지 않는다고 한다. 그리고 수시로 손을 주무르거나 두드려 주는 것이 좋으며 손끝을 마주쳐 두드려 주거나 손가락 운동을 꾸준히 해 주면 창의적이고 깊은 사고에 도움이 된다. 하루에 적어도 30분 이상 산책을 하면 혈액 순환이 좋아지고 신경 세포에 영양소가 골고루 미쳐서 뇌 전체가 고르게 자극을 받는다.

두뇌 활성화를 위해서 뇌가 즐거워하는 다양한 방법들이 있다. 여기서는 노래와 소통하면 뇌가 즐거워 춤을 춘다고 말을 했다. 그만큼 대중가요는 우리의 생활 속에서 이미 젖어서 삶의 일부가 되었고 삶은 노래이며 노래는 춤이다. 또, 산책을 하면 뇌가 즐거워한다. 가끔은 피곤한 뇌를 쉴 겸 산책을 하면서 여유를 갖는 것도 중요하다. 끝으로 두뇌 활성화에 좋은 유산소 운동을 꾸준히 해서 심신이 건강한 사람이 되자. 뇌도 나이를 먹으니 다양한 경험을 해서 뇌의 나이를 젊게 하자. 바보 같은 뇌를 내가 마음대로 움직일 수 있으니 좋은 생각으로 뇌를 다스리자.

즉흥 스피치 훈련은
순발력을 키운다

즉흥 스피치는 누구나 긴장을 하게 만든다. 선천적으로 임기응변이 뛰어나도 중요한 자리에서 인사말을 부탁하면 긴장하기 마련이다. 긴장을 안 하는 사람들은 공동묘지에서 자고 있는 사람들이다. 하지만 묘지에 있는 사람들도 스트레스를 받는다고 한다. 수시로 산을 찾아와 시끄럽게 해서 낮잠을 잘 수가 없단다. 식물도 건드리면 스트레스를 받기 때문에 긴장한다. 살아가면서 약간의 긴장감은 도움이 된다. 스피치의 불안감을 해결하는 방법 중에서 순발력과 임기응변을 키우는 능력은 즉흥 스피치 훈련에서 나온다.

20년을 넘게 스피치 교육을 하고 남는 것은 '말하는 기술'이다. 오빠도 평생 운전을 하셨다. 지난날을 되돌아보면 남는 것은 '운전 기술'이라고 한다. 이것이 나에겐 재산이라고 하시면서 웃었던 기억이 난다. 어떤 일이든지 주어진 일을 10년 동안 열심히 하면 분명히 남는 것이 있다.

즉흥 스피치의 능력을 키우기 위해서 삼행시 짓기 훈련이 도움이 된다. 길거리의 간판을 보고 짧은 글을 지어 보라. 지속적으로 하면 어느 순간 즉흥적인 어휘력, 창의력, 상상력, 표현 능력이 생긴다. 이 것은 자기만의 언어구사 능력이다. 이러한 능력을 키우는 훈련을 통하여 순발력을 키워서 나만의 개성 있는 언어의 독특함을 개발하자. 즉흥 스피치는 생각대로 말이 잘되지 않는다. 그러나 할 수 있다. 스피치에 관심을 갖고 꾸준히 노력을 하면 누구나 잘할 수 있다. 안 된다고 하시는 분들은 학습이 제대로 안 된 사람이다. 이러한 방법을 꾸준히 연습하면 자연스럽게 순발력을 키울 수 있다.

― 이름으로 삼행시를 지어본다

강의 시간이 되면 이름을 칠판에 적어놓고 돌아가면서 삼행시를 짓는다. 처음엔 노트에 적어서 하다가 실력이 늘면 즉흥 발표를 한다. 처음엔 당황하지만 계속하다 보면 순발력이 생겨서 재미있다고 한다.

최 – 최고로 / **자** – 자기를 사랑하며 / **영** – 영혼까지 사랑하는 사람입니다

인 – 인격적이고 / **창** – 창의적이고 / **우** – 우호적인 사람입니다

승 – 승승장구하는 사람/ **현** – 현실적이며 / **정** – 정이 많은 사람입니다

━ 단어로 삼행시를 지어본다

이 글자 놀이는 시간의 구애를 받지 않는다. 길을 가면서 거리의 간판 글자로 글자 놀이를 하면 된다. 이 놀이는 상상력, 어휘력을 풍성하게 만든다. 아이들이 글자를 깨우치고 나서 간판 글씨 읽는 재미에 푹 빠지듯이, 어른도 길거리 다닐 때 간판에 있는 글씨로 삼행시를 짓는다. 이러한 방법을 통하여 혼자 노는 방법도 찾아야 한다.

말 – 말을 / **미** – 미끄럽게 / **잘** – 잘하자

고 – 고품격 스피치는 / **구** – 구십 일 동안 연습하면 / **마** – 마음을 사로잡는다

깔 – 깔깔깔 웃다 보면 / **대** – 대범해지고 / **기** – 기운이 넘쳐나요

가족들과 해도 재미있고 혼자서 공책에 단어를 적어놓고 혼자서 말놀이를 해도 재미있고 시간 가는 줄 모른다. 꾸준하게 삼행시, 사행시, 이행시 등 열심히 하면 나도 모르게 즉흥 스피치의 달인이 된다. 순발력과 두뇌 놀이의 삼행시는 언어 놀이의 매력이 있다.

━ 어록을 만들어라

책을 읽고 난 느낌을 한 문장으로 만든다. 그리고 상대방의 이야기를 듣고 한 문장으로 핵심만 요약해서 전달을 하자. 말이란 짧으면 짧을수록 좋다. 어록은 한 문장으로 만들어라. 무엇이든지 자기만의 어록을 만들면 된다. 이 효과는 '촌철살인'의 효과라고 보면 된다. 예를 들어,

글은 쓸수록 빛이 난다.

남의 말 한마디에 변화가 일어난다.

말 말 말이 세상을 지배한다.

말은 다듬을수록 빛이 난다.

진정한 말 한마디는 나를 변화하게 한다.

나를 지배하는 것은 말이다.

이 훈련 방법은 말할 때 간단한 핵심만 전달하게 된다. 본인만의 어록을 자꾸 만들다 보면 사람들 앞에서 말을 할 때 핵심만 전달하는 효과가 있다. 말을 잘하는 사람은 간단명료하게 핵심만을 전달하는 사람이다. 말을 할 때 핵심이 없는 사람들은 이 훈련 방법을 꾸준하게 연습을 하면 도움이 된다. 책을 한 페이지 혹은 반 페이지를 읽고 한 문장으로 표현하는 훈련을 하자.

대중 앞에서 즉흥적으로 스피치를 잘한다는 것은 고난도의 기술

이다. 특히 각본 없이 한다는 것은 심적인 부담이 크다. 이런 문제를 해결하는 방법은 즉흥 스피치 훈련을 통하여 임기응변과 순발력을 키우는 것이다. 다양한 방법이 있지만 시니어 분에게는 이 방법을 제시해 준다. 이름으로 삼행시 짓기, 단어로 삼행시 짓기, 나만의 어록 만들기다. 이 방법은 가족, 친구들과 어울려서 언어 놀이를 하면 재미있다. 이것의 장점은 어휘력, 상상력, 창의력, 기억력, 순발력, 문장력, 창조력 등 다양한 힘을 키울 수 있어서 많은 도움이 된다. 이 훈련을 통하여 즉흥적인 스피치의 고수가 되기를 바란다. 이러한 언어 훈련을 통하여 뇌를 움직이면 언어, 인지영역이 뛰어나게 발달이 되고 청춘의 뇌가 만들어진다.

10년은 젊어지는
목소리의 비결

목소리도 나이가 든다. 평소에 얼굴에 대한 관리를 잘해서 동안으로 보일지라도 대화를 나눠 보면 나이를 짐작하게 하는 것은 바로 목소리다. 피부에 투자를 하는 사람이 많다. 그만큼 목소리도 투자하면 젊어진다. 피부 관리는 돈이 들어가지만 목소리 관리는 돈이 필요 없다. 말을 할 때 조금만 발음에 신경을 쓰면 젊은 목소리를 유지할 수 있다.

하루는 친구에게 전화가 왔다. "한분아, 내 말 좀 들어 봐"라면서 말을 이어간다. 친목회에서 강원도로 놀러갔다 와서 초등학교에 다니는 손녀에게 "할머니, 관광 갔다 왔다"라고 말해야 하는데, "하므니, 간가 가다 와다." 이렇게 말을 했다고 한다. 듣고 있던 손녀가 "할머니, 뭐라고요? 다시 말씀해 보세요"라고 해서 다시 반복을 했단다. 나중에는 큰 소리로 "놀러 갔다 왔어. 알았냐?" 하면서 말을 했단다.

손녀와 대화를 나누다 보면 가끔씩 그게 무슨 말이냐며, 발음이 좀 이상하니 똑바로 말해달라고 한단다. "그래, 이상하면 치과 가라"라고 웃음으로 넘겼단다. 속으로 이제 컸다고 할머니를 지적한다고 생각하면서도 한편으로는 대견한데 '아! 나도 이제 나이를 먹는 게 분명하구나. 젊었을 때는 그런 소리를 안 들었는데'라고 생각한단다.

나이가 들면 발음이 어눌하고, 호흡이 짧고, 발음이 늘어지고, 발음이 약하고, 부정확한 발음이 툭툭 튀어나오는 특징이 생긴다. 이런 소리를 듣는 것은 모든 사람들이 다 그런 것은 아니지만 보통 사람들의 현상이다. 이런 부분은 내가 말을 할 때 발음에 조금만 신경을 쓰면 즉시 해결이 된다. 걱정할 것 없다.

나 역시 얼굴은 인생의 계급장인 주름살이 대변하고 있다. 반대로 목소리만큼은 동안이다. 목소리를 동안으로 만들기 위해서 나름대로 열심히 노력한다. 목소리에 관심을 갖게 된 것은 2000년 여름날 어느 교육 장소에서 남자 강사님의 목소리에 홀딱 넘어갔던 것이 계기가 되었다. 그 후로 지금까지 목소리를 다듬고 스스로 노력을 한 결과, '목소리 동안'이라는 소리를 제법 듣는 중이다. 이마에 있는 인생의 계급장이 어울리지 않게 목소린 젊다.

젊은 사람인데도 불구하고 목소리가 나이가 든 사람이 있는가 하면, 나이가 들었는데 젊은 목소리가 있다. 선천적으로 동안이 있듯이 목소리가 앳된 사람도 있다. 수강생들은 목소리를 좀 젊게 할 수 있는 방법이 무엇인지에 대한 질문을 자주 한다. 해결 방안은 책과 인터넷에 자료가 가득 있으니 필요할 때 찾아서 읽어 보라고 한다. 나도 궁금한 것이 있어서 인터넷에서 찾아보면 즉시 문제가 해결된다. 이렇게 많은 정보가 있어도 결국 실천하지 않으면 머리에 지식으로만 존재한다. 내가 변화하고자 한다면 반드시 실천하자. 실천을 하려고 하면 시간이 없고 스트레스가 쌓인다. 이런 것을 감안하고 좋은 목소리를 원한다면 한번 실천해 보길 바란다. 나름대로 목소리를 젊게 하는 방법은 다양하지만 수강생들에게 이 방법을 주로 알려드렸다. 비결이란 것은 결코 어려운 것이 아니라 보편적인 것이며 이 글을 읽어 내려가면서 꾸준히 노력을 하면 10년 젊은 목소리의 비결을 알 수 있다.

─ 복식 호흡을 생활화하고 꾸준히 운동하는 습관을 가진다

호흡은 모든 것의 기본이다. 운동, 요가, 노래, 춤, 스피치의 기본은 호흡을 이용하는 것이다. 그만큼 호흡이라는 것은 매우 중요하다. 복식 호흡이란 횡격막의 상하 운동을 기본으로 하는 호흡을 말한다. 횡격막은 갈비뼈 바로 밑에 가로질러 있으면서 흉부와 복부를 분리해 주며, 폐에 공기가 드나들 때마다 늘였다가 줄이는 것을 반복하는 얇은 근육이다. 복식 발성은 산소 흡입량이 많은 건강한 신체를 가진 사람에게 나타나며 호흡이 길기 때문에 목소리에 탄력성, 윤기, 힘이 있다. 목소리가 낮으면서 힘이 있고 높은 음을 내도 거칠어지지 않는다. 말의 속도를 조절할 수 있으며 긴 시간 말을 해도 힘이 들지 않고 큰 소리를 내도 목이 안 쉰다.

복식 호흡이 무엇인지 잘 모르겠다면 신생아를 잠시 떠올려 보자. 신생아의 배를 보면 올라갔다 내려갔다 반복한다. 이것이 복식 호흡이다. 이처럼 연습을 하려면 천정을 바라보고 똑바로 누워서 두꺼운 책을 배 위에 올려놓고 숨을 쉬면 들숨에 책이 올라가고, 날숨에 책이 내려간다. 그렇다면 호흡을 정상적으로 하는 것이다. 이것이 바로 복식 호흡이다. 복식 호흡을 꾸준하게 하면 건강하고 마음이 편안하고 목소리도 좋아진다. 건강한 몸에서 좋은 목소리가 나오기 때문에 몸 전체의 근육을 탄력 있게 유지하면 매끄러운 목소리 유지에 도움이 된다.

이런 호흡 강화 훈련으로 촛불 끄기, 바람개비 불기, 복근 강화 운동, 풍선 불기 등이 있으며 반복해서 노래를 부르는 것도 도움이 된다. 한 곡을 20번 이상 불러 보자. 처음엔 힘들겠지만 자연스레 호흡 능력이 향상된다. 아리랑을 20번만 불러보면 처음엔 힘이 들지만 나중에는 자연스럽게 발성 훈련과 호흡 조절이 된다. 호흡은 한두 번에 끝나는 연습이 아니라 밥 먹듯이 건강이 다하는 날까지 훈련해야 한다. 이유는 시니어가 되면 급격하게 찾아오는 것 중 하나가 호흡이 짧아지는 것이다. 호흡이 짧으면 말끝이 흐려지고 목소리에 힘이 없으며 숨소리도 거칠어진다. 이것은 복식 호흡으로 예방을 할 수 있다. 그다음 운동을 꾸준히 해서 건강한 몸매를 만들 때 건강한 에너지도 나온다. 또 복근을 튼튼하게 하면 몸에 근력이 생겨서 목소리에도 힘이 있어 이른바 힘찬 목소리가 나온다. 몸이 건강할 때, 건강한 목소리가 나온다. 목소리는 건강한 에너지가 필요하며 몸이 약하면 목소리도 약하다. 평소에 복식 호흡과 운동은 필수다.

— 발음을 정확하게 하고 말끝을 흐리지 말자

갑자기 노래 교실 강사가 일이 생겨서 대신 강의를 하게 되었다. 그곳엔 50세부터 80세까지 연령대가 다양했다. 강의가 끝나고 질문을 받는데 이구동성으로 하는 소리가 어느 순간부터 발음과 말끝이 흐려졌다는 소리를 자주 듣는다고 한다. 나이가 들면 목소리도 자연스럽게 늙어간다. 청소년을 보아라. 발음도 정확하고 긴 문장도 단숨에 읽어 내려간다. 이들은 호흡도 길고 힘이 넘치는 세대다. 시니어 세대는 호흡도 달리고 기운도, 자신감도 없다 보니 나도 모르게 발음도 대충하게 된다. 젊은 목소리를 유지하기 위해서 발음을 정확하게 하는 훈련을 하자. 말을 할 때도 평상시에 발음을 꼭꼭 씹어서 말하는 습관이 중요하다. 음식을 대충 씹어서 넘기면 음식의 맛을 모르듯이 말도 대충대충 하면 무슨 말인지 모른다.

발음이 정확하지 않는 사람들의 특징은 다음과 같다. 편하게 대충 발음하려는 습관, 정확한 발음법을 모름, 너무 빠른 말의 속도, 조음 기관의 이상, 모국어의 영향(외국인의 경우) 등을 들 수가 있다. 이러한 습관은 조금만 관심을 갖고 말하는 훈련을 하면 고칠 수 있다.

발음 능력을 향상하려면 한 음절, 한 음절 적극적으로 또박또박 발음하는 습관을 가진다. 발음이 어려운 단어일수록 천천히 또박또박 발음한다. 평소에 어려운 발음 연습을 한다. 낭독 훈련을 열심히 한다. 그리고 표준 발음법을 익힌다. 어미까지 정확하게 발음을 한다. 적절한 곳을 띄워 말한다. 여기서 제시한 대로 발음만 정확하게 해도 젊어 보인다. 중년이 되면 어느 순간부터 중년 특유의 말투가 생긴다. 대충 말하는 버릇과 함께 말끝도 흐리고 전달력도 떨어지는 우리들만의 특징이다. 이제부터 정신을 바짝 차리고 말을 할 때는 발음을 꼭꼭 씹어서 정확하게 천천히 말을 하자. 시니어만의 특유의 발음은 확 뜯어고치자.

━ 좋은 목소리는 올바른 자세에서 나온다

잠시 눈을 감고 김연아 선수나 요가, 벨리 댄스를 하는 사람의 이미지를 상상해보자. 무엇이 떠오르는가? 이 사람들의 공통점이 있다. 그것은 올바른 자세, 당당함, 자신감이다. 좋은 목소리는 올바른 자세에서 나온다. 세월이 흘러가는 것도 서러운데 신체 구조마저 구부정해지면서 몸 따로 마음 따로 노니 얼마나 처량한가? 또 분명 이 말을 하려고 생각을 하면 입은 벌써 다른 말을 하고 있다. 어느 날 거울 앞에 구부정하게 힘없이 서 있는 자신의 모습을 바라보면서 세월의 흔적을 읽는다. 이제 당신의 모습을 확 바꿔라! 가슴을 당당하게 펴자. 올바른 자세는 젊은 목소리를 유지하는 데 가장 중요하다. 가슴을 내밀고 등을 곧게 펴 똑바로 서 있는 자세가 좋다. 좋은 자세는 목소리를 젊게 유지하는 데 필수적이다. 구부러진 자세는 심호흡을 방해하며 건강상에 좋지 않은 영향을 미친다. 특히 구부정한 자세는 신뢰감과 자신감이 없어진다. 당당한 자세로 살아가자.

독자는 궁금해 할 것이다. 이렇게 말을 하는 사람의 자세는 올바른 자세인가? 강의를 가면 사람들은 올바른 자세에 대하여 부러워한다. 청중이 비법 전수를 해달라고 하면 "별것 아닙니다"라고 말한다. 꾸준하게 하는 운동으로, 양손을 깍지 끼고 뒤로 해서 그대로 겨드랑이까지 올린다. 이 자세를 수시로 한다. 그렇게 하면 가슴이 활짝 열린다. 오십견이 있는 분들은 손이 겨드랑이까지 못 간다. 그러면 올릴 수 있는 만큼 천천히 하면 된다. 조금씩 실천하는 것이 중요하다.

수강생 S씨는 70세다. 언뜻 보기엔 피부가 나이보다 훨씬 들어 보이지만 강의 때 웃으면 젊게 보인다고 하니 늘 웃으면서 말씀하신다. 처음에는 어색했지만 웃음도 노력을 하다 보니 주변에서 나이보다 젊어 보인다는 소리를 자주 듣는다고 한다. 이분도 본인의 단점을 장점으로 바꾼 것이다. 잘 웃는 사람은 잘 웃지 않는 사람보다 더 젊게 보인다. 이제부터 적극적으로 당당하게 웃으면서 사람들과 대화를 자주 하자. 항상 웃으면서 말을 한다는 것 그리 쉽지는 않다. 평상시에 잘 웃지 않는 사람들은 어색하다. 웃음도 연습을 하다 보면 습관이 된다. 모든 것은 연습에 의해서 자연스럽게 표현된다. 거울을 보면서 상대방에게 호감 가는 아름다운 미소를 만들어 보자.

백세 시대를 맞이하여 사회 활동이 많은 시니어들이여! 난 이 단어가 아름답고 포근하다. 이렇게 아름다운 단어를 어떻게 가꿀 것인가. 나이가 들면 사회 활동이 뜸하고 만나는 사람도 점점 사라진다. 사람들을 만나서 이야기를 나누는 것이 중요하다. 대화하는 것은 정신 건강과 뇌 건강에 매우 유익할뿐더러 목소리도 건강하게 유지하게 한다. 반면에 사회 활동을 하시는 분들은 더 목소리에 신경을 써서 젊은 청춘처럼 똑소리 나는 발음과 목소리로 자신감 있고 당당하게 사회 활동을 하자. "당신 멋져!"라고 하면서 엄지손가락을 올려보자. 나도 모르게 입가에는 미소가 가득할 것이다.

누구나 10년 젊은 목소리를 유지하는 비결을 원한다. 답은 간단하다. 여기서 제시한 것을 꼭 실천하면 바꿀 수 있다. 평소에 복식 호흡을 생활화하고, 꾸준히 운동하는 습관을 가진다. 말을 할 때는 발음을 정확하게 하고, 말끝을 흐리지 말자. 올바른 자세에서 젊음과 당당함이 나오며, 늘 웃으면서 사람들과 대화를 자주 나누는 습관을 들이자. 이 책을 읽고 실천한 당신은 이미 10년 젊은 목소리의 소유자다.

경청력으로
상대방의 지식을 얻는다

　잘 듣는 것이 우선 최고의 대화법이다. 흔히 '청산유수'라고 하여 막힘없이 말을 잘하는 것을 비유적으로 이르는 말이 있다. 말을 잘하고 싶다면 이 방법으로 연습을 하면 된다. 또 말을 잘하는 비결은 경청이다. 경청(傾聽)에 '聽'이라는 글자를 살펴보자. 耳+王+十+目+一+心이다. '임금같이 큰 귀를 갖고 한 마음으로 열 개의 눈으로 기울여서 잘 들으라'는 뜻이 포함되어 있다. 상대방의 이야기를 경청할 때 입만 바라보는 것은 아니다. 그 사람의 눈, 얼굴 표정, 제스처, 손, 발, 뒷모습, 특히 마음까지 읽으면서 상대방의 이야기를 듣고 공감을 할 때 이것이 진정한 경청이 아닐까 생각한다.

　상대방의 말을 경청을 잘하면 지혜를 얻을 수 있다. 지식은 돈을 주고 살 수 있지만 지혜는 돈을 주고 살 수 없다. 이것은 인생의 삶 속에서 경험을 직접 했을 때 경험에서 나온다. 흔히 이런 말을 한다.

'노인에게서 지혜를 얻고, 젊은이에게서 지식을 얻는다'는 말이 있다. 젊은이와 노인이 조화로운 세상을 만들어 나갈 때 더불어서 행복한 세상을 만들어 나간다.

경청을 잘하는 한 목사님께서는 항상 메모지를 갖고 다니시는데 하물며 메모지가 없으면 손바닥에 기록한다. 5년 전이나 10년 전에 들은 이야기를 잘 전달하려면 기록한 내용이 있어야 한다고 하셨다. 목사님의 경청하는 모습을 보면 상대방은 그 모습에 더욱 신바람이 나서 시간가는 줄도 모르고 속마음까지 다 털어 놓는다. 그리고 그분은 중간 중간 추임새를 넣으면서 응대하신다. 또 들은 내용을 정리해서 본인의 지식으로 재가공 하신다. '경청의 지식은 간접 지식'인 것이다. 목사님께 말을 잘하는 비결을 물으면 '잘 듣는 것이 말을 잘하는 비결'이라고 한 수 가르쳐 주신다. 이렇게 말하면 독자들은 뻔한 정답이라고 할 것이다. 중요한 것은 그 뻔한 정답을 실천에 옮기지 않기 때문에 불통이 생긴다. 경청을 잘하는 방법은 온몸으로 듣는 것이다. 그 방법을 간단하게 알아보자.

― 말을 잘하는 경청 비법은 온몸으로 듣는 훈련이다

누구나 말을 잘하기를 원한다. 잘 말하기 위해서 먼저 할 것이 있다. 그것은 바로 듣기 훈련이다. 말을 잘하고 싶거든 먼저 듣는 연습을 충분히 하자. 말을 잘하려면 지식이 많아야 한다. 어떤 방법으로 듣는 훈련을 해야 될까? 온몸으로 듣는 훈련을 하자.

자녀가 어렸을 적 자녀가 유치원에서 돌아오면 늘 모이는 집이 있다. 엄마들은 차를 마시며 흔한 수다를 떨고 아이들은 정신없이 논다. 중요한 이야기를 할 때는 아이들에게 다른 곳에서 놀라고 하면 아이들은 눈치를 보며 자리를 옮긴다. 엄마들의 수다는 자녀들이 들으면 안 될 이야기로 무르익어간다. 저녁에 아빠가 돌아오시면 아이들은 아빠에게 달려가서 낮에 있었던 일을 고자질한다. 부엌에서 저녁 준비를 하던 엄마는 언제 그랬냐고 시치미를 뚝 뗀다.

아이들은 귀명창이다. 안 듣는 척하면서도 귀가 밝기 때문에 주변에서 나는 소리를 잘 듣고 기억한다. 낮말은 새가 듣고 밤말은 쥐가 듣고 또 발 없는 말이 천 리를 간다고, 누군가 한 말을 다른 곳에 전달하는 사람이 있다. 안 좋은 표현으로는 '이간질'이다. 그러나 여기서 말하는 경청은 수준 높은 경청을 말하고자 한다.

시니어가 되면 청각이 둔해지기 때문에 경청하는 능력도 나도 모르게 서서히 떨어진다. 작은 소리가 점점 들리지 않고 나중에는 큰 소리로 해야 귀에 들린다. 경청은 상대방이 하는 말을 잘 듣고 생각을 정리하면서 듣는 것이다. 생각 없이 듣다 보면 무슨 말을 들었는지 기억나지 않는다. 아이들처럼 작은 소리에 민감하지 못하기 때문에 상대방의 말에 몰입하면서 듣는 훈련이 중요하다.

눈은 많은 뜻을 지니고 있다. 눈은 보배라고도 하고 눈빛으로 말한다. 부드러운 눈빛으로 응시하면서 듣는 자세가 필요하다. 눈빛을 너무 강하게 혹은 흐리게 하고 바라본다면 상대방은 마음의 문을 닫는다. 또 앞에 있는 사람의 눈을 바라보지 않으면, 마음이 다른 데 가 있다는 증거다. 눈을 서로 마주치며 반응할 때, 신뢰감을 준다. 이제 잘 듣기 위해서 온몸으로 상대방이 하는 말에 관심을 갖고 귀를 기울여 보자. 그러면 상대방은 가슴에 담아 둔 비밀도 당신에게 터놓게 된다. 당신의 경청하는 모습이 고맙게 느껴질 것이다.

― 경청할 때는 추임새의 달인이 되자

추임새는 소리꾼이 창(唱)을 할 때, 흥을 돋우기 위해 '좋다, 좋지, 얼씨구, 으이' 등을 내며 장단을 치는 소리다. 이 기법을 상대방의 이야기를 경청할 때 사용하면 상대방은 흥이 나서 덩달아 말을 잘한다. 경청할 때는 꾸어다 놓은 보릿자루처럼 입을 꼭 다물고 있지 말자. 이런 상황은 말을 하고 싶은 마음을 사라지게 한다.

상황에 맞게 표정을 짓기도 하고 입꼬리를 살짝 귀 뒤로 당겨 미소를 짓자. 추임새를 적절히 넣어서 들어주는 것이 중요하다. 턱은 너무 들지도, 숙이지도 말고 적절하게 끄덕일 때 상대방은 자신의 이야기에 공감해 준다는 생각이 든다. 입보다 하나 더 많은 귀는 두 개다. 이것은 몸과 마음을 두 귀에 모아서 경청하라는 뜻이다. 아주 중요한 역할을 하는데, 말하기보다 더 힘든 것이다. 두 귀를 쫑긋 세우고 상대방이 하는 말을 잘 들어주자.

듣는 사람이 불안하게 있으면 안 된다. 호흡이나 자세가 불안하면 말하는 사람도 불안하고 초조해져서 말을 잘하지 못한다. 보다 안정된 마음으로 주어진 시간 동안 최선을 다해서 들어주자. 상대방의 이야기에 경청한다는 것은 말하는 것보다 갑절의 에너지가 필요한 법이다. 올바른 경청에는 '인내'라는 두 글자가 필요하다. 나이가 들수록 입은 다물고 지갑은 열라는 말이 있다.

─ 인상을 좌우하는 것은 표정이다

일반적으로 얼굴 표정에는 웃는 상, 우는 상, 슬픈 상, 추운 상, 비웃는 상 이렇게 크게 다섯 가지가 있다고 한다. 우는 상을 지닌 사람은 꾸준히 웃는 연습을 하면 인상이 바뀐다. 그래서 웃으면 운명이 바뀐다. 얼굴 표정의 중요성은 이미 잘 알고 있다. 얼굴은 하루 중 거의 전부를 타인에게 보이는 것이므로 그 표정은 기본적인 요소가 된다. 표정으로 첫인상을 7초 안에 80% 결정짓는다. 또한 미소는 돈이 들지 않는 최고의 화장술이다. 꾸준히 노력해서 호감 가는 이미지를 갖자.

희로애락의 감정을 얼굴에 담자. 상대방이 말할 때 감정을 충분히 살려서 얼굴에 담아 표현하는 것이다. 얼굴이 너무 굳어 있으면 상대방은 불안하다. 그래서 듣는 사람의 얼굴 표정 또한 중요하다. 상대방이 말을 할 때 상대방의 표정을 그대로 따라 한다. 슬픈 이야기를 할 때 듣는 사람도 슬픈 표정을 지어 주자. 상대방을 거울이라 생각하고 그대로 따라서 표정을 지어 주면 된다.

상대방이 기분 상하지 않도록 올바르게 듣는 자세도 중요하다. 등줄기는 곧게 펴고 앞으로 약간 기울여서 들어주면 된다. 손은 무언의 말이다. 상대방의 말의 내용에 맞게 적절한 제스처를 사용해서 맞장구를 쳐 주자. 다리는 상황에 맞게 움직여 주면 효과적이다.

온몸으로 상대방의 말을 듣는 것이 쉬운 일은 아니지만 올바른 경청을 통하여 서로가 인정을 해 주고 또 인정을 받게 되면 신뢰가 두터워진다. 마음과 마음을 교감하게 하는 것이 경청의 힘이다. 온몸으로 경청하는 것이 말하는 것보다 두 배의 노력을 기울여야 한다. 그만큼 상대방의 이야기를 들어준다는 것은 인내와 노력이 필요하다. 세상만사 모든 일의 분쟁의 시작은 경청하지 않는 것에서 시작된다. 귀 기울여서 경청하는 일은 사람의 마음을 얻는 최고의 지혜다. 경청의 힘은 관심에서 비롯된다. 상대방의 마음을 얻기 위해서 추임새의 양념을 적절하게 사용하자.

스피치를 통해 치매를 예방하고
중년을 아름답게 살자

스피치로 치매를 예방하자. 스피치는 다양한 측면에서 치매와 깊은 관련이 있다. 스피치는 말하기, 듣기, 읽기, 쓰기 등 언어 영역에 속하기 때문이다. 말을 할 때, 뇌의 생각이 계속 움직여야 언어가 나온다. 그만큼 뇌가 건강해야 한다. 뇌 전공의의 치매 강의를 들어 보면 뇌의 구조와 역할을 의학용어를 사용해서 어려운데 결론은 공부, 수다, 운동, 음식 등을 적절하게 취해서 치매를 예방한다고 조언하는 것이다.

치매는 'Dement'라는 라틴어에서 유래된 것으로 '정상적인 마음에서 멀어지는 것'을 뜻하며 기억력, 추리력, 사고력 및 기타 정신 기능이 감퇴하는 것이다. 이렇게 감퇴하는 것은 스피치를 잘 활용만 해도 예방할 수 있다. 젊었을 때 건강에 관심을 갖지 못하고 정신없이 살다가 어느 순간 건강에 이상이 오면 누구나 건강에 신경을 쓴다.

특히 중년에 들어서면 건강 문제에 관심이 더 많다. 호랑이가 제일 무서워하는 것은 곶감이라 하고, 사람들이 제일 무서워하는 것은 치매라고 한다. 특히 노년층에서 많이 나타나는 치매는 국가에서도 관심을 갖고, 평생교육기관에서 시니어 대상으로 치매 예방 프로그램을 운영하고 있다. 예방이라는 것은 질병이나 재해가 발생하지 않도록 미리 대비하여 막는 것이다. 그렇지만 치매를 예방하기 위해서 나름대로 열심히 노력을 했지만 어쩔 수 없이 찾아왔다면 그냥 받아들이자. '치매 예방을 해서 그나마 5년 있다 찾아올 치매가 10년 늦게 찾아왔으니 이것 또한 감사한 일이다'라고 생각하면 마음이 편안하다. 그냥 받아들이냐, 거부하느냐는 순전히 내 몫이다.

요양원에서 치매 환자들을 대상으로 교육을 했다. 그곳에는 그냥 웃기만 하는 분, 공주처럼 행동하는 분, 우는 분, 애기처럼 행동하는 분, 욕만 하시는 분 등 다양하다. 치매의 종류도 '예쁜 치매, 미운 치매'가 있다고 한다. 이제부터 말하는 치매 예방법은 그동안 강의하면서 의학박사, 뇌 학자, 매스컴에서 치매에 관한 다양한 정보를 수집한 것과 '시니어 시 치료 치매 예방 교육'을 했던 것이다. 이를 바탕으로 치매 예방을 하고 중년을 아름답게 살아가는 데 조금이나마 도움을 주고 싶다.

— 젊었을 때처럼 계속 배우자

카츠먼 박사는 교육을 받은 사람은 교육을 전혀 받지 않은 사람에 비해 뇌 신경 세포가 발달되어서 지적 능력이 높고 치매 증세도 잘 나타나지 않는다고 한다. 뿐만 아니라 치매 증세가 나타날 때까지 더 많은 시간이 소요된다고 밝혔다. 인간의 뇌 신경 세포는 지적인 자극이 가해지면 신경 이동 현상이 일어나고 신경가지가 두꺼워지며 신경회로가 넓어진다고 한다. 태어나서 끊임없이 배우는 교육의 중요성에 대하여 말하는 것이다.

60세가 넘어서 귀농하여 블루베리 농사를 짓는 지인의 이야기다. 어느 날 이런저런 이야기를 나눴는데, 농사도 배워야지 아는 것이 없으면 농사도 못 짓는다고 하소연을 하셨다. 틈나는 대로 농촌지도소에 가서 특수 작물에 대하여 공부를 하신단다. 배운 것을 조금씩 심어 보고, 실습하고 시행착오를 거치면서 조금씩 특수작물의 기술을 배우고 익히니 재미있다고. 이론은 쉽지만 실습이 어렵다고 하면서 농사는 과학이라는 말이 실감이 난단다. 뒤늦게 귀농 생활을 하면서 옛 선조들의 이야기가 맞다고 하셨다. 농사는 '농부가 50%, 하늘이 50%'여서 아무리 열심히 일을 해도 하늘이 도와주지 않으면 안 되고, 인간은 자연과 더불어 살아가는 존재라고 하시면서 인생철학 이야기로 끝을 맺었다.

60세가 넘으면 젊었을 때처럼 계속 배우자. 60세가 넘어도 새로운 학문을 배우는 게 좋다. 뇌는 이미 익숙한 활동을 할 때 활성화되는 것이 아니라, 새로운 활동과 새로운 자극을 받을 때 좋아진다. 캐나다의 비얄리스톡 박사는 공부하는 노인과 공부하지 않는 노인을 대상으로 치매가 발생하는 차이를 연구를 했다. 그가 진료한 180명의 노인 중 영어만 쓰는 노인과 다른 외국어를 배운 노인들을 비교했을 때, 다른 외국어를 배운 노인들이 치매가 더 적게 나타난 것으로 밝혀졌다.

잠시 과거로 돌아가 보자. 아이들이 처음으로 글씨를 배울 때 얼마나 많은 호기심을 갖고 배우는가. 하나씩 알아가는 과정 속에서 두뇌 활동이 활발해진다. 접하지 않은 새로운 것들에 뇌가 신경을 쓰고 자극을 받는다. 우리들은 이미 60세 이전에 익숙해져서 길들여진 것이 얼마나 많은가. 이제부터 아이들처럼 새로운 것에 눈길을 돌리자.

속담에 굴러가는 돌은 이끼가 끼지 않는다고 하듯 늘 끊임없이 생각하고 연구하여 뇌를 계속 회전하게 하자. 좌뇌와 우뇌를 움직여서 균형을 주어야 하며 한쪽 뇌만 발달하면 안 된다. 그렇게 하기 위해서는 평소보다 좀 더 어려운 것을 배우고 익혀야 한다. 즉 새로운 학문을 말하는 것이다. 어려운 발음, 한자, 외국어, 취미 생활, 악기, 평상시에 접해보지 않았던 것을 새롭게 도전하자. 새로운 것을 배우고 익히는 훈련이다. 예를 들어 하루에 한자 다섯 글자, 생활 회화 한 문장을 읽으면서 노트에 적는다. 특히 어려운 발음 연습을 꾸준하게 하자. '경찰청 쇠창살 쇠철창살, 검찰청 쇠창살 쌍철창살', '궈 눠 둬 뤄 뭐 붜 숴 워 줘 춰 풔 퉈 훠'처럼 어려운 발음, 중모음, 모음 종합 등 평시 사용하지 않았던 단어들을 소리 내어서 읽으면 뇌에 자극을 주게 되어 활발하게 움직인다. 그만큼 뇌가 젊어진다는 증거다. 이 훈련을 지속적으로 하면 누구를 만나서 이야기를 나눠도 어려운 단어들을 물 흐르듯이 자연스럽게 발음할 수 있게 되어 언어 구사 능력이 뛰어나지며 더불어 치매 예방까지 되니 일석이조가 아닐까?

사람들은 나름대로 치매 예방을 위해서 꾸준하게 노력한다. 나역시 틈나면 '인천시민사이버교육센터'에서 진행하는 강좌를 꾸준히 듣고 있으며 게다가 무료로 진행되니 행복하게 생각한다. 그러고는 외국어를 꾸준하게 듣고 따라서 연습한다. 처음엔 중국어와 영어를 듣는데 발음이 안 되고, 돌아서면 기억에 남는 게 하나도 없다. 자꾸 연습을 하다 보니 혀가 그런대로 잘 돌아간다. 치매 예방을 하기 위해서는 익숙한 것보다 익숙하지 않은 것에 대하여 공부를 하고 노력을 하라고 의사들은 조언한다. 사람들도 새로운 것을 좋아하듯이, 뇌도 새로운 것을 좋아한다.

― 언어 놀이를 통해 치매를 예방하자

놀이가 유치원생이나 하는 것이라고 생각하면 오산이다. 중년이될수록 무슨 일을 하든 놀이라고 생각을 해야 오래 할 수 있다.《할머니와 함께하는 시 낭송 놀이》라는 책도 손자와 시란 도구를 사용해놀이로 만든 책이다. 어른도 아닌 다섯 살 된 꼬마에게 시 공부하자고 하면 도망갔을 것이다. 유치원 아이들의 교육은 놀이를 통하여 소통을 하듯이 시니어 교육도 대부분이 놀이를 통하여 교육하고 있다. 여기서 제시하고자 하는 놀이도 언어 놀이다. 언어 영역을 놀이를 통하여 자연스럽게 두뇌를 자극한다고 생각하면 된다.

언어 놀이는 다양하다. 강의 시간에 초등학생과 성인들을 대상으로 했던 놀이다. 이 언어 놀이는 규칙이 있다. "시장에 가면 어떤 물건이 있나요?"라고 질문한다. 잠시 생각할 시간을 3분 정도 준다. 기억나는 단어를 노트에 적는다. 시간이 되면 쓰던 것을 멈춘다. 단어와 개수를 적어 발표한다. 평상시 주변에 관심이 많은 사람은 다양한 단어를 많이 알고, 관심이 적은 사람은 단어를 거의 적지를 못한다. 이 놀이는 기억력 향상에 도움이 된다.

이 밖에도 문방구, 과일 이름, 친구 이름, 백화점, 세 글자 적기, 두 글자 적기, 지하철역 이름 등 많이 있다. 이 언어 놀이를 통하여 기억력, 말하기, 읽기, 쓰기, 듣기, 발표력, 생각하는 힘 등이 길러지며, 인지 능력과 기억력을 통하여 청소년들의 두뇌를 활발히 움직이게 하고, 시니어들에게는 치매를 예방하는 데 단단히 한몫을 한다.

이 놀이는 혼자, 손자·손녀, 가족들이 둘러앉아서 함께해도 재미있는 놀이가 된다. 둘이서 놀이를 한다면 이렇게 진행한다. 과일 이름 말하기라면 먼저 한 사람이 말한 후 그다음 사람이 말하여 번갈아가면서 말한다. 사과 – 참외 – 귤 – 복숭아 – 메론 … 이렇게 계속 이어가면 된다. 둘 중에 한 사람이 말을 못하면 게임은 끝난다. 다음에는 생선 이름, 산 이름 등을 말해보고, 이 언어 놀이는 말로 진행하며, 언어와 기억력 그리고 순발력을 향상한다.

언어 놀이는 다양하다. 100, 99, 98처럼 숫자 거꾸로 세기, 삼행시, 사행시, 끝말 이어가기, 노래 제목 말하기, 사자성어로 말하기, 한자 맞추기 등 다양한 언어 놀이가 있다. 이제는 언어 놀이를 통하여 인지 능력을 향상하고 뇌에 자극을 주자. 언어 놀이의 말하기, 듣기, 읽기, 쓰기를 통하여 언어 영역을 발달하게 한다. 또 뇌 건강을 위해서 사랑하는 사람에게 사랑이 가득 담긴 편지를 정성껏 담아서 보내면 어떨까?

― 시를 외워서 기억력과 암기력을 키우자

호주에서 시행한 기억력과 생활 습관과의 관계를 조사한 결과, 하루 한 시간 이하의 TV를 시청한 사람들은 많은 시간을 시청한 사람보다 이름 · 얼굴 · 직업 떠올리기, 시장 보기, 목록 외우기 등 모든 부문에서 좋은 기억력을 발휘했다. 또한 소설을 읽고 식단에 신경 쓰는 등 적극적인 생활을 하는 사람들이 그렇지 못한 사람보다 기억력이 좋은 것으로 밝혀졌다.

퇴직하고 할 일이 없으면 심심해서 자신도 모르게 리모컨에 자꾸 손이 간다. 방 안에서만 있자니 하루가 길고, 시간 때우기에는 TV가 최고다. 아이들이 어릴 때, 온종일 TV를 보고 있으면 "너는 맨날 TV 앞에 앉아서 놀기만 하니." 하고 야단을 쳤던 기억이 난다. 이젠 역전이다. 퇴직하고 할 일이 없으니 TV 앞에 앉아 있다. 적절하게 시청하면 많은 생활 정보를 얻으니 유익하지만, TV는 능동적인 것이 아니고 수동적인 것이라 뇌신경 세포에 다양한 정보 전달이 잘 안 되어 기억력이 떨어질 수밖에 없게 한다. 시청 시간을 적절히 조절하는 것이 좋은 기억력을 유지하는 데 좋다. TV도 중독이 되어 장시간 시청하다 보면 그 속으로 풍덩 빠져 들어간다. 한마디로 TV도 중독이다.

청소년, 중년 그리고 시니어에게 가능하면 시를 암송하라는 제안을 한다. 시를 외우면 기억력과 암기력을 쑥쑥 키울 수 있다. 시에 관심이 있는 분, 없는 분도 있다. 없는 분은 노래 가사를 외우면 된다. 특히 시니어 또는 젊은 층에게 시 암송을 권장한다. 시는 우리의 마음을 안정시켜 주고 감정을 다스려서 평정을 찾는 데 도움을 주기 때문이다. 암기를 처음 하시는 분은 짧은 시를 선택하자. 그리고 몇 번씩 큰 소리로 읽어 본다. 그것을 자필로 5번 공책에 쓰고 정성들여 큰 소리로 읽고 혹은 그림을 그리고 상상하면서 쓴다. 한 줄씩 외운다. 그다음은 연상을 한다. 1연씩 외우고 반복한다. 행과 연을 이어서 외운다. 그렇게 하다 보면 전체를 외울 수 있다. 잠자리에 들기 전에 외우면 우리 뇌는 기억을 더 잘한다. 다음 날, 외운 시가 기억이 잘 나지 않아도 걱정할 필요는 없다. 반복 훈련을 하다 보면 시가 암기가 된다. 암기는 기억력과 단짝 친구다.

일주일 동안 틈나는 대로 외우면서 시어가 입말에 자연스러워질 때까지 외우자. 혹시 어떤 자리가 주어졌을 때 한편의 시 낭송을 하면 부러움의 대상이 될 수도 있다. 간단한 시를 외워서 기억력과 암기력을 키우는 두뇌 활동을 하자.

스피치를 통해 치매를 예방하고 중년을 아름답게 살아가자. 공부는 젊었을 때처럼 계속 배우되, 자주 눈을 돌려 익숙하지 않은 새로운 것을 배우자. 또 언어 놀이를 통해 치매 예방을 하고 중년의 삶을 건강하고 아름답게 보내자. 시를 외워서 기억력과 암기력을 쑥쑥 키우자.

사람마다 나름대로 매력이 다 있다. 어떤 사람은 몸매, 어떤 사람은 외모.
어떻게 하면 예술적인 매력을 보여줘서 사람들의 마음을 한눈에 사로잡을까?

3
PART

스피치로
하루하루 젊어지자

아름다운 언어로
매력적인 나를 가꾸자

매력(魅力)은 사람의 마음을 사로잡아 끄는 힘이다. 매력에 대한 표현으로는 여러 가지가 있다. 매력 있는 사람, 매력에 끌리다, 매력을 느끼다, 매력을 잃다, 그에게는 사람을 끌어들이는 매력이 있다 등. 매력은 진공청소기처럼 무엇인가를 흡입할 수 있는 능력이다. 특히 리더는 매력을 발휘해서 조직을 잘 이끌어나가는 것이 간절한 바람이 된다.

한마디로 사람의 마음을 사로잡는 것은 쉬우면서도 어렵다. 가수 이미자의 노래 '여자의 일생'을 60세가 넘은 시니어 분들이 들으면, 지난날을 회상하면서 공감을 한다. 또 가수 주현미의 매력은 독특한 음성이다. 나의 어머니는 길을 가다가 상점에서 흘러나오는 노래만 들어도 가수 주현미라고 단번에 말씀하신다. 주현미의 매력이 얼마나 강한 접착제인가. 누구에게나 숨은 매력이 있다. 사람의 마음을 사로잡는 자석 같은 매력을 지닌 사람에겐 무엇이 있는 것일까? 사람들은 매력을 만들기 위해서 오랜 시간을 두고 끊임없이 갈고닦는다.

사람마다 나름대로 매력이 다 있다. 어떤 사람은 몸매, 어떤 사람은 외모. 이 밖에도 패션 감각, 매너, 목소리, 노래, 긴 머리카락, 화술, 겸손, 미소, 애교, 남성다움, 여성다움 등 다양하다. 자신만의 독특한 매력을 관리하고 유지한다. 요즘은 기업, 동네의 작은 가게도 저마다 매력적인 광고와 마케팅을 한다. 어떻게 하면 예술적인 매력을 보여줘서 사람들의 마음을 한눈에 사로잡을까?

이제는 외적인 매력과 내적인 매력을 만들자. 나의 매력을 찾아서 가꾸고 다듬어서 매력적인 사람이 되자. 나만이 가지고 있는 특별한 무언가를 개발해서 지니고 있어야 한다. 아무리 찾아도 자신만의 매력이 없다 하시는 분은 마음을 움직이는 아름다운 언어들도 많지만 다음의 세 가지 언어를 잘 활용해서 매력을 만들어 보자. 언어의 매력이 당신의 삶을 행복하게 만들어 준다. 젊었을 때는 흔히들 매력 덩어리라는 말도 듣지만, 차츰 세월이 흐를수록 매력이 없다고 한다. 하지만 매력이란 단어를 잊고 살아왔을 뿐이다. 매력이 없다고 하시는 분들은 이 단어만 사용해도 매력적으로 보일 것이다.

― 감사합니다

'감사'라는 단어는 짧으면서도 많은 뜻을 지니고 있다. 상대방을 배려하는 마음이다. 웬만한 사람들은 이 감사 언어를 알면서도 잘 사용할 줄을 모른다. 이제는 내가 먼저 웃으면서 "감사합니다"라는 언어를 자주 사용하자. 만나는 사람, 스쳐가는 사람에게 그것이 거짓일지 진실일지 몰라도 '감사'의 표현이 습관이 되도록 노력하자.

대중교통인 지하철을 자주 이용하다 보면 흔히 볼 수 있는 일이다. 시니어분들은 상대방이 자리 양보를 해주어도 "감사합니다"라는 말을 대부분 하지 않고 '당연히 내 자리에 앉았다'는 인상을 준다. 하지만 어린아이일수록 감사의 말을 자주 한다. 언제부터인가 시니어가 되면서부터 이런 말들을 잘 하지 않고, 당연한 것으로 받아들인다. 대부분의 사람들이 그렇다는 것이다.

입버릇처럼 항상 "감사해요. 고마워요"라는 말을 자주 하자. 상대방을 배려하고 감사하는 마음을 가지면 매력적으로 보인다. 이유는 감사라는 언어 자체가 얼굴 표정에 미소를 짓게 만든다. 얼마나 아름다운 언어인가? 밝게 미소를 지으면서 "감사합니다"라고 하면 상대방이 생각할 때 '저 사람의 표정은 어쩌면 저렇게 매력적으로 보일까?'라고 생각한다. 이제 감사의 언어를 표현할 때 마음에서 진정으로 우러나오는 감사의 목소리를 담아서 표현하자. 그 감사가 메아리칠 때 주변 사람들에게 매력으로 다가온다. 지금 한번 웃으면서 따라 해 보자. "감사합니다."

― 사랑합니다

사랑은 관심에서 시작된다. 주위에 있는 모든 사물을 바라볼 적마다 관심을 갖고 바라보게 되면 사랑하는 마음이 생긴다. 이제 주변서부터 관심을 갖고 모든 것을 포용하는 마음으로 바라보자. 사랑하면 모든 것을 용서할 줄 알고 배려하게 된다. 세상 모든 종교 원리의 끝은 하나다. 즉 '사랑'이다. 모든 것을 용서하는 마음으로 관심 있게 바라볼 때 그 사람은 바로 매력 덩어리로 보인다.

남편은 미남이고 부인은 그와는 반대인 부부가 있다. 부부는 서로 닮는다고 하는데 이 부부는 아무리 관찰을 해도 닮은꼴이 전혀 없다. 만남의 과정을 물어보았다. 직장을 다닐 때 같은 곳에서 근무를 했단다. 그런데 남편의 눈에 직장에서 아내가 제일 예뻐서 첫눈에 반해서 결혼을 했단다. 반한 이유는 간단하다. 고객에게 항상 웃으면서 "사랑합니다"라고 이 말을 항상 들으면서 근무를 하다 보니 못난 얼굴이 미인으로 보였단다. 나는 이야기를 남편에게 들려주면서 '그럼 못생긴 여자는 결혼을 하지 말라는 거야'라고 한다. 남편이 말한다. '짚신도 짝이 있는데. 너도 결혼 당시 예뻐서 결혼을 했는데 지금 보면 내가 그 당시 눈에 콩깍지가 씌었지. 이런 못난이와 결혼을 하다니.' 지금은 이런 소리를 들으면 웃고 넘어간다. 젊었을 때 이 소리를 들으면 단번에 부부 싸움으로 이어지며 당장 이혼하자고 할 것이다.

주변의 관심을 갖고 사랑의 언어를 표현하자. 너그러운 마음으로 용서의 눈으로 바라보자. 모든 사물은 사랑의 눈으로 보았을 때 세상

은 아름답게 보인다. 이것이 사랑의 매력일 것이다. 추녀도 미인으로
보이듯이.

― 미안합니다

"미안합니다"라는 언어는 감사보다 더 말하기 어렵다. 지나가다
부딪치면 무서울 정도로 인상을 쓴다. 그럴 때 누군가가 먼저 "미안
합니다"라고 말한다면 인상을 쓰던 상대방도 미안해서 얼른 입장을
바꿀 것이다. 그렇게 먼저 말을 건네는 자가 신사적이고 나아가 성공
하는 사람이 된다. 미안하다고 말은 하는데 인상을 찡그리면 오히려
아니함만 못하다. 진심 어린 마음을 담아서 표현하자. 그러면 상대방
은 당신의 한마디에 눈 녹듯 마음이 풀릴 수 있다.

잊을 수 없는 2010년 여름이다. 아들이 지하철로 출근하는데 옆
에 서 있던 아가씨가 신고 있던 하이힐로 아들의 엄지발가락을 밟았
다. 본인도 모르게 비명을 질렀다고 한다. 그런데 그 아가씨는 아무
일도 없었다는 듯이 쳐다보기만 해서 아들이 화가 나서 발을 밟았으
면 최소한 미안하다는 말도 못하느냐고 따지니, 오히려 아가씨가 더
큰소리를 쳤단다. 결국 회사까지 가지 못하고 중간에 내려서 구두를
벗어 보니 피가 흘러, 손수건으로 급히 지혈한 뒤 병원으로 가서 치
료를 받았다. 구두를 신지 못해서 아들은 슬리퍼를 사서 신고는 출근
했다. 아들은 아가씨가 사과 한마디만 했더라도 덜 서운했을 것이라

고 했다. 아들은 그 발가락을 볼 적마다 '지하철 사건'을 말한다. 시간이 흘러 새로운 뼈가 자라서 다행이었다.

우리는 살면서 극한의 상황이 벌어지면 오히려 큰소리를 치는데, 상황 파악을 잘하고 진심 어린 마음과 표정으로 "미안합니다"라는 말을 건넨다면 상대방은 "괜찮습니다. 그럴 수도 있지요"라고 가벼운 목례와 함께 덩달아 답한다. 이런 짧은 말 한 마디 자체가 힘든 사람에게는 어려울 수도 있다. 그러나 말하는 것도 습관이기에 처음에는 불편하더라도 의식적으로 자꾸 하다 보면 자연스럽게 말할 수 있다. 반대로 미안하다는 말을 말끝마다 하는 사람들이 있다. 자주 하면 상대를 비꼬듯이 들릴 수도 있고 역효과를 낼 수 있으니 유의해야 한다. 아무리 좋은 말이라도 상황에 맞아야 된다. 단어 선택에 신경을 써서 잘 활용하자. 말은 탁구공처럼 주고받고 할 때 매력의 빛을 발산한다.

상대방을 내 편으로 만드는 방법은 간단하다. 위에서 제시한 감사, 사랑, 용서의 언어를 언제나 상황에 맞게 표현한다면 당신은 이미 매력적인 사람으로 인정받았을 것이다. 더 꾸준히 연습해서 나만의 매력 포인트로 만들자. 외모에서 풍기는 매력보다 더 강한 내면의 매력을 발하면 지적인 매력을 지닌 사람으로 비춰진다. 시니어들이여! 지금 책을 읽는 순간 아름다운 언어로 매력적인 나를 가꾸자. 정원사가 정원을 가꾸듯이.

사람은 배움을 통해
성장한다

'배우고 때때로 익히면 기쁘지 아니한가.' 《학이편(學而篇)》에 나오는 '학이시습지 불역열호(學而時習之 不亦悅乎)'의 뜻이다. 배움은 익힐 뿐만 아니라, 그 배운 것을 실천으로 옮겼을 때 기쁜 것이다. 또한 배움이 완성되어야만 비로소 가르칠 수 있다는 뜻으로 '끊임없이 배우고 배운 것을 가르칠 때에 기쁘지 아니한가'라고 해석하기도 한다. 이와 같이 배운다는 것은 힘들고 고통스러운 것이 아니라 오히려 즐겁고 기쁜 것으로 여길 때 사람은 성장한다.

특히 아리스토텔레스가 배움은 미래를 위한 가장 큰 준비라고 한 말에 크게 공감한다. 무슨 일을 하려면 그 분야를 잘 알아야 하듯이 배움은 미래를 준비하는 데 기초가 된다. 사람이 태어나서 제일 먼저 하는 것은 배우는 것이며 그 배움을 통하여 세상을 하나씩 알아가는 과정을 겪는다. 그리고 그 과정 속에서 성장을 한다. 배움도 일종의 중독이다. 평생 배우기를 즐기면서 사는 사람도 많다. 이분들은 자아실현을 배움으로써 성취하는 사람들이다. 나도 배움의 중독이 된 사람이다. 사람은 배움을 통하여 성장한다는 말을 가장 좋아한다. 중독하면 얼마나 무서운가. 알코올, 성, 마약 등의 중독은 치료가 필요하지만 배움의 중독은 치료가 필요 없다. 가족들에게 약간의 피해는 줄 수는 있지만 그 정도의 피해는 괜찮지 않을까?

강의를 진행하면서도 2년씩 정해놓고 그 기간 동안 열심히 무언가를 배운다. 2015년부터 2017년까지 매주 월요일, 토요일을 정해놓고 본격적으로 새로운 학문을 배웠다. 이제는 모든 교육을 마무리했다. 학문은 배우면 배울수록 묘한 매력과 재미가 있다. 모르는 것을 새롭게 알아가는 것, 알았던 것을 다시 재정리하는 것, 항상 학생의 입장으로 살아간다는 것은 행복한 일이다. 새로운 것을 배웠으면 인터넷으로 공유를 한다. 사람이 배움을 통하여 성장해야 하는 이유를 알아보자.

― 배움에는 끈기가 필요하다

'끈'이라는 것이 중요한 이유는 생명과 연결되기 때문이다. 생명의 끈을 놓지 않으려고 나름대로 노력하면서 살아가기 때문에 건강한 사람들이 훨씬 많은 것이다. 의사는 환자에게 "생명의 끈을 놓지 말고 꼭 잡으세요. 끈을 놓으면 죽어요"라고 말한다. 생명의 끈을 스스로 놓는다면 죽음을 맞이하게 된다. 옛 어르신들께서는 사람은 살아가면서 '끈'을 꼭 붙잡고 살아야 한다는 말씀을 하셨다. 이처럼 세상을 살면서 끈이라는 것은 삶에서 중요한 역할을 한다.

이 끈은 배움과도 연결이 된다. 특히 사람은 배움의 끈을 놓으면 안 된다. 배움이라는 끈을 놓는 순간 그 사람의 미래는 없어진다고 한다. 수많은 사람들은 학습을 하고 생활에 적용하면서 살아간다. 우리의 생활 자체가 배움으로 이루어지고 삶이 곧 배움이기 때문이다. 어린아이에게서 배울 수도 있고, 나이가 많으신 어르신에게 배울 수도 있다. 공자는 세 사람만 모여도 그중에 스승이 있다고 했다. 누구에게나 배울 점이 있다는 것이다. 늙고 가진 것 없는 사람에게도 그 나름대로의 인생철학이 분명히 있다. 고로 살아가면서 잘났든 못났든 타인을 절대로 무시해선 안 된다.

시니어 시대를 맞이한 분들께 묻고 싶다. 지금 이 순간에도 생명의 끈과 배움의 끈을 꼭 잡고 살아가고 있는지. 그렇다면 이미 행복한 삶의 길을 걷고 있다. 시니어 분들이 활동하시는 것을 보면 실로 대단하다. 70세가 훌쩍 넘으신 분들이 벨리 댄스, 무도회, 태권도, 노래 등 다양한 능력을 키워서 경연 대회에 참가하는 모습을 보면 박수를 아끼지 않을 수 없다. 노후를 행복하고 건강하게 보내기 위해서 배움의 끈을 꼭 잡은 모습, 뒤늦게 배워도 젊은이 못지않게 본인의 재능을 찾아서 열심히 살아가는 그 모습이 아름답다. 나는 그분들께 힘찬 응원의 박수를 보낸다. 나이 들어서 주책이고 망신이라며 야유하는 사람들은 거의 없다. 지금 사회를 보면 많은 시니어들이 뒤늦게 배운 것으로 다양한 기관들을 다니시며 봉사를 한다. 시니어 여러분 들께 배움의 끈을 절대 놓지 마시라고 말하고 싶다.

― 지금은 평생 교육 시대다

배움이란 말 자체를 모르는 사람은 없다. 그러나 배움이란 것은 쉬운 것 같으면서 어렵다는 것을 느낀다. 아무리 해도 끝이 없는 것 이 배움이란 걸 깨닫는다. 이제 배움이란 것에 조금 눈을 뜬 것 같으 면서도 다른 것에 도전을 하면 역시 모르는 것이 더 많다는 것을 알 게 된다. 여러분도 공감할 것이다. 내 나이 예순이 넘었어도 여기저 기 배움의 문을 두드린다. 내 능력이 이것뿐인가. 인간의 한계를 느 낄 때가 한두 번이 아니다.

남편도 63세에 뒤늦게 배움의 문을 두드렸다. 정년퇴직을 하고 1년 동안 아무 생각 없이 푹 쉬었다. 어느 순간에 바보가 되는 느낌이 든 다고 했다. 이런 느낌을 갖는 것도 행복이 아닐까. 이런 느낌을 갖지 못하는 것이 문제다. 남편은 고심 끝에 2017년에 한국열린사이버대 학교 사회복지학과에 입학했다. 당당하게 대학생의 자격을 갖고 공 부를 하는데, 컴퓨터를 다루는 것과 글씨 공부까지 학생으로서 학업 에 필요한 모든 것을 준비한다. 시험 기간이면 책상에 앉아서 형광펜 으로 중요한 부분은 밑줄을 긋고 암기하고, 쓰고 철저하게 시험 준비 를 한다. 노후에 공부를 해도 시험이 무섭기는 무서운가 보다. 배움을 통하여 미래를 계획하고 마음까지 성장하며, 희망이란 씨앗이 꿈틀거리는 모습을 볼 때 그의 먼 미래가 보이기 시작한다.

평생 교육 시대에는 주민자체센터, TV, SNS, 복지관, 책, 강의, 사이버교육, 문화센터 방문 등을 통하여 배우고 싶은 것을 배울 수 있다. 하나를 배우고 나면 '이게 바로 배움이구나!'라는 생각이 번쩍 떠오른다. 알면 알수록 다른 것에도 호기심을 갖게 된다. 그래서 시니어 분들이 자꾸 무엇인가를 배우려고 하는가 보다. 나 또한 배우는 기쁨을 톡톡히 느끼고 있으니 말이다. 늘 배우는 자세로 내 삶을 살고 싶다. 진정으로 배운다는 것은 자신을 낮추는 것이며, 가르친다는 것은 다만 희망에 대하여 이야기하는 것이다.

괴테는 유능한 사람은 언제나 배우는 사람이라고 했다. 현재는 기술만 가지고 또는 과거의 학문만을 가지고는 빠르게 변화하는 시대에 발맞추기 힘들다. 그래서 유능한 사람은 배움을 게을리하지 않는다.

─ 배움은 꿈을 성장하게 한다

배움을 통하여 꿈을 키우고 그 꿈을 가꾸고 다듬고 실행하기 위해서 많은 노력을 한다. 그리고 어떤 목적을 향해서 준비를 하고 실천을 한다는 것은 매우 행복한 일이다. 남편은 배움이 필요해서 학업을 시작한 것이라 남들보다 더 많은 애착을 갖고 있다. 그리고 모르는 것을 하나씩 알아가는 과정과 배움의 즐거움을 만끽하며 만학도로서 학업에 충실히 하고 있다. 그만큼 지적으로 성장해 있을 것이며 배움을 통하여 미래를 설계할 것이 분명하다. 즉 배움은 '꿈 성장'에 촉진제 역할을 한다.

우리 큰언니는 시골의 가난한 가정에 태어나서 초등학교 졸업을 하고 그 길로 서울로 상경해서 돈을 벌었다. 가정 형편에 조금이나마 도움을 주기 위해서였다. 언니는 배우지 못한 것이 마음속에 늘 자리 잡고 있었으며 항상 배움은 그리움의 대상이었다. 2010년경에는 요양보호사란 직업이 화두가 되었다. 학력이 없는 사람도 모집했는데 언니를 설득해서 같이 배우게 되었다. 나는 중도에 포기했지만 언니는 끝까지 자격증을 취득해서 현재까지 일을 하고 있다. 그런데 언니는 취업을 하려면 이력서에 학력을 기재해야 하니 참 고민했다. 이것을 계기로 용기를 내어 58세에 입학하여 중학교·고등학교를 졸업했다. 지금은 당당하게 이력서에 '고등학교 졸업·요양보호사자격증 취득'이라고 적는다. 언니는 그것이 발판이 되어서 지금도 열심히 배우며 일을 한다.

세상은 내가 배운 만큼 알고, 배운 만큼 보이며 배운 만큼 말을 하고, 배운 만큼 행동하며, 배운 만큼 행복하다. 배움은 미래를 위해서 적금을 하는 것과 같다. 배움이 필요할 때 조금씩 꺼내서 지식과 지혜를 사용하자. 시니어 여러분! 배움의 끈을 놓지 말자. 60세가 넘으면 새로운 인생을 준비해야 한다. 옛 학문은 기본으로 하고 새로운 학문을 배우고 익히자. 배움에는 때가 있다는 말은 지나간 옛말이다.

평생 교육 시대를 맞이하여 배움은 미래를 위한 가장 큰 준비가 된다. 시니어 시대를 맞이하여 배움을 통하여 성장하고 미래를 준비를 하고 열심히 배움을 추구하자. 지하철을 이용하다 보면 짧은 시간이라도 무엇인가 공부하시는 분들을 자주 본다. 이렇듯 많은 사람들이 자기 계발을 위해서 노력하며 배우는 사람과 가르치는 사람이 더불어 교학상장(教學相長)하는 삶을 살아가기를 바란다.

독서는
나를 변화하게 한다

　'사람은 책을 만들고, 책은 사람을 만든다.' 지나가다 유심히 보게 된 한 대형 서점 앞에 붙어있는 글귀다. 사람이 책을 만들긴 하지만 진정한 것은 책이 사람을 만든다는 것이다. 이상적으로 깊은 논리를 갖춘 책은 인간의 뇌를 움직여 세상을 움직이는 힘을 만든다. 책을 통하여 영혼의 사고력과 인간의 상상력을 그야말로 무한대로 이끌어 나간다. 만약 글이 없었다면 오늘날 우리는 세상을 다스리지 못하고 한낱 동물의 세계에서 겨우 생명만 유지하는 짐승 같은 생활을 할지도 모를 일이다. 현대의 창의 · 융합 · 소통 시대를 살아가기 위한 핵심적인 소양은 바로 독서에서 나온다. 다음은 다산 정약용이 한 말이다.

"오직 독서 한 가지만이 위로는 성현을 뒤좇아 나란히 할 수 있고, 아래로는 뭇 백성을 일깨워 줄 수 있다. 그들이 귀신의 사정을 훤히 알고, 환하게 왕도와 패도의 계책을 이끈다. 날짐승과 벌레 따위를 뛰어넘어 큰 우주를 지탱한다. 독서야말로 우리의 본분이다. 맹자가 말하길 '대체를 기르는 자는 대인이 되지만, 소체를 기르는 자는 소인이 되어 금수에 가깝게 된다'라고 했다. 생각이 배부르고 등 따습게 편안히 즐기다가 세상을 마치는 데에만 가 있어, 몸뚱이가 채 식기도 전에 이름이 먼저 없어진다면 그것은 짐승일 뿐이다. 짐승이 되기를 바라는가?"

독서를 한다는 것은 시간을 투자해야 하는 일이다. 꾸준히 자기 계발을 하는 사람은 많은 지식과 정보가 필요하기 때문에 책을 가까이 두지만, 일반적인 사람들이 책을 가까이 하는 것은 말처럼 쉽지 않다. 여기서는 시니어의 화술과 두뇌 건강을 위해서 독서를 권장한다.

— 독서를 할 때는 큰 소리로 낭독하는 습관이 중요하다

큰 소리로 천천히 낭독하면 발음이 분명해진다. 그리고 띄어 읽기, 쉼표, 마침표 등 문장 기호의 맛을 살려서 읽는 연습을 하자. 다양한 책을 접하다 보면 어휘력과 표현력이 풍성해진다. 상대방과 커뮤니케이션을 하다 보면 나도 모르게 대화의 실력이 부쩍 상승하는 것을 느낄 수 있다. 나는 책을 읽을 때 보통 1~2시간씩 소리 내어 읽는 훈련을 계속하고 있으며 스피치 훈련에 있어 이것만큼 좋은 방법은 없다.

시니어일수록 특별히 시간을 정해 놓고 큰 소리로 낭독하는 습관을 갖도록 하자. 글씨가 작거나 분량이 많은 책들을 접하면 거부감이 들기도 하고 다 읽지 못하는 경우도 있다. 오랫동안 책을 읽기 힘드신 분들은 간단한 글이나 시, 동화책을 접하는 것도 좋다. 하지만 젊었을 때부터 꾸준하게 책을 읽으신 분들은 하시던 대로 진행하면 되고 그간 묵독을 하셨다면 큰 소리로 낭독 훈련을 하는 것도 바람직하다.

책을 많이 읽는 것도 중요하지만 더 중요한 것은 한 권의 책을 읽더라도 그 내용을 숙지해서 내 것으로 바꾸는 것 또한 중요하다. 그저 좋다고만 하는 것도 내 것으로 만들어서 직접 실습하고 몸에 체득이 되어서 체질화가 되게 해야 한다. 큰 소리로 낭독을 하다 보면 두뇌 활동에 많은 도움이 된다. 이것은 치매하고도 연결이 된다. 책을 큰 소리로 읽는 방법은 기력이 다하는 날까지 하자. 큰 소리로 낭독하는 것이 힘들면 묵독을 해도 좋다. 지긋이 낭독과 묵독을 번갈아 훈련하면 상상력과 어휘력이 좋아져서 상대방과 대화를 나눌 때 말이 매끄럽고, 책 속의 단어들을 내 말처럼 자연스럽게 구사할 수 있다.

— 새롭게 독서를 시작한다면 단문의 책이 좋다

책 선정을 할 때 관심 있는 분야, 재미있고 단순한 책을 선정하는 것이 좋다. 나는 시집을 좋아해서 이 책만큼 좋은 것은 없다고 생각한다. 이것은 내 생각이다. 특히 시집은 사람의 오감을 자극하고 감동을 주며 아름다운 우리의 언어로 이루어졌기 때문이다. 한편의 시를 계속 큰 소리로 낭독을 하다 보면 저절로 외워진다. 한편의 시를 완전히 뜻을 이해하고 시 속으로 들어가서 시인과의 만남을 시를 통하여 이루어진다. 시는 '문학의 꽃'이라고 불린다. 그만큼 '시'가 우리의 정서와 인성 교육에 있어서 중요한 역할을 한다.

그리고 틈나면 동화책을 읽는다. 짧으면서도 그 속엔 무한한 상상력과 창의력, 판단력, 감성이 풍부한 책이다. 한 권의 책을 읽으면서 다양한 방법으로 생각을 하고 이성적으로 판단도 하고 자연스럽게 인성 교육으로 연결이 되니 동화책도 훌륭한 책이다.

지난번엔 효·인성 교육을 실시했다. 평소에 읽어 두었던《아낌없이 주는 나무》,《청개구리》,《형아야 놀자》라는 책의 내용을 접목해서 자연스러운 인성 교육을 진행했다. 학생들은 지루해 하지 않았고, 동화책을 통하여 다시 한 번 자신을 돌아보는 시간을 갖도록 했다. 아무리 많은 책을 읽어도 그 내용을 갖고 실천을 했을 때 책의 가치가 있다. 책이란 읽고 끝나는 것이 아니라 우리의 삶 속에 접목해서 활용을 할 때 책이 바로 사람을 만든다. 강의 시간에 시집, 동시, 동화책을 선정해서 큰 소리로 읽고 난 후 각자가 돌아가면서 내용을 갖고 발표의 시간을 갖는다. 똑같은 제목을 읽고 발표를 할 때 서로가 다르다는 것을 인정하고 상대방의 의견이 틀린 것이 아니라 다르다는 것을 받아들인다. 독서를 처음 시작하시 분이라면 단문의 책을 선정한 다음 익숙해지면 장문을 읽어 내려가는 데 어려움은 없다. '사람은 책을 만들고, 책은 사람을 만든다'는 글의 의미를 깊게 생각해 보자.

─ 독서는 뇌 건강에 좋으며 나를 변화하게 한다

독서가 좋다는 이야기는 자주 듣는다. 독서는 소리 내어 읽을 때 뇌와 연관이 된다. 뇌의 기능 중 언어 사고력이라는 능력이 있는데 그 능력은 독서라고 하는 읽기 행위이다(언어 사고력이란 자신의 느낌, 생각, 사상 등을 정확하게 글이나 말로 표현할 수 있고 그 반대로 글과 언어를 이해할 수 있는 능력이다). 독서는 뇌 활성화를 좋게 하며 뇌 기능을 유지하는 데 도움이 된다. 또한 뇌를 지속적으로 자극하는 활동은 치매 및 기억력 장애 등과 같은 뇌질환을 예방하고 낮추는 데 매우 효과적이다. 과학자들은 뇌를 자극하는 가장 좋은 방법으로 꾸준한 독서를 꼽고 있다. 독서를 통해 학습이 뇌에 적절한 자극을 주면서 기억력과 상상하는 다양한 영역을 자극한다.

60세가 넘으면 서서히 찾아오는 것들이 있다. 모든 언어 사고력 영역들이 떨어지는 시기이다. 특히 퇴직하고 나면 더 실감나게 느낀다. 요즘 백세 시대를 부르짖고 있다. 남은 제2의 생을 어떻게 살아갈 것인가. 청춘처럼 살아가기 위해서 독서가 지름길이라 생각한다. 특히 언어 영역 중 말하기 능력, 어휘력, 상상력, 기억력, 커뮤니케이션의 상승이다. 이러한 것들을 도와주는 것은 당연히 독서이다. 특히 독서할 때 가능하면 1시간 동안은 큰 소리로 낭독하는 훈련을 권장하고 싶다. 그리고 남은 시간은 묵독을 해도 좋다. 시력이 안 좋으신 분들에게는 음성으로 들려주는 책 읽기 서비스도 있다. 음성을 큰 소리로 따라서 낭독하면 된다.

책의 저자를 직접 찾아가서 만날 수는 없다. 그러면 저자는 독자들을 만나다 일생을 다 보낼 것이다. 그런 헛된 시간을 막기 위해서 강연을 통하여 만나고 혹은 책을 통하여 간접 경험을 한다. 그런 간접 경험은 저자가 책을 낸 이유, 목적, 저자의 삶 모든 것을 한 권의 책을 통하여 간접적인 경험을 한다. 책을 통하여 얻은 간접 지식을 가지고 삶 속에서 도움이 된 것을 직접 경험으로 연관을 짓는다. 그랬을 때 나의 변화가 일어난다.

책은 우거진 숲과 같다. 우거진 숲은 풍성하고 마음을 풍요롭게 하며 모든 사람들이 쉴 수 있는 공간을 만들며 인간과 동물들에게 많은 도움을 준다. 책도 마찬가지다. 좋은 단어들이 모여서 책을 만든다. 한 단어로 시작해서 수천만의 단어가 모여서 책이 된다. 피와 살이 되는 수천 개의 단어들이 있지만 머릿속에 다 기억되는 것은 아니다. 그중에서 한 문장 혹은 한 개의 단어가 기억이 된다.

책 한 권을 읽었는데 기억에 남는 것은 하나도 없다고 실망하지 마라. 분명 한 권의 책 속에서 제목, 단어 하나, 한 줄은 분명히 기억이 난다. 그 기억나는 것을 소처럼 되새김질하다 보면 언젠가는 당신의 손바닥으로 당신의 무릎을 치는 날이 올 때 당신의 운명이 바뀔 수도 있다.

독서는 나의 변화를 돕는다. 말을 잘하고 싶으면 독서를 통하여 말하기 훈련을 하면 된다. 말을 잘하고 싶으면 먼저 자료가 지식 창고에 충분히 저장이 되어야 한다. 말을 요리할 수 있는 신선한 자료들은 책, 교육, 인터넷 등 다양한 정보 교육 기관을 통하여 얻을 수 있다. 그 얻은 자료를 갖고 충분히 재가공해서 나만의 개성 있는 신지식으로 탄생이 된다. 이것이 기본이 되어 제2의 직장에서 다양한 사람들과 커뮤니케이션을 통하여 의사전달을 명확하게 전달을 잘할 수 있을 때 독서는 나를 변화하게 하는 데 필요한 무기가 된다.

다양한 경험은
나를 성장하게 한다

'다양한 경험이 지혜의 자양분이 된다'는 말이 있듯이 다양한 경험을 많이 접해야 한다. 고기도 먹어 본 사람이 맛을 알고, 음식도 다양하게 먹어 본 사람이 음식의 깊은 맛을 알며 편식을 하지 않는다. 여행도 다녀 본 사람이 여행의 참맛을 즐기며 재미있게 잘 논다. 다양한 책을 읽은 사람이 다양한 어휘를 사용해서 말을 잘할 수 있다. 이처럼 다양한 경험을 한다는 것은 내가 직접 체험을 하는 것이다. 아무리 책을 통해 간접 경험이 풍부할지라도 그것은 간접 경험에 불과하다.

책을 통해 여행의 간접 지식을 풍부하게 얻었으면 현지로 여행을 가서 몸으로 체득을 해서 여행의 모든 것을 직접 경험했을 때 노하우와 지혜가 생긴다. 다음에 여행을 가게 되면 앞에서 경험한 것을 바탕으로 해서 여행을 98% 신바람 나게 즐길 수 있다. 왜 100%가 아닌 98%냐고 묻는 사람도 있다. 인간에게 만족이란 없듯이 늘 2%가 부족하다. 그 부족한 것을 채우기 위해서 여기저기 배우러 다니는 것이 아닌가.

모든 것은 내가 직접 체험을 했을 때 그 속에서 실수와 지혜가 나오며 다양한 경험은 지혜의 자양분이 된다. 이러한 경험이 밑거름이 되어서 나를 성장하게 한다. 이것을 한마디로 표현을 한다면 '학습(學習)이 제대로 된 사람이다' 라고 말한다. 다양한 경험은 나를 성장하게 한다.

시니어 시대를 맞이하여 그동안의 지식으로만 알고 있던 것들을 현장 경험을 통하여 직접 경험을 하자. 그리고 30~40년의 현장의 노하우를 주변에 있는 사람들에게 전수를 할 때 성장을 한다. 사람은 혼자서 살아갈 수 없는 존재이며 앞으로는 더불어서 살아가는 시대가 더 필요하다. 요즘 혼자 사는 50대 이상의 남자들이 늘어나고 있는 추세다. 홀로 사는 남자분들이 모여서 그분들의 경험을 바탕으로 음식을 만들어서 홀로 사는 독거노인들에게 음식을 대접하고 반찬을 만들어서 배달을 한다는 뉴스를 보았다. 다양한 사람들이 모여서 젊었을 때 다양한 경험을 바탕으로 하고 부족한 것은 배워서 요리를 한다고 말을 한다.

새로운 삶을 맞이하여 젊었을 때의 모든 것을 버리고 새로 시작하는 마음으로 모든 일을 시작하자. 항상 수강생들에게 하던 말이다. 젊었을 때의 과거는 이미 물 건너갔다. 물 건너간 것을 아쉬워하면서 생각에 머물러 있으면 안 된다. 그렇다. 지나간 것은 가슴에 추억으로 남기고 앞으로 다가올 내일이 중요하며 오늘에 충실히 살아가는 것이다.

─ 현대는 학습의 시대이다

학(學)은 배운 지식으로 습(習)을 통하여 몸에 익혔을 때 그 사람을 가리켜 '저 사람은 학습이 제대로 된 사람이다'라고 말한다. 반대로 배우기만 한 사람은 '저 사람은 아는 것만 많이 있지 제대로 하는 것이 없다'라고 말한다. 이 말의 의미는 지식만 풍부하지 경험이 없는 것이다.

대부분의 사람들은 지식으로 직접 현장에서 다양한 경험을 하지 않았기 때문에 습이 안 되었다. 그 결과 젊은 사람들은 지식이 풍부하고 노인은 지혜가 풍부하다. 지식은 돈으로 살 수 있지만 지혜는 돈으로 살 수 없다. 이것은 내가 몸소 모든 것을 직접 경험을 해야만 얻을 수 있기 때문이다. 예를 들자면, 장롱 운전면허증을 갖고 있는 사람이 얼마나 많은가? 주변에서 면허증에 대하여 이야기를 하면 장롱 면허증 소지자가 의외로 많다. 운전을 막상 하려고 하면 두려워서 못하고 다음에 해야지 차일피일 미루다 보니 장롱 면허증이 되었다고 한다. 과감하게 그 두려움을 물리치고 운전 실습을 체계적으로 한번 두 번 하다 보면 실수와 요령, 지혜가 생긴다. 그다음에는 이것을 바탕으로 해서 '베스트 드라이버'가 되어 운전을 여유 있게 즐기면서 잘한다. 이런 사람은 습(習)이 잘된 사람이다. 반대로 지레 겁을 먹고 운전을 하지 않으면 장롱 면허 소지가가 된다. 이런 사람은 학(學)만 된 사람이다. 즉 지식만 있는 사람이다.

현대는 학습의 시대이다. 여기저기 배우(學)기만 하지 말고 습(習)을 제대로 익히자. 학교의 교육도 학(學)만 부르짖지 않고 습(習)과 같이 병행을 하는 학습(學習) 위주로 교육을 한다. 이제 학습이 제대로 된 사람이 되자. 이론과 실습 즉 이것은 지식과 지혜가 공존하는 것이다.

─ 다양한 경험에서 길을 찾는다

이 말은 굉장히 의미 있는 말이기도 하다. 뒤늦게나마 길을 찾아야 한다. 내가 잘할 수 있는 것, 내가 좋아하는 것, 오랫동안 잘할 수 있는 것 등을 찾으려면 다양한 경험을 해 봐야지 길을 찾을 수 있다. 58세가 넘은 수강생은 꿈이 가수였기 때문에 학창 시절 동아리 활동을 할 때, 드럼을 치면서 노래를 불렀다고 한다. 대학교를 졸업하고 무명 가수로 생활을 했단다. 수입보다 지출이 많았다고 했다. 결혼을 하고 가정의 생계를 꾸려나가기가 어려울 것 같아서 잠시 가수 활동은 접어두고 직장에 충실했다고 하셨다.

어느 정도 자녀들은 성장하고 직장 동료들과 퇴근 후 술을 마시고 2차로 노래방, 당구장을 다니면서 그렇게 시간을 보낸 어느 날, 갑자기 삶이 무의미하다는 생각이 들었다고 하셨다. 앞으로 무엇인가를 하려면 먼저 말을 잘 해야겠다는 생각이 들어서 스피치 학원을 찾아왔다고. 가수가 꿈이었던 젊은 날, 아름답고 꿈이 많았던 추억을 그리워하면서 눈가엔 눈시울이 적셔든다. "그럼 다시 시작하세요"라고 위로의 말을 건넸다.

그 후로 다시 젊었을 때의 그 꿈을 이루기 위해서 꾸준히 노력하고 실력을 키워 나가셨다. 노래와 기타 실력은 기본 바탕이 있어서 1년 동안 준비를 하고 여기저기 수소문 끝에 봉사 기관을 찾아서 틈나는 대로 공연도 다니고 노래 봉사 활동을 열심히 한다. 이렇게 열심히 다양한 경험을 하고 지난날의 꿈을 찾고 길을 찾아서 열심히 걸어가고 있다. 지금까지 살아오면서 가장 인생의 탁월한 선택을 했다고 말한다. 아내와 자녀들도 아버지를 존경하며 아빠를 응원한단다. 틈나면 가족들도 같이 봉사 활동을 다닌다고 말할 때, 내가 한 일처럼 그렇게 마음이 뿌듯하고 행복할 수가 없다. 내가 하지 못한 일에 대한 대리만족이랄까.

다양한 경험은 나를 성장하게 한다. 젊어서 해보지 못했던 것을 과감하게 변화를 주어서 도전하자. 변화를 한다는 것이 그렇게 쉽지는 않다. 특히 남성들은 말이다. 그러나 이것도 편견일 수 있다. 교육기관을 가서 보더라도 대부분 90%가 주로 여성들이고 그런 틈에서 남성들이 변화를 갖는다는 것이 보통 일은 아니지만, 그런 남편들을 아내들이 잘 이끌어 주어서 부부가 함께 배움과 취미 생활을 한다면 금상첨화가 될 것이다. 그런 가정은 얼마나 행복할까? 상상만 해도 기분 좋은 일이다. 부부가 배움의 동지인 것만큼 행복한 것은 없다.

우리 부부도 서로가 배움을 권장하고 좋은 프로그램이 있으면 정보를 제공하고 공유하고자 많은 노력을 한다. 가정생활에 대해서는 부부가 서로 대화할 일이 별로 없다. 그러나 취미 생활을 함께하면서 배우고 느낀 점과 이런저런 대화를 서로 주고받다 보면 자연스럽게 소통이 된다. 소통이란 별 게 아니다. 마음과 마음이 서로 주고받으면서 함께 공유하고 이해하고 공감하면서 들어주는 것, 이것이 진정한 소통이다.

━ 공부는 기본, 취미는 전문적으로 하자

뒤늦은 공부도 기본적으로 하자. 무슨 공부냐고 반문을 하겠지만 60세가 넘으면 새로운 학문에 도전하여 틈나는 대로 관심 있던 분야에 공부를 하자. 그리고 취미는 전문적으로 하는 것이 좋다. 내가 좋아하는 일, 오래 할 수 있는 일, 내가 잘할 수 있는 일을 찾아서 취미 생활을 갖자. 도전해 보라는 조언을 하고 싶다. 특히 공부의 끈을 놓으면 안 된다. 늘 학생 신분으로 살아가 보자. 그렇게 하려면 공부는 기본적으로 하고 남는 시간에 취미 생활을 하자.

공부는 기본, 취미는 전문적으로 하면 된다. 수강생 중에 정년퇴직을 하고 1년은 푹 쉬었다가 너무 무의미한 것 같아서 젊어서 하고 싶었던 영어 공부를 학원에 등록하여 시작한 분이 계신다. 예순이 넘어서 배우는 공부인지라 머리가 잘 따르지 않는다고 하셨지만 너무 재미있다고 말씀하신다. 그리고 취미 생활을 선택했다. 주민자치센터에서 운영하는 난타를 배운 것이 벌써 2년이 넘었다고 한다. 함께 공연도 다니고 살맛 난다고 하셨다. 이렇게 공부도 기본으로 하고 취미 생활은 전문적으로 하자.

사람은 배움을 통하여 성장을 한다. 배움이 없다면 짐승과 다를 것이 없다. 인간은 동물과 다른 점은 '이성'이 있다는 것이다. 시니어가 되면 이전에 경험을 해보지 못했던 일들을 뒤늦게나마 다양한 경험을 해 보자. 그동안 책을 통하여 간접 경험을 했던 것을 현장 체험을 하자. 유치원생이 현장 학습을 통하여 새로운 세상을 만나듯이 내가 우물 안 개구리라는 것을 깨닫게 된다. 직장만 정신없이 30~40년 틀에 박혀 있다가 새로운 세상에 눈을 뜬 것과 같다. 세상은 배움 투성이다. 그만큼 배움이 흔하다는 것을 잊지 말자.

메모는 장기간 기억하는
지식 창고다

젊었을 때 기억력 하나는 좋았다고 스스로 자랑하는 사람이 많다. 그러나 지금은 무엇 하나 외우려고 하면 도무지 외워지지가 않는다고 투덜댄다. 과학이 발달하고 문명이 발달할수록 사람의 두뇌는 복잡하고 녹슬어 가는 게 분명하다. 하나의 예를 들자면 전화번호 외우기다. 전에는 수십 명의 상대방 전화번호를 암기했다가 전화를 걸었던 기억이 난다. 지금은 가족들 번호를 문득 물어보면 생각이 안난다. 하물며 본인의 전화번호도 상대방이 문득 물어보면 기억이 안날 때도 있다. 지금은 핸드폰 터치만 하면 입력된 전화번호가 연달아 나오니 외울 필요성이 없어졌다.

시각장애인을 대상으로 수업을 할 때였다. 내가 "오늘 배운 시 세 줄만 집에서 외워서 오세요. 잘 외워지시죠? 세 줄만 집에서 암기해 오세요." 했더니 한 수강생이 손을 번쩍 들면서 "저는 다음 주에 결석

합니다"란다. 그러면 여기저기서 웃음소리가 터져 나온다. 내가 "그러면 메모를 하고 오세요"라고 덧붙이면 말이 끝나자마자 손을 번쩍 들고 이야기한다. "글씨도 못 쓰는데 어떻게 메모를 하나요?" 그러면 또 웃고 난리가 난다. 그렇다. 그분들의 약점이다. 그러나 그분들의 기억력은 놀랄만큼 대단하다. 노래 가사를 외워서 노래하는 모습을 보면 신기할 정도이다. 대부분의 정상인들은 노래 자막이 없으면 노래를 잘 부르지 못한다.

지도 검색도 마찬가지다. 과거엔 지방을 가려면 지도책을 펴고 지도 공부를 하면서 목적지에 아무 탈 없이 잘 찾아갔다. 이런 방법은 그만큼 두뇌를 회전하게 한다. 지금은 길도우미가 친절하게 안내를 해준다. 이렇게 편리한 세상에 살아가면서 우리는 두뇌를 쓸 필요가 점점 없어진다. 그냥 아무 생각 없이 '기계의 노예'가 되어 시키는 대로 움직이면 된다. 얼마나 편리한 세상인지 모른다. 그만큼 우리의 기억력은 점점 멀어져 가고 있다. 그 뜻은 바보가 되어가고 있다는 뜻이 아닐까? 하는 생각이 든다.

이러한 것을 예방하기 위해서 메모하는 습관을 갖자. 이제는 기억력 탓만 하지 말고 메모를 하는 습관을 길들여서 메모의 무한한 가능성의 힘을 믿고 의지를 하자. 모든 사람들이 메모의 중요성은 말을 하지 않아도 쉽게 공감을 한다. 중요한 것이 기억나지 않을 때, '그때 메모를 해놓을 걸' 하고 아쉬운 마음을 갖곤 한다. 여기서는 메모의 좋은 점을 알아보자.

— 평소에 메모하는 습관을 길들이자

사람의 머리는 한계가 있다. 나이 탓만 하지 말고 평소에 메모하는 습관을 들이면 나이가 들어서도 좋은 정보를 많이 보유할 수 있다. 가족의 대소사, 도움이 되는 정보를 분류하여 기록해 놓으면 타인과 대화할 때 더 많은 지식을 말할 수 있다. 지속적인 메모를 함으로써 자기 발전 및 자아실현하는 데 크게 도움이 된다. 항상 메모하는 습관은 자신을 반성하고 성찰하는 면도 갖게 한다.

수강생 중에 메모를 구체적으로 잘하는 강사가 있었다. 그 강사는 모든 것을 간단하게 메모를 한다. 쉬는 날이면 메모를 분류하고 정리를 한단다. 강의 자료로 재활용할 때는 항상 재창조를 해서 살을 덧붙이고 요리조리 요리를 해서 강의안을 만들어 사용을 한다. 청중에게 늘 새로운 정보를 나눠 주고, 본인은 상상력과 창의력이 뛰어나며 새로운 아이디어가 가득 있다고 한다.

어떤 좋은 아이디어가 있냐고 물어보면 "잠시만요." 메모장을 뒤적이다 비슷한 내용이 있으면 새롭게 만들어서 준다. 그래서 메모는 위대한 힘이 있고 창의적인 생각을 떠올리는 데 무한한 힘을 준다고 자랑을 한다. 어떤 것이든 메모를 해 놓으면 한가할 때 읽어 보면 다 필요한 것이라 잘 보관을 한단다. 하물며 길거리를 지나가다 좋은 글귀가 있으면 얼른 메모를 한단다. 수강생의 말에 의하면 메모의 힘은 무한한 창의성과 새로운 아이디어를 제공하는 지식 창고라고 말한다. 메모를 하는 것도 평소에 습관을 가져야 한다.

메모를 하는 이유는 다양하다.《메모의 기술》의 저자 사카토 켄지는 '기록하고 잊어라. 안심하고 잊을 수 있는 기쁨을 만끽하면서 항상 머리를 창의적으로 쓰는 사람이 성공한다'라고 했다. 대부분의 사람이 메모를 하는 이유는 이렇다. 메모를 하게 되면 생각하는 능력이 길러진다. 어떤 새로운 아이디어를 낼 때 도무지 생각이 머릿속에서 떠오르지 않곤 한다. 그때 관련된 메모지를 뒤적이다 보면 창의적인 아이디어를 떠올리기 쉽고 업무 관리에도 많은 도움이 된다. 메모한 것을 갖고 재활용하기 때문이다. 사람들은 잊어 버릴까 봐 기록한다고 한다. 이유야 어찌되었든 메모하는 습관은 아주 중요하다. "성공하고 싶은가? 그러면 메모를 하라"는 말이 있다. 그만큼 메모가 중요하다.

— 메모는 지식 창고다

처마 밑에 고드름을 생각해보자. 똑똑 떨어지는 낙숫물 밑에 그릇을 놓지 않으면 물은 떨어지자마자 사방팔방 흩어져서 없어진다. 처음엔 희미하게 자국이 남지만 시간이 흐르면 물이 떨어진 흔적도 없다. 반대로 낙숫물 밑에 그릇을 놓아두면 몇 시간이 지난 후 물이 가득 차 넘치는 것을 발견한다. 메모도 마찬가지다. 한 줄 한 줄 메모한 것이 시간이 지나다 보면 한 권의 책이 될 수도 있다. 티끌 모아 태산이라고 한 줄 한 줄 모은 글자들이 모여서 하나의 지식 창고가 된다. 이러한 지식 창고에 있는 것을 필요할 때 언제든지 찾아서 재활용하자. 이것은 메모를 하지 않았다면 기억 속에서 사라질 지식이다. 메모를 했기 때문에 재활용이 가능하다.

은행 창고에 가득 쌓인 통장의 잔고가 있다. 그러면 통장을 바라볼 적마다 마음이 항상 뿌듯하다. 이처럼 지식 창고에 지식이 가득 쌓여있으면 마음이 풍년이다. 마음이 풍년인 사람은 지식이 고갈이 될 때 지식 창고를 열어서 마음대로 사용을 하고 필요로 하는 사람들에게 지식을 나눠주는 인심 좋은 사람이 된다. 이럴 때 마음의 풍요로움을 상상을 해 보아라. 얼마나 행복한가? 한마디로 메모는 지식 창고다. 인심은 곳간에서 난다는 말처럼 지식과 경험이 풍부할 때 주변 사람들에게 나눠 주는 상상을 하면 이미 당신의 마음은 부자이다.

─ 메모는 장기간 기억을 할 수 있다

뇌는 한계가 있기 때문에 메모를 하면 오랫동안 기억할 수 있다는 장점이 있다. 친구 중에 메모를 철저하게 하는 친구가 있다. 그 친구는 몇 년 전 일도 메모를 보고 기억을 한다. 이유는 수첩에 간단하게 메모를 했기 때문이다. 이런 일이 있었다. 나는 사소한 일이라서 그냥 무심코 흘려버렸는데 어느 날 친구에게서 전화가 왔다. '한분아 매실 청을 준다고 하더니 왜 아직까지 안 주냐.', '내가 언제 준다고 했어 매실 청이 많이 있다고 했지' 그랬더니 반박을 한다. 날짜, 요일,

시간을 정확하게 말하면서 네가 준다고 해서 메모를 해놓았단다.

사실 난 까마득하게 잊어버렸다. 당장 친구에게 집으로 오라고 해서 '매실 청'을 주었던 기억이 있다. 정확하게 메모를 하는 사람들에게는 발뺌을 할 수가 없다. 이렇듯 메모는 장기간 기억을 한다. 그 친구가 메모를 안 했으면 그냥 넘어갔을 것이다.

85세가 넘은 어머니가 계신다. 어머니는 기억력이 아주 좋으시다. 어느 날 어머니의 서랍장 위 낡은 노트를 보니 간단하게 적힌 메모들이 빼곡이 들어있었다. 2015년 5월 13일 화요일 제천여성대학 강의 참석. 이한분 강의 잘한다. 한마디로 한 줄 일기를 쓰셨다. 그날 있었던 일을 기록하는 게 유일한 낙이었는가 보다. 자녀들이 준 용돈, 나들이, 여행, 슬펐던 일, 병원, 제사 등 간단하게 기록을 해놓으셨다. 어느 날 어머니에게 물어보니 보건소에서 경로당에 계신 분들을 대상으로 치매 교육을 하던 중 한 줄 메모 일기를 쓰라고 하셨단다. 어머니는 오래전부터 나름대로 간단하게 메모를 하셨다. 심심할 때 메모장을 뒤적이면서 '그 당시는 이런 일들이 있었네' 하고 추억을 생각하면서 나름대로 행복했단다. 그 후로는 가능하면 빠뜨리지 않고 그날그날 메모를 하신다. 어머니에게는 메모장이 유일한 친구가 되었다. 메모장을 뒤적이면서 지난날의 추억을 생각할 수 있다. 늙으면 지난날의 추억을 먹고 산다는 말이 맞는 것 같다.

이렇듯 메모는 옛 시간을 다시 되돌아보는 소중한 시간이다. 메모는 머릿속에 있는 많은 생각들을 구체화할 수 있는 과정이며 새로운 아이디어 창고이며 메모는 장기간 기억하는 지식 창고이다. 누구나 메모의 중요성에 대하여 경험을 해 보았을 것이다. 지난날의 메모를 읽어보면 재미있는 일, 기억을 지워버리고 싶은 일도 들어 있다. 이렇듯이 메모하는 습관은 젊은 사람들에게도 필요하지만 시니어들은 더 필요하다는 것을 느낀다. 필요로만 느낄 것이 아니라 행동으로 실천해서 오늘부터 '일기'를 메모 형식으로 적어 보면 어떨까? 메모의 힘을 잘 활용하기를 바란다.

집중력은
또 하나의 관찰력이다

집중한다는 것은 힘든 일이다. 그러나 내가 좋아하는 일이라면 누구나 쉽게 집중을 할 수 있다. 좋아하는 게임은 밤을 세워 가면서 놀아도 시간이 아쉽다고 말한다. 우리는 무엇인가에 흠뻑 빠지면 시간가는 줄 모르고 그것에 젖어 있다. 어떻게 보면 주변 사람들은 미쳤다고 말을 한다. 미친다는 것은 무엇인가에 집중한다는 것이다. 집중한다는 것은 또 하나의 관찰력으로 연결이 된다. 관찰력은 나이가 들수록 높아진다. 왜냐하면 이것은 경험과 지혜에서 나오는 것이라, 아무래도 나이 든 사람이 살아온 세월과 경험이 바탕이 되어서 지혜가 풍부하기 때문이다. 그러나 특히 5~7세 아이들의 집중력과 관찰력은 뛰어난 시기이다. 이 시기엔 사물, 책, 어른들의 행동은 물론 말투 하나 그대로 보고 넘기는 것이 없다. 나름대로 관심을 갖고 집중해서 보고, 듣고, 생각하고 관찰을 해서 아이들은 나름대로 성장한다.

그렇다면 이 결정 지능은 나이가 들면 저절로 높아지는 것일까? 그렇지는 않다. 이 시기에 공부를 하려면 젊은 사람보다 더 많은 시간을 보태고 노력을 해야 젊은 사람들과 비슷하게 흉내라도 낼 수 있다. 반대로 젊은이들도 그만큼 공부를 열심히 하기 때문에 지식이 풍부하다. 나이만 든다고 해서 노력 없이 얻어지는 것은 아니다. 그만큼 주변 사물에 집중을 하고 노력을 했을 때 또 하나의 관찰력이 생긴다. 우리는 세상을 살아가면서 누군가에게 집중을 하고 그 사람을 관찰하다 보면 그 사람의 모든 것을 좀 더 구체적으로 알기 때문에 커뮤니케이션이라든가 인간관계를 맺는 데 많은 도움이 된다. 수강생들도 관찰을 해 보면 집중력이 뛰어난 사람이 관찰력이 뛰어나서 발표도 잘한다. 그만큼 관찰을 하다 보니 아는 것이 생기기 때문이다. 여기서는 집중력과 관찰력을 키워서 발표를 잘할 수 있는 방법에 대하여 알아보고자 한다.

─ 집중하고 관심을 가지면 새롭게 보인다

집에 30년이 넘은 게발선인장이 있다. 외삼촌댁에 예쁘게 꽃이 핀 게발선인장을 보니 신기했는데, 그때 선물로 주셨다. 나름대로 정성껏 키웠다. 세월이 흐르다 보니 게발선인장도 늙어서 시들시들하다. 영양제를 주어도 싱싱하지 않으며 가지가 축 늘어져서 '나 좀 살려 주세요.' 하는 듯한 모습을 바라볼 때면 애처롭다. '우리도 나이가 들면 저 모양일 텐데'라는 생각이 든다. 한마디로 측은지심의 마음이 생긴다. 이 또한 사람이면 누구나 갖는 인지상정의 마음일까.

다른 화초들은 싱싱한데 시들시들한 게발선인장을 보면 안쓰럽다. 건강한 자녀보다 아픈 자녀가 더 신경 쓰이는 것처럼. 올해는 게발선인장을 뽑아내고 새로운 것을 심고자 했다. 그런데 지난겨울 12월 중순쯤 되니 게발선인장이 싱싱해졌다. 이상하게도 올해도 마찬가지로 겨울이 되니 싱싱해졌다. 유별나게 관심을 갖고 자세히 관찰을 하니 이유가 있었다. 꽃망울이 망울망울 맺혀있는 것을 발견한 것이다. 자기의 책임을 다하기 위해서 그렇게 고통을 감안했던 모양이다. 참 신기해서 남편에게도 책임을 다하기 위해서 온갖 애쓰는 모습 좀 보라고 했다. 대단한 생명의 신비함. 남편도 옆에서 지켜보고 웃는다.

얼마 후 게발선인장 꽃이 여기저기서 활짝 피어서 웃는 모습을 보니 신기했다. 생명의 강인함을 보여주는 것이다. 인간도 마찬가지다. 여자는 약하지만 엄마는 강하다는 말이 있다. 평소에 약하던 여자도 임신을 하고 출산을 하면 그 한 생명을 잉태해서 출산하기까지 에너지를 다 소진하면서 얼마나 큰 강인함을 보이는가. 출산을 하고 나면 축 처져 힘이 고갈된 모습을 본다. 게발선인장도 자기의 책임을 다하고 나면 원래의 모습으로 돌아갈 것이다. 이러한 발견은 내가 주변에 관심을 갖고 관찰을 했을 때 알 수 있으며, 모든 것이 새롭게 보이고 그들의 마음을 이해하게 된다.

하물며 내가 밟고 스쳐가는 풀잎도 관심을 갖고 살펴보자. 새롭게 보일 것이다. 수많은 사람들이 밟고 지나가면서 쓰러졌다가 별일 없었다는 듯이 굳건하게 다시 서 있는 모습. 변함없이 제자리를 지키고 있다. 주변에 나보다 어려운 이웃들이 많이 있다. 그들에게 관심을 갖고 살피는 것은 가진 자, 없는 자 모두가 이 세상을 행복하게 살아가기 위함일 것이다. 이 순간부터 주변에 집중을 하고 관심을 갖게 되면 모든 것이 새롭게 보일 것이다. 지금부터 시작이다. 당신이 바라보는 세상은 아름답게 비춰질 것이다. 선인장에게 집중하고 관찰하니 이것 또한 발표 자료가 된다. 주변의 모든 것에 관심을 갖고 관찰을 하면 모든 사물이 사랑스럽고 다양한 이야깃거리로 마음이 풍성해질 것이다.

─ 관심을 갖고 집중하면 성장한다

스쳐가는 것에 관심을 갖자. 거리를 거닐면서 주변에 관심을 갖고 여유 있게 다니자. 나무를 보면, 나무에 대한 고마움을 느껴 보고 서로 이야기를 나누면 삶의 여유가 생긴다. 지나치는 꽃과 대화를 나누면 얼마나 행복한지 모른다. 자연은 우리의 오감을 움직여 준다. 특히 봄에 활짝 피어 있는 개나리꽃을 상상해 보자. 옹기종기 모여서 핀 노란 개나리꽃. 온 세상이 다 노랗고 희망이 오는 느낌이 든다. 입에는 감탄사가 절로 나오고, 마음과 눈, 귀가 즐겁다. 이렇게 미미한 개나리도 우리에게 행복과 즐거움을 선물해 준다. 자연과 대화를 나눈다는 것은 인간 본래의 마음을 찾는 것이며 순수한 동심의 세상을 느끼는 것이다. 태어날 때 부모님께서 나에게 처음으로 주신 마음이다.

어떠한 대상에 관심을 가지려면 집중력을 발휘할 수 있는 컨디션이 있어야 한다. 집중력을 높이기 위한 방법으로는 연상법이 있다. 인간의 뇌는 중요한 정보가 아니면 잊어버리고, 중요한 것은 정리를 해서 오래 기억을 한다. 그중 머리에 쉽게 남는 정보는 즐겁고, 재미있다고 느낀 것이다. 이러한 기억의 성질을 최대한 이용함으로써, 최소한의 공부로도 기억을 하는 기술이 연상법이다. 즉 공부할 때 외우고 싶은 것을 재미있는 것으로 바꾸어서, 다시 말하면 뇌를 속여서 기억하도록 한다. 긍정적인 마음으로 관심 있게 하다 보면 나중에 하기 싫은 일도 재미있게 할 수 있다. 예를 들어 긍정의 단어들을 찾아내는 것이다. 이것은 혼자서도 입가에 미소를 짓게 하며 행복함을 느끼게 한다. 사랑에 대하여 연상해 보자. 사랑-부드러움-사랑스러움-보고 싶다-그립다-엄마의 사랑이 그립다-첫사랑이 보고 싶다… 이렇게 이어서 나가면 된다.

누군가를 정확하게 알고 싶다면 대상자를 정해놓고 장단점을 하나씩 열거해 보면 된다. 나중에 깊숙이 들어가게 되면 '그 사람은 이렇구나, 그래서 화를 잘 내는구나'라고 이해할 수 있다. 서로가 관심을 가졌을 때 성장한다. 사랑은 관심에서 시작된다는 말을 명심하자.

— 좌뇌와 우뇌를 최대한 움직여라

인간의 뇌는, 음악, 이미지, 도형 등의 감각적인 인식을 담당하는 우뇌와 언어, 계산 및 분석 등의 논리를 담당하는 좌뇌로 나누어져 있다. 보편적인 공부 방법은 좌뇌가 담당하고 유희, 노래, 언어 등의 감각적 요소는 우뇌가 담당한다고 한다. 좌뇌와 우뇌가 동시에 기억하기 위해 눈, 귀, 입, 손, 온몸을 사용하여 체감하면서 공부를 하면 효과가 있다고 한다. 책을 읽을 때는 묵독보다는 큰 소리로 낭독을 하는 것이 뇌가 기억을 잘한다. 더불어 감각 기관(눈, 귀, 입, 손, 발, 몸)을 동시에 사용하면, 뇌는 빨리 기억을 한다. 여기서 제시하는 것은 읽기, 듣기, 말하기, 쓰기를 의식적으로 하다 보면 효율적으로 외우고 집중을 하며 관찰하는 데 도움을 준다는 것이다.

시니어 교육을 할 때 일방적인 강의가 아니라 즐거움, 흥미, 동적인 것을 참고해서 프로그램을 진행한다. 그분들의 특성상 좌뇌와 우뇌를 움직여서 치매를 예방하는 데 목적을 두고 오래 머릿속에 기억하기 위해서 오감활동을 한다. 예를 들어 노래 시간에 강사만 마이크 잡고 노래를 부르면 재미가 없다. 또 강사가 노래를 부를 적에 박수만 쳐도 재미가 덜하다. 재미있게 강의를 진행하려면 다 함께 노래에 맞춰 율동을 하며 박수를 치고 열심히 따라서 반복적으로 부른다. 며칠이 지나도 재미있었던 시간이라며 길거리를 다니면서도 노래가 저절로 입에서 맴돈다. 노래만 그런 것이 아니다. 어쨌든 시니어 교육의 최고의 교육 방법은 오감을 만족시키고 뇌를 움직일 수 있는 것이다.

　말을 잘하고 싶으면 주변의 사물을 보고 관심과 관찰력을 높이는 습관이 중요하다. 여유를 갖고 주변을 살펴보자. 기존의 사고 패턴을 벗어나서 사고의 효율을 높여 보자. 창의적인 사람들은 이 패턴을 깨고 사고하기를 좋아한다. 일부분과 전체를 함께 보면서 느린 사고를 습관화하자. 집중력은 또 하나의 관찰력이다. 나이가 들면서 말수도 줄어들고 할 말도 점점 줄어든다. 이러한 것을 예방하기 위해서 주변에 관심을 갖고 집중력을 키우면 또 하나의 관찰력이 생긴다. 이것은 우리의 마음을 풍요롭게 만들고 삶이 하루하루 성장하는 것을 느끼게 해 준다.

스피치는
미완성 작품이다

이 세상에 완성품은 없다. 신이 우주 만물을 만들 때 모든 것을 완성으로 만들었으나 욕심 많은 사람들은 만족하지 않기 때문에 '평생 공사 중'이며 '현재 진행형'이다. 나도 마찬가지다. 갈수록 미의 기준이 높아져 성형에 중독이 된 사람들을 흔하게 볼 수 있다. 잘 알고 있는 친구는 성형에 중독이 되었다. 처음에는 얼굴에 점을 빼러 갔다가 그것이 계기가 되어서 이제는 한 달에 한두 번씩 꼭 찾는 곳이 되었다. 성형외과는 고객의 마음을 훔쳐서 스스로 찾아오게끔 만들어 놓았다. 친구의 얼굴은 광채가 나며 피부 미인이 되었다. 친구의 '리모델링'을 바라보면서 신이 모든 것을 완벽한 존재로 만들어 놓았음에도 불구하고 인간은 만족하지 않는 것 같다는 생각을 한다. 불만족 때문에 세상은 돌아가는 것이며 그것을 발판으로 삼아서 끊임없이 새로운 연구를 하고 끊임없이 변화하는 삶을 살아가는 것이 아닐까?

모든 것에 만족이라는 게 없듯이 스피치도 마찬가지다. 평생을 말을 하면서 살아가기 때문에 말의 중요성은 알지만 스스로 다듬고 실천하는 사람은 거의 없다. 사람은 모든 것이 평생 공사 중이라서 리모델링을 하면서 새로운 기분, 새로운 마음으로 살아간다. 도배를 평생 하지 않고 산다고 가정을 해 보자. 얼마나 지루한가. 집은 바꾸지 못해도 도배를 몇 년마다 하고 가구의 위치를 바꾸는 것만 해도 새집으로 이사한 것 같은 기분이 든다.

이처럼 스피치도 리모델링을 하자. 육십 평생 말을 하고 살아오는 데 큰 하자도 없었는데 이게 무슨 말인가 하시는 분들도 계실 것이다. 본인은 모르지만 말 때문에 가장 많은 상처를 받은 사람들은 가족일 것이다. 편한 대상이기 때문에 함부로 말하고 상처를 많이 주게 된다. 엄밀히 따진다면 여기에 나도 속할 것이다. 이제는 말하는 습관도 새롭게 바꿔야 할 시기다. 그래야 멋진 노후가 되고, 사람들을 대할 때 더 품격 있는 인생으로 대접을 받는다. 스피치는 미완성 작품이므로 생이 다하는 날까지 나의 부족함을 채워 나가자.

― 인간은 평생 리모델링하며 살아가는 존재다

인생의 삶은 한마디로 재미있는 세상이다. '세상은 요지경'이라는 노래가 있다. 잘난 사람, 못난 사람들이 서로 어울려서 살아가는 공동체다. 만물을 완성품으로 만들었다면 세상 사는 재미가 없고 싫증이 날 것이다. 사람들은 리모델링을 통하여 새롭게 바뀌서 더 나은 삶을 살아가기를 추구한다. 그러다 싫증이 나면 새로운 것에 눈길을 돌린다.

스피치도 마찬가지다. 나의 말하는 습관을 관찰해서 조금씩 다듬어 가는 훈련의 과정이 필요하다. 특히 60세가 넘으면 말하는 습관을 고칠 필요가 있다. 지금까지 살아온 자신을 되돌아볼 수 있는 시간이 필요하다. 말하는 습관은 평생을 리모델링해야 한다. 세상을 살아가면서 제일 큰 무기가 바로 스피치이다. 주변에 있는 사람들을 보면 왜 이리 말을 험하게 하는지 이해가 안 간다. 자식들에게는 고운 말을 사용하라고 하고 정작 본인은 어른이라는 이유로 말을 너무 험하게 한다. 특히 과음하는 날이면 처음부터 끝까지 욕으로 시작해서 욕으로 끝난다. 가끔 술에 취해서 길거리에 있는 사람들의 모습을 보면 꼴불견이다. 젊었을 때는 이런 취태는 부리지 않았을 것이다.

자신에 대한 모든 것들을 리모델링하자. 언어, 외모, 습관 등 하나씩 고쳐 나가면 앞으로 육십 평생을 더 잘 살아갈 것이라 믿는다. '리모델링할 필요도 없이 지금까지 잘 먹고 잘 살아왔는데' 하시는 분들은 그렇게 살아가면 된다. 좀 더 자신을 업그레이드하고 싶은 사람은 한 번쯤 자신을 되돌아보고 하나씩 고쳐 나가면 된다. 스스로 말하는 습관을 한번 되돌아보자. 그리고 평생 스피치 리모델링을 하면서 살아가자. 행동으로 옮기는 순간 당신의 품격 있는 삶이 기다리고 있다.

─ 특히 시니어는 사회에 모범이 되어야 한다

특히 언어 문제는 더 신경을 써야 할 부분이다. 자라나는 세대들이 시니어를 본받기 때문이다. 특히 말하는 습관은 50~60년 동안의 습관이 몸에 익었기 때문에 고치기가 힘들다. 그러나 남은 인생을 존경받으며 살아가기 위해서 누구나 각자의 삶의 변화가 일어나야 한다. 더구나 말하는 습관은 한순간에 변화가 일어나지 않는다. 한순간에 변하는 것은 아무것도 없다. 가랑비에 옷 젖듯이 꾸준하게 말하는 훈련을 하다 보면 어느 순간에 변한다.

나는 결혼 생활을 한 지 벌써 36년이다. 그동안 살아오면서 나름대로의 수많은 역경이 많았다. 누구나 쉽게 하는 말이 있다. "더 이상 너 하고는 못 살겠으니 당장 이혼하자." 이 말을 하지 않고 살아온 부부들은 드물다. 부부가 함께 살아가면서 이혼이라는 단어를 한 번도 하지 않았다면 마음속에 담아 두고 입 밖으로 표현하지 못했을 뿐이다.

부부의 지난날을 돌아보면 모든 것은 상대의 말하는 습관과 대화에서 시작된다. 의견 충돌이 나고 가끔씩 툭툭 던지는 말 한마디에 상처를 받는다. 아무 생각 없이 던진 돌에 개구리는 죽을 수도 있고, 상처를 입을 수도 있다. 60세가 넘다 보니 걸러지는 말이 없다. 생각나는 대로, 입에서 나오는 대로 던진다. 이 상처는 누가 받겠는가. 한집에 함께 사는 가족이다. 그래서 원수는 집안에 있다는 말이 맞다. 상처를 받는 곳도, 상처를 보듬어 주는 곳도 가정이다.

그나마 남편은 직장 근무할 때는 말하는 것에 신경을 썼지만 퇴직을 하니 모든 면에서 '생각'이라는 단어가 없어진 듯했다. 그냥 입에서 나오는 대로 퍼붓는 것이다. 이렇게 되니 상처를 받는 것은 상대방이다. 그렇게 하고 나서 물어보면 정작 본인은 무슨 말을 했는지 생각이 안 난다고 한다. 이렇게 생각 없이 말을 내뱉으니 그럴 수밖에 없다. 이렇게 부부간의 대화는 입만 열었다 하면 서로에게 상처만 남기고, 때로는 그 상처로 인해서 며칠씩 입을 닫고 살아가기가 부지기수다.

제일 먼저 말하는 습관만 바꿔도 남은 생을 행복하게 더불어서 살아갈 수 있다. '말 한 마디가 대포알 만 개도 당한다'는 속담이 있다. 말 잘하는 것이 큰 위력을 가질 수 있음을 비유적으로 이른 것이다. 살아가면서 제일 중요하게 여길 것은 말이다. 아마 이 책을 읽고 계신 분들도 공감할 것이다. 특히 시니어분들은 이 사회에 모범이 되어야 한다. 지금부터 모든 사람들과 대화를 잘하기 위해서 대화 기법을 늘 연구하고, 학습(學習)이 제대로 된 시니어가 되자.

― 스피치는 미완성 작품이다

스피치에는 완벽이 없다. 완벽하게 스피치를 잘하려고 마음먹는 순간부터 전하고자 하는 내용을 온전히 전달하지 못한다. 있는 그대로 본인의 진실을 보여 주는 것이다. 스피치를 하다 실수를 했으면 반성하고 노력해서 다음에 기회가 주어졌을 때 좀 더 나은 모습을 보여 주자. 이렇게 꾸준히 연습을 하다 보면 나도 모르게 변화한 모습을 다른 사람들의 입을 통하여 듣는다. 다른 것도 마찬가지다. 인간은 늘 공사 중이며 현재 진행 중이다. 스피치도 마찬가지다. 스스로 말을 잘하는 사람이라고 생각하면 이것은 자만에 빠져있는 것이다. 말을 잘 한다는 것은 상대방의 평가의 의해서 이루어진다. 스피치를 배웠다고 말 공부를 안 하면 안 된다.

스피치는 한 방에 끝나는 것이 아니라 죽는 날까지 꾸준하게 노력하는 것이다. 윤동주 시인의 '하늘을 우러러 한 점 부끄럼이 없기를 잎새에 이는 바람에도 나는 괴로워했다'라는 시구처럼 내가 하는 말과 행동이 하늘을 바라볼 때 떳떳해야 한다. 말에 책임을 지는 사람, 말에 있어 믿음을 주는 사람, 말에 가치가 있는 사람이 되자. 이렇게 하기 위해서 스피치는 '미완성 작품'이라고 여기며 평생 리모델링하는 마음으로 살자. 나 역시 스피치에 끝없는 관심이 있고, 한 말에 대하여 책임질 줄 아는 사람이 되려고 노력한다. 뜻대로 안 되는 것이 말이다. 말이라는 것은 감정에 따라서 다르게 표현되기 때문이다. 그래도 스피치 공부는 포기하지 않고 계속 진행 중이다.

시니어 스피치로 하루하루 성장하자. 인생은 2%가 부족하다. 그 부족한 것을 채우는 것은 교육이다. 교육이라는 것은 다양하지만, 여기서는 스피치 교육을 통하여 학습이 제대로 이루어졌을 때 건강한 사람으로 성장한다. 스피치 교육은 인터넷을 통하여 무료로 들으면 된다. 이 얼마나 좋은 세상인가. 말은 해야 맛이고 고기는 씹어야 맛이라고 하듯이 마땅히 할 말은 해야 맛이 난다.

자신의 상상에 따라서 몸은 실제로 그렇게 행동하게 된다.
성공하는 습관의 첫 번째 원칙은 실제처럼 상상하고 꿈꾸는 것이다.
우리의 마음은 상상하는 대로 이루어진다.

4
PART

스피치는
시니어에게
긍정의 힘을 키운다

긍정의 힘과
긍정적인 생각

긍정의 힘은 긍정적인 말과 생각에서 나온다. 긍정의 힘이란 나쁜 일, 슬픈 일, 힘든 일, 어려운 일 등 어떤 고난과 역경이 있어도 좋아질 거라고 생각하는 것이다. 즉 긍정의 힘은 마음에 있으며 올바른 신념을 갖고 절대로 포기하지 않는 것이라 할 수 있다.

긍정의 힘 혹은 긍정적인 생각이 필요하다. 사람은 기본적으로 성공 유전인자를 가지고 태어난다고 한다. 일단 인간의 뇌는 낡은 뇌인 대뇌변연계가 있고, 새로운 뇌인 대뇌 신피질이 있다고 한다. 낡은 뇌는 자율신경계로 호흡, 심박, 흡수 같은 생화학 반응을 담당한다. 새로운 뇌는 지구의 생명체 중에서 사람에게만 있는 것으로 선악을 판별하거나 인간의 상상을 담당한다고 한다.

예를 들어, 중요한 일이 있을 때 긴장해서 심장이 빨라지고 불안해지면 낡은 뇌는 새로운 뇌의 상상을 받아들이고 신체를 반응해 안

색이 안 좋아지는 등 신체에 나쁜 반응을 하게 된다. 반대로 행복한 상상을 하면 낡은 뇌가 즉각 반응을 해 몸에 생기를 준다. 즉 플라세보 효과(약 효과가 전혀 없는 가짜 약을 진짜 약이라고 가장하여 환자에게 복용토록 했을 때 환자의 병세가 호전되는 효과)라는 것이다. 이러한 이유로 긍정의 힘 긍정의 생각이 필요한 이유다. 긍정의 힘과 긍정적인 생각을 키우는 데 필요한 것을 알아보자.

― 언제나 긍정적 사고를 갖자

자신의 상상에 따라서 몸은 실제로 그렇게 행동하게 된다. 긍정의 힘을 믿고 사람이 성공하는 것은 과학에 가깝다고 한다. 자기 최면을 통해 언제나 긍정적인 생각을 갖도록 노력을 하자. 긍정적인 자기 암시는 긍정의 힘에서 나오며 눈앞에 일처럼 생생하게 그려라. 성공하는 습관의 첫 번째 원칙은 실제처럼 상상하고 꿈꾸는 것이다. 우리의 마음은 생각하고 상상하는 대로 이루어진다. 눈앞에 벌어질 두려움을 상상하면 두려워했던 상황이 실제로 되며 눈앞에 벌어질 즐거운 일을 상상하면 즐거워하는 자신의 모습을 바라보게 된다. 즉 현실로 이루어진다.

나는 아침에 눈을 뜨자마자 자기 암시를 건다. 입꼬리를 끝까지 옆으로 끌어당기고 미소를 지으면서 주문처럼 마음속으로 다짐을 한다. '오늘도 좋은 하루가 될 것이며, 나에게 오늘은 아주 특별한 날이다. 오늘도 살아있어서 감사합니다, 감사합니다, 감사합니다. 오늘도 이한분의 긍정의 힘은 샘물처럼 솟아나서 사람들에게 힘이 됩니다. 이한분은 나의 에너지입니다.' 하루의 일과를 웃으면서 시작하는 것이며 아침에 일어나자마자 긍정으로 시작해서 긍정으로 마무리를 한다.

긍정적인 생각은 발표를 하는 데도 도움이 된다. 부정에서 긍정으로 생각을 바꾼 시각 장애인 수강생 한 분이 계신다. 이분의 이야기를 빌리자면 주어진 환경을 긍정적으로 받아들인다는 것은 힘든 일이다. 그렇다고 늘 신세 한탄을 할 수도 없는 노릇이고. 어느 날 문득 이런 생각이 들었단다. 뇌 병변을 가진 사람이 말 한마디 한마디를 힘들게 하는 것을 보고 '아! 나는 얼마나 행복한 사람인가. 눈으로 보지 못할 뿐이지 언어와 보행을 하는 데는 아무 지장이 없으니 얼마나 행복한 사람인가!' 이 생각이 며칠 동안 머리에서 맴돌았단다. 그 순간부터 생각을 바꾸기로 마음을 먹었단다. 처음에는 웃는 것도 어색하고 모든 행동이 멋쩍었지만 자꾸 하다 보니 자연스럽게 나왔단다. 이렇게 변화된 모습을 보고 제일 좋아하는 사람이 부모님과 가족 그리고 주변에 있는 사람들이란다. 생각을 바꾼다는 것은 쉬운데 그것을 바꾸기까지는 오랜 시간이 필요하다. 생각을 바꾼다는 것은 마음먹기에 달려있다.

─ 인생은 끊임없는 선택의 연속이다

선택한 내 판단은 항상 옳다고 믿어라. 모든 선택과 행동 그리고 운명을 결정지을 존재는 바로 자신이다. 그래서 우리는 자신의 판단에 대하여 무조건적으로 믿고 지지해 주어야 한다. 나 자신이 먼저 내 선택에 대하여 불신하게 되면 더 이상 우리의 무의식은 도와주지 않을 것이다. 왜냐하면 무의식의 주인인 내가 먼저 의심했기 때문이다. 자신이 먼저 믿어주었을 때 나의 긍정의 힘은 더욱더 커진다.

생각을 넓게 가져라. 할 수 없는 일은 없다. 생각이 좁게 갇혀 버리면 더 이상 그 작은 생각은 많은 것을 달성하지 못한다. 우리 스스로의 생각이 제한되면 발의 보폭도 좁아진다. 그러면 결국 남들보다 뒤처지게 되며 생각은 우물 안 개구리가 더 이상 우물 안에서 나올 수가 없는 존재가 된다.

잠재의식의 힘을 믿어라. 우리의 모든 행위와 행동은 잠재의식에서 일어난다. 긍정적인 자기 암시는 의식적인 행위에서 시작되지만 그것이 서서히 반복되면 어느 순간 잠재의식에 각인이 된다. 잠재의식을 다스리는 방법의 첫 번째 원칙은 바로 잠재의식의 놀라운 힘을 믿는 것이다. 우리의 잠재의식은 무한한 능력을 지니고 있다. 그 능력의 재능을 끊임없이 발전하는 것이다.

기회가 그냥 지나가게끔 내버려 두지 마라. 우리에게는 매 순간 기회가 다가오고 있다. 그러나 알게 모르게 그것이 기회인지조차도 모르고 지나간다. 그리고 자신에게 기회가 왔다면 목숨을 던질 각오로 그것을 잡아야 한다. 그러나 기회를 자꾸 놓치고 관심이 없으면 어느 순간에 그것이 기회인지도 모르고 그냥 지나가 버린다.

가수 김용림의 '부초 같은 인생'이라는 노래가 있다. 그 노래에 나오는 가사처럼 어차피 인생은 부초 같은 인생이며 삶은 끊임없이 선택의 연속이다. 이미 내가 선택한 것 후회하지 말고 웃으면서 살아가자는 의미가 담겨 있다. 인생의 삶은 되돌아보면 보랏빛 인생이며 그 보랏빛 인생의 삶 속에서 울고, 웃으면서 살아온 길이다. 부초 같은 인생의 삶 속에서 내가 선택한 것에 후회 없이 살아가자.

― 긍정적인 자기 암시는 잠재의식의 힘과 연결된다

스피치 학원에서 제일 많이 사용하는 기법이다. 긍정적인 자기 암시를 건다. 자신감 구호, 자기 암시로 최면을 걸듯이 큰 소리로 반복적으로 구호를 외치다 보면 어느 순간에 나도 모르게 변화된 모습을 발견한다. 긍정적인 말로 인하여 자기 암시는 잠재의 힘과 연결이 된다.

강의 혹은 발표를 앞둔 사람들이 많이 사용하는 자기 암시다. 강의 장소에 도착하면 우선 화장실로 가서 거울을 보고 웃으면서 마음속으로 외친다. 깊게 심호흡을 몇 번하고 난 다음 암시를 건다. '이한 분님, 그동안 준비하신 강의 잘할 수 있습니다. 제가 도와드릴 테니 최선을 다해서 열심히 강의하세요. 힘찬 격려의 박수를 보내드립니다. 이한분님 파이팅.' 이렇게 거울 속의 본인과 웃으면서 대화를 나누고 강의 장소로 발걸음을 옮긴다. 그러면 마음이 한결 가벼워지는 것을 느낄 수 있다. 이것이 자기 암시다.

부정의 씨앗을 뿌리지 마라. 긍정의 힘이라는 것은 쉽게 달성되지 않는다. 우리가 매일 긍정을 연습하지 않으면 어느 순간 부정이라는 놈이 우리를 점령하게 된다. 그러나 끝내는 긍정이 부정을 결국 이기게 된다. 왜냐하면 우리의 마음은 부정보다는 긍정을 원하고 있기 때문이다. 긍정과 부정의 힘의 비율을 보면 부정의 힘이 긍정의 힘보다 7배나 강하다고 한다. 내가 부정을 이기고자 한다면 7번 긍정적으로 생각하고 행동해야 할 것이다. 생각도 습관을 들이기 나름이다.

긍정의 힘은 긍정의 말에서 시작이 된다. 긍정의 힘과 긍정적인 생각을 한다는 것은 늘 비전이 있는 말을 주고받는 것이다. 부정적인 힘은 부정적인 말에서 시작이 된다. 그렇다면 어떤 단어를 선택할까 고민할 것 없다. 우리는 늘 선택의 순간에 살아가고 있다. 그 선택한 것에 후회하지 말고 긍정의 방향으로 끌고 가자. 즉 스피치는 긍정의 힘을 키우는 원동력이 된다.

진정한 한마디의 칭찬은 보약이다

진정한 한마디의 칭찬은 보약이다. 정신과 의사들은 인간의 가장 근본적인 욕망은 인정 그리고 칭찬이라고 말한다. 이렇듯 사람은 누구나 칭찬받기를 원한다. 그러나 사람들은 이런 심리를 잘 알고 있으면서도 칭찬하기 전에 보편적으로 이런 생각을 하기 쉽다. '왜 내가 먼저 저 사람들에게 칭찬을 해줘야 해.' 이러한 이기심 때문에 사람들은 칭찬하는 데 인색해진다. 그러다 보니 칭찬하는 방법 또한 서툴러져서 칭찬하는 기회를 놓치는 경우가 가끔 있다.

칭찬은 기적을 일으킨다. 영국 런던에 작가를 지망하는 젊은이가 있었다. 그는 너무나 가난했고 배운 것도 변변치 않았기 때문에 부랑아로 거리를 헤매지 않으면 안 되었다. 그 사람은 이 불행한 상황에서 벗어나기 위한 수단으로 작품 몇 편을 써서 출판사로 보냈지만 그때마다 번번이 되돌아오곤 했다. 그 때문에 깊은 좌절에 빠져 있던 어느 날 편지 한 장이 배달되어 왔다. 그 편지는 어느 출판사의 편집장이 보낸 것으로 그의 작품 가능성을 칭찬하고 조금만 더 고친다면 책으로 펴낼 수 있겠다는 내용이 담겨 있었다. 그는 처음으로 듣는 칭찬에 감격한 나머지 울음을 터뜨렸다. 그는 그 후 부랑아의 거리를 벗어나 작품 활동에만 전념한 결과 얼마 되지 않아 유명한 소설가가 될 수 있었다. 편집장의 칭찬 때문에 일생이 변화한 이 소년의 이름은 찰스 디킨스였다.

이렇게 칭찬은 한 사람의 생애에 기적을 가져다주는 동시에 인간관계에도 큰 효과를 발휘하는 힘이 있다. 칭찬이란 보잘것없는 사람에게 '한마디의 칭찬이 사람의 일생을 바꾸어 놓는 게 바로 진심 어린 칭찬이다. 진정한 한마디의 칭찬은 보약이다. 이 말처럼 당신의 칭찬 한마디로 인하여 상대방의 인생이 바뀔 수 있다. 그러니 칭찬이라는 말이 얼마나 중요한가. 간단한 말이지만 인생을 바꾸는 힘. 얼마나 대단한가. 칭찬의 말을 돈으로 환산한다면 얼마나 될까? 그것은 무한대일 것이다. 그렇다면 여기서 칭찬의 효과에 대하여 알아보자.

━ 칭찬을 하면 사람이 달라진다

상대방을 먼저 인정해 주고 상대를 먼저 칭찬을 해 주자. 누구라도 칭찬을 받은 후에는 칭찬한 상대의 잔소리까지 고맙고 가볍게 생각하는 것이 보통이다. 중대한 과실을 책망하기 이전에 상대를 먼저 칭찬부터 하라. 그리고 꾸짖는 것은 될 수 있는 대로 신중하고 부드럽게, 우회적으로 표현해야 한다.

상대에게 간접적으로 충고하라. 직접적으로 상대를 충고하면 곧바로 상대는 반발심이나 적개심을 갖기 쉽지만 간접적으로 충고를 해 주면 충고한 사람의 말을 듣는 게 보통이다. 그리고 상대방에게 자기의 잘못을 말하라. 다른 사람에게 잔소리나 꾸지람을 할 경우에는 겸허한 태도로 '나 또한 결코 완전하지 않고 간혹 실수를 하지만'이라는 식으로 자신의 잘못을 말한 다음, 상대의 잘못을 충고해 주면 상대는 그렇게 큰 불쾌감을 갖지 않는다.

상대에게 명령하지 마라. 상대에게 결코 명령적인 어투로 말하지 않고 "이렇게 생각하면 어떨까?"라는 식으로 의견을 구하면 상대는 협력할 마음을 일으킨다. 그리고 상대의 체면을 세워 준다. 상대의 체면을 세워 주는 것은 대단히 중요한 일이다. 그것의 중요함을 이해하고 있는 사람은 그렇게 많지 않다. 좀 더 신중하게 진심 어린 말을 건네고 상대를 이해하며 체면을 세워 주면 그것으로 인하여 일은 훨씬 쉽게 잘 풀린다. 진심 어린 칭찬은 사람을 달라지게 한다.

― 칭찬은 한 바가지의 마중물이다

마중물이라는 것은 펌프를 작동시킬 때 항상 옆에 준비해 두는 물을 말한다. 펌프를 작동할 때 물 한 바가지를 넣고 압력을 가하면 수십 미터 아래에 있는 샘물이 솟아오른다. 이때 중요한 역할을 하는 것이 '한 바가지의 마중물'이다.

한 바가지의 마중물의 좋은 예가 유치원생 손자와 할머니가 만든 《할머니와 함께하는 시 낭송 놀이》다. 이 책은 손자 지후가 세 살 적부터 동네 뒷산과 주변 공원으로 놀러 다니면서 자연과 더불어 시를 짓고, 낭송을 하면서 시로 대화를 나눴던 실제 사례집이다. 이를 통해 둘은 지난 3년여 동안 서로 동반 성장하는 시간을 가졌다. 이야기하는 것과 시 낭송, 낭독, 노래를 좋아하는 할머니가 손자와 시 낭송 놀이를 한 것이 계기가 되어 결국 할머니의 재능을 손자에게 돌려준 셈이다. 잠재의식에 있는 지후의 재능을 '시'가 마중물 역할을 한 셈이다.

칭찬은 소통이다. 가족애가 부족한 요즘 지후와 할머니가 서로 주고받는 시 낭송 놀이가 아름다운 추억을 만들어 주었으며, 손자와 할머니라는 세대를 뛰어넘는 소통의 시간을 주었다. 이 책이 완성되기까지 지후에게 끊임없이 칭찬을 해 주고 격려를 해 주었다. 책이 출판된 후 어느 순간부터 지후는 글쓰기에 자신감이 생겼다. 지후는 자신의 꿈이 확실하게 '작가'라고 말한다. 그 아이의 잠재 능력을 칭찬과 격려, 인정을 해 주면서 무의식 속에 있는 능력을 끄집어냈다.

지금은 틈만 나면 나름대로 그림을 그리고 그림에 맞는 글을 쓴다. 이렇게 지후의 잠재 능력은 글쓰기가 되고, 또래 아이들보다 조금은 뛰어나게 되었다. 훗날 세계적인 '작가'로 우뚝 성장할 것이다. 이렇듯 어려서부터의 진심 어린 칭찬은 한 바가지의 마중물 역할을 톡톡히 한 것이며 자라나는 아이에게 무한한 가능성을 열어 주었다. 칭찬은 지후에게 한 바가지의 마중물 역할을 단단히 했다. 여러분도 칭찬이라는 도구를 잘 활용해서 주변에 있는 사람들에게 마중물의 역할을 톡톡히 하시는 분들이 될 것이라고 간절한 마음으로 믿는다.

— 상대방이 하는 일에 기대를 걸어라

상대방이 하는 일에 기대를 걸자. 대부분의 사람은 상대방이 자기에게 기대를 걸고 있다는 사실을 알게 되면 그것에 어긋나지 않도록 하기 위해서 최선을 다해 열심히 일을 한다. 그런 모습을 보게 되면 상대를 격려해 주고 인정을 해 주자. 그 사람은 자기가 하는 일에 인정받았다는 믿음에 모든 일을 더 충실히 한다. 어느 누구든지 간에 바보, 무능력, 재간이 없다고 꾸짖는 것은 그분들의 희망의 싹을 잘라 버리는 것과 같다. 어떤 일을 맡겨도 아무것도 할 수 없는 무능력한 사람이 된다. 그 반대로 작은 장점이라도 격려해 주고 힘을 주고 할 수 있다는 의욕을 불어넣어 주면 무에서 유를 창조하는 사람이 된다. 자녀들에게 공부에 대한 기대를 걸면 오히려 스트레스를 받는다. 기대라는 것도 상대방이 할 수 있는데 약간 부족할 때 걸어야 약이 된다.

상대가 스스로를 협력하게 만들어라. 이러한 방법은 사탕발림의 술수라고 생각할지 모르지만 사람이 한평생 살아가면서 겪어야 할 온갖 시련에 대처해야 할 방법 중 하나이며, 또 상당한 효과를 거둘 수 있다는 것을 무시할 수 없다. 상대의 사소한 점이라도 칭찬하라.

런던의 직물 상점에서 한 소년이 일하고 있었다. 새벽 5시부터 청소나 심부름으로 하루 14시간을 꼬박 시달렸다. 이러한 중노동에 그는 견딜 수 없을 만큼 심한 고통을 느꼈다. 그렇게 2년 동안 참았으나 더 이상은 도저히 참을 수 없었다. 그래서 어느 날 아침 식사도 하지 않고 점포를 빠져나와 15마일의 길을 걸어서 가정부로 일하고 있는 어머니를 찾아갔다. 하늘이 무너져라 울면서 지금 있는 곳에서 일하느니 차라리 죽어 버리는 게 낫겠다고 하소연했다. 그리고 그는 모교의 교장 앞으로 긴 편지를 보냈다. 그러자 곧 회답이 왔다. '자네는 보통 이상으로 두뇌가 명석하여 그러한 노동에는 적합지 않다네. 좀 더 지적인 일을 하게'라고 하면서 그를 위해서 학교에 일자리를 마련해 주겠다고 했다. 교장 선생님의 이 칭찬은 소년의 장래를 단번에 바꾸어 영국 문학과 세계 문화에 불멸의 공적을 남기게 했다. 무려 77권의 저서를 펴내고 백만 달러 이상의 재산을 펜 하나로 일구어낸 이 사람은 바로 허버트 조지 웰스다. 좀 더 지적인 일을 해야 한다면서 일자리를 만들어 준 교장 선생님의 칭찬으로 불멸의 업적을 남긴 그는 사소한 칭찬에서 삶을 혁신한 인물이다.

진정한 한마디의 칭찬은 보약이다. 진심 어린 말 한마디의 칭찬은 마음과 정신을 살찌우며 정신적으로 성장하게 만든다. 진정한 칭찬은 기적을 일으키며 인생을 바꾸어 놓는 것 또한 칭찬이다. 진정한 칭찬 한마디로 상대방을 인정하고, 믿고 칭찬해 주자. 칭찬은 한 바가지의 마중물이다.

내 행복은
내가 디자인한다

모든 사람에게 똑같이 하루의 시간이 주어진다. 어떤 사람은 시간을 효율적으로 행복하게 살아가는가 하면, 어떤 사람은 늘 불행한 삶을 산다. 사사건건 불만투성이로 '하는 일마다 왜 이리 재수가 없지. 내 인생살이는 꽈배기처럼 꼬여서 하는 일마다 안 돼'라고 생각하며 노력은 안 하고 운명 탓만 하면서 살아가는 '불만 씨'가 있다. 혹시 '나'란 존재는 아닐까?

반대로 '행복 씨'가 살고 있다. 모든 일마다 "감사합니다. 접촉 사고가 일어나도 감사합니다. 돈이 없어도 감사합니다. 남편이 실직해도 감사합니다"라고 말하는 행복 씨의 삶이란 이래도 감사, 저래도 감사, 가시밭길을 걸어도 감사, 일용할 양식이 없어도 감사다. 얼마나 아름다운 삶인가. 혹시 '당신'은 아닐까?

불만 씨와 행복 씨의 마음을 들여다보니 서로의 생각이 달랐다.

불만 씨의 마음엔 부정적인 마음이 가득 차 있으니 그럴 수밖에 없다. 그러니 좋은 일이 있어도 늘 불만투성이로 말을 한다. 그의 삶은 지옥이다. 그에게 수천억의 재산이 있다 해도 불만은 계속 진행된다. '말의 씨앗은 내가 뿌린 대로 거둬들인다'고 했다. 불쌍한 마음이 든다. 그러나 행복 씨의 마음은 긍정적인 마음으로 가득 차 있으니 늘 감사가 샘물처럼 솟아난다. 피곤한 줄도 모르고 행복하게 살아간다.

불만과 행복 동시에 선택은 할 수 없다. 둘 중에 하나를 선택해야 한다. 그렇다면 무엇으로 내 행복을 디자인할까? 사람들마다 차이는 있다. 그러나 나는 이렇게 내 인생을 디자인하고 싶다.

— 모든 일을 무조건 받아들이자

어둠과 빛을 생각해 보자. 방 안이 캄캄할 때 어두움을 물리치기 위해서 스위치를 올리는 순간 어둠은 사라진다. 잠시 후 스위치를 반대로 내리면 빛은 사라진다. 이 원리를 살펴보면 빛이 강하기 때문에 어두움이 빛에 약해진 것을 알 수 있다. 다시 말하면 강한 쪽이 이긴다. 즉 어둠과 빛은 항상 공존한다. 부정과 긍정도 마찬가지다. 긍정의 생각이 강하기 때문에 부정의 힘이 약해진다. 부정 씨는 자꾸 부정을 하다 보면 내가 얼마나 스트레스를 받는지 모른다. 스트레스는 만병의 근원이다. 이제부터는 부정 씨를 무조건 받아들이자. 나와 영원한 친구로 지내자 하면서 부정을 어루만지며 사랑하는 마음을 갖

자. 그럴 때 부정 씨는 어느덧 내 몸에서 멀리 사라진다. 긍정 씨를 받아들일 때 그 긍정의 힘은 대단하다. 스스로 모든 것을 할 수 있다는 힘과 자신감을 얻을 수 있다. 긍정의 힘이 강할수록 부정의 힘은 약해진다. 모든 것은 마음먹기에 달려있다. 삶은 누가 도와주는 것이 아니다. 간접적인 도움을 받으며 살아갈 수는 있지만 내 행복과 불행은 내가 직접 만드는 것이다.

무조건 어린아이처럼 웃으면서 살아가자. 어린아이는 하루에 300~500번씩 웃는다. 웃는 아이에게 왜 웃는지 물으면 "그냥요." 그러면서 또 자지러지듯 웃는다. 그렇다. 웃을 때는 이유가 없다. 그냥 웃는 것이다. 웃다 보면 마음이 즐거워지고, 기분도 좋고, 기억력도 좋고, 행복하고, 몸도 건강하고, 하는 일도 잘된다. 웃음처럼 좋은 보약은 없다. 그러나 웃을 때 이것저것 따지면 웃을 일이 거의 없다. 이래서 웃음도 안 나오고, 저래서 웃음도 안 나오고, 그러면 평생 살아가면서 웃을 일이 전혀 없다. 그냥 바보같이 실실 웃는다. 누가 뭐라고 해도 그냥 웃는 것이다. 강의하는 날 박장대소하다 보면 밤에도 자다가 웃을 때가 많다. 웃음 치료를 하다 보면 깨닫는 사실이다. 낮에 실컷 웃고 나면 밤에 잠을 자면서 웃음으로 잠꼬대를 한 적이 한두 번이 아니다. 웃음이 뭐기에 나의 인생을 행복하게 만들까? 감사한 일이다. 무조건 웃을 수 있다는 것은.

─ 스트레스 해소에는 웃음이 최고다

웃으면 내 몸 안의 독소가 웃는 그 소리를 통해 몸 밖으로 배출된다. 얼마나 행복한 일인가? 스트레스엔 약도 없고 치료도 없다. 그러나 웃음 약으로 치료를 할 수 있다. 방법은 내가 입만 크게 벌려 박장대소하면 된다. 집에 혼자 있으면 소리 내서 방 안을 떼굴떼굴 굴러다니면서 실컷 웃어 보자. 배꼽이 몸에 붙었다 떨어졌다 하게, 미친 척하고 웃는 것이다. 웃음의 횟수가 잦을수록 행복해져서 스트레스는 왔다가 천 리 길을 향해서 도망간다. 스트레스를 웃음으로 한 방에 날려 보내니 얼마나 시원한 일인가. 신바람 나게 박장대소하는 것이 최고의 행복이요, 기쁨이다.

인천에 위치한 복지관에서 있었던 일이다. 강의 제목은 '스트레스를 웃음으로 날려 보내자'였다. 모두가 한마음으로 집중해서 큰 소리로 "스트레스야, 물러가라. 스트레스야, 물러가라. 스트레스야, 물러가라"라고 구호를 외치고 "으하하" 미친 듯이 박장대소했다.

수강생 중에 한 분은 웃다가 '방언 기도'가 터져서 그칠 줄을 모르고 계속 기도를 하셨다. 그 광경을 보고 우리는 웃음보가 터져 그날 강의를 하지 못했던 기억이 난다. 15분을 넘게 방언 기도를 하고 나서는 "웃다가 나도 모르게 방언이 절제가 안 되어서 계속 기도했어요." 하며 주체하지 못하고 계속 웃기만 하신다. 수강생들은 그분의 방언 기도가 자꾸 생각이 나서 웃음을 절제하지 못하고 구석구석에서 킥킥거린다. 강의가 끝나고 모두 하시는 말씀이 스트레스를 해소하는 데 있어서는 역시 웃음이 최고라는 것이다. 이 추억은 80, 90세가 넘어도 지난날을 그리워할 때 추억의 한 페이지에 고스란히 남아서 또다시 웃음을 가득 안겨 줄 것이다. 아름다운 추억은 잊지 못하는 것처럼.

─ 이 세상에 존재하고 있다는 것에 감사하자

죽음의 문턱에서 생사를 앞둔 분들을 보면 어떻게 해서라도 이 세상에 더 머물기를 간절히 소망한다. 그 모습을 바라볼 적마다 얼마나 마음이 아픈지 모른다. 저승이 아무리 편하다 해도, 개똥밭에서 굴러도 이승이 좋다고 했다. 아침에 일어나면 순간을 내가 살아서 숨쉬고 있다는 그 자체에 대해 감사한 마음을 갖자. 후회 없는 삶을 살아가자. 지금 이 순간이 아무리 힘들고 어렵다 해도 죽는 것만큼은 힘들지 않을 것이다.

2017년 2월에 사촌 올케언니가 세상을 떠났다. 9세 된 외손자를 데리고 일산에 위치한 장례식장을 다녀왔다. 이튿날 손자가 조문을 다녀온 상황을 시로 표현을 한 것이다.

죽음이란 누구를 위해일까

인지후

죽음이란 도대체 누구를 위한 것일까

나는 정말 궁금하다

시간이 가면 나도 죽겠지

하지만 단 한 시간이라도 나는 살 수 있으니

그리 나쁘지는 않다

하지만 죽음은 사람들이 슬퍼하고

그 사람이 살아있을 때 한 짓을 후회하는

눈물바다로 영원히 끝나간다

도저히 모르겠다

도대체 죽음은 누구를 위한 걸까

이 시의 '단 한 시간이라도 살 수 있으니 그리 나쁘지는 않다'는 표현을 보면서 나름대로 살아있다는 것에 감사한 마음을 갖는다. "할머니, 살아있으니 감사하지요." "그래, 맞아. 이렇게 살아있어서 감사하지." 우린 서로 주고받으면서 감사한 마음을 표현했다. 이 순간 이렇게 살아있다는 것도 기적이다. 기적이라는 것은 멀리 있는 것이 아니다. 내 안에서 수시로 일어나고 있다. 그러나 우리는 그 기적 같은 삶을 잊고 산다. 오늘 당신의 삶 속에서 어떤 기적이 일어났는지 생각해 보자.

내 행복은 내가 디자인하자. 모든 일을 무조건 받아들이면서 긍정적으로 생각하자. 스트레스를 해소하는 데는 웃음이 최고다. 평생을 웃음으로 디자인하면서 불평불만 하지 말고 이 세상에 존재하고 있다는 것에 감사하자.

외모보다 내적인 명품으로 당당하게 살자

비 오는 날 가방을 보면 명품인지 아닌지 알 수 있다고 한다. 가방으로 머리를 덮고 천천히 걸어가면 짝퉁이고, 가방이 젖을까 봐 옷으로 덮고 달려가면 명품이라고 한다. 대한민국은 외모 지상주의라는 말이 실감날 정도다. 길거리의 광고만 봐도 성형 광고가 여기저기 눈에 띈다. 그런 것에서 눈을 떼지 못한 적이 한두 번이 아니다. 혹시 이 부족한 점은 성형해야 하지 않는가 하는 생각에 잠시 흔들리는 것이다. 외모가 경쟁력이라는 말이 실감 난다. 특히 면접 볼 때 외모를 무시하지 못해서 면접을 앞두고 성형을 하는 사람들도 많다고 한다.

길거리를 지나갈 때 매력적인 사람이 지나가면 나도 모르게 눈길이 가는 것은 당연하다. 그만큼 사람의 심리가 아름다움을 추구하기 때문이다. 저마다 외모의 잣대는 다르지만 무시는 못한다. 인간은 더불어 살아가는 존재인 만큼 상대방에게 외적으로 혐오감을 주면 불편하기 때문이다. 첫인상은 보통 외모를 보고 판단한다. 그러나 이런 저런 대화를 나누다 보면 내적인 이미지를 보고 판단이 이루어진다.

사람은 외적 이미지와 내면이 적당한 조화를 이루어야 한다. 그럴 때 명품이 된다. 요즘 명품 인생, 명품 강사, 명품 아파트 등 명품이라는 말을 여기저기 갖다 붙인다. 나 역시 명품 인생, 명품 강사가 되기 위해서 나름대로 많은 노력을 하고 있다. 명품이라는 것이 하루 아침에 만들어지는 것도 아니기에 꾸준한 노력이 필요하다. 시니어가 될수록 외적인 이미지와 내면을 더 가꾸어야 한다.

이제 외적인 명품보다 내적인 명품을 부러워하는 사람이 되자. 내적인 명품 인생의 삶은 특별하다. 삶이 풍요로워야 마음과 정신도 건강하다. 삶을 늘 가꾸고 꾸미고 아름답게 살아가는 방법을 만들자. 명품을 부러워만 할 것이 아니라 스스로 내가 명품이 되는 것이다. 외모만 신경 쓰지 말고 보이지 않는 내면에 더욱 신경 쓰자. 여기서는 이런 내적인 명품에 대해 알아보고자 한다.

― 이름 석 자를 최고의 브랜드로 만들자

'나'라는 존재는 이 지구상에 한 사람밖에 없다. 개인 브랜드로 명품을 만드는 사람은 상품을 만들 때 2개, 3개밖에 만들지 않는다. 이름 석 자가 최고의 브랜드 가치를 높여 주기 때문이다. 바로 신뢰성의 문제가 뒤따른다. 이 세상에 '나'라는 작품도 오직 한 사람뿐이다.

상품에 비유를 한다면 얼마나 귀한 명품 진품인가. 내 이름 석 자에 목숨을 걸고 살아간다면 그 인생 자체가 얼마나 귀하고 값어치가 있겠는가. 명품과 같은 삶을 살아가자. 내 이름 석 자가 당당하고, 멋있고, 매력 있는 이 시대의 명품이 되자. 외적인 명품을 만들기 위해서 목숨 거는 인생이 아니라, 이름 석 자가 자신의 삶을 명품으로 만드는 부끄럼 없는 사람이 되자. 자기 이름에 책임을 질 줄 아는 삶을 살자. 나의 무언가를 어떻게 명품다운 삶으로 만들까 하는 고민은 여러분의 몫이다.

나 역시 마찬가지다. 40세부터 강의를 시작하면서 내적인 이미지를 탄탄하게 만들기 위해서 끊임없이 노력한다. 한마디로 '공사 중'이다. 책, 인성, 이미지, 교양, 운동, 배움, 스피치, 웃음. 머리부터 발끝까지 자신감으로 당당하게 만드는 중이다. 이런 것을 모아 내적인 무기로 사용한다. 어디를 가도 기 죽는 일이 없다. 이 세상에 하나뿐인 부모님의 온전한 명작, '이한분' 이름 석 자가 명품이 아닌가. 부모님이 만들어 주신 명작을 내가 평생 리모델링해야 한다. 부모님이 완벽하게 만들어 주지 않으셨기 때문이다. 인간은 그 부족한 2%를 채우면서 살아간다. 부모님이 지어주신 이름 석 자에 조금도 부끄러움이 없는 삶을 살아가기란 어렵다. 그러나 그렇게 살아가야 하는 것이 인간의 도리다. 이름 석 자가 욕되지 않게, 자기 이름에 책임질 줄 아는 사람이 되자.

— 화술과 웃음으로 명품화하라

　화술은 모든 사람들에게 있어서 필수품이다. 필수품을 늘 지니고 다니자. 화술은 대인 관계에 있어서 빼놓을 수 없는 것이다. 화술로 나를 갈고닦자. 내가 명품이 되기 위해서 끊임없는 노력이 필요하다. 다른 공부도 중요하지만 화술만큼 중요한 것이 없다. 부부, 자녀, 직장 동료, 선후배, 상사 등 스쳐가는 모든 사람들과 만남의 시작은 대화다. 내적인 명품을 만들기 위한 조건으로 화술을 강조하면 모든 사람이 공감한다. 하지만 사람들의 관계 속에서만 화술이 필요한 것은 아니다. 애완견 혹은 식물과 대화할 때 대화의 질에 따라서 성장도 다르다고 한다. 살아있는 생명체라면 모두가 대화로 소통을 하기 때문이다. 지나가는 들풀도 관심을 갖고 자세히 보면 예쁘듯이 주변에 있는 사람들에게 관심을 갖게 되면 좋은 대화의 장이 열린다.

　웃음으로 명품화하라. 성형외과는 얼굴 명품 만드는 데 일등공신이다. 돈만 주면 의사는 즉시 원하는 대로 성형을 해 준다. 돈만 주면 모든 것이 거의 완벽하게 해결이 된다. 하지만 웃음은 절대로 노력하지 않으면 안 된다. 외모로 명품을 만들기보다 웃음으로 명품을 만든다면 이것의 값어치를 정할 수 없을 것이다. 웃음은 얼굴의 변화만 갖고 오는 것이 아니라 마음도 건강하게 해 준다. 주변 사람에게 호감을 주고, 인간관계에 있어서 성공하는 지름길이 된다. 돈이 전혀 들어가지 않는 웃음으로 얼굴을 명품으로 만들자. 교육 기관에 가서 웃음 치료를 배우면 비용이 들어간다. 비용을 내기 힘들다면 수시로 거울을 보며 웃는 연습을 하자. 지금 이 순간부터 웃으며 상대방과 대화를 나눈다면 이미 당신은 성공한 것이다.

수강생 중에 한 회장님은 중도에 실명이 되셨다. 그분의 외모는 손색이 없는데 돌덩이처럼 차가운 첫인상을 주었다. 나는 웃으면서 조심스럽게 말을 건넸다. "차가운 인상이신지라 '가까이 하기엔 좀 먼 당신' 그런 느낌이에요." 그분은 심각하게 들으시더니 "원장님 말에 공감해요. 시각 장애인이 되고 나서 무슨 좋은 일이 있다고 웃고 다니겠어요. 실없이 웃고 다니면 미친년이란 소리 듣기 딱이죠. 웃음을 잃은 지도 벌써 30년이란 세월이 흘렀네요"라고 말씀하셨다.

이유를 듣고 보니 이해가 갔지만 굳이 말씀드렸다. "회장님, 입장을 바꿔서 생각을 해 봐요. 앞도 보이지 않는데 얼굴까지 어둡게 할 필요는 없잖아요. 이왕이면 다홍치마라고 웃는 얼굴이 더 낫지 않을까요? 앞으로 단체 회장직을 맡아서 일을 하실 거라면 웃으면서 일을 하세요. 회장님이 늘 웃으시면서 회원을 맞이한다면 그분들도 좋아하실 거예요."

지금 이 순간 웃으면 심 봉사처럼 눈이 확 떠진다고 하니 금방 웃으신다. 아무리 좋은 것이라도 금방 생각을 바꾸기는 어렵다. 교육을 받고 나서 조금씩 변화가 일어나더니 2년 정도 지나서는 그분의 인상, 성격 모든 것이 좋게 변했다. 이젠 주변 사람들이 너무 웃어서 푼수처럼 보인다고 지적을 할 때가 한두 번이 아니란다. 그분은 웃음과 화술로 노력해서 성공했다. 웃음도 가랑비에 옷 젖듯이 조금씩 웃다 보면 자연스럽게 몸에 익혀진다.

나이가 들면 웃음도 점차 사라진다. 젊었을 때는 웃음을 입에 달고 살았지만 나이가 더해질수록 웃음은 입가에서 멀어진다. 이제는 거울을 보고 웃음으로 화장을 수시로 해서 입꼬리를 살짝 올리고 다니자. 외출할 때 현관문에 나서기 전에 거울을 보고 웃음으로 마지막 화장을 하고 나선다면 분명히 당신의 하루는 행복한 하루가 된다.

─ 얼굴에 대해 책임을 져라

대통령이 된 링컨이 내각 구성을 위해 각료들을 선출할 때, 한 서기관이 한 사람을 추천했다. 그런데 그 사람의 이름을 듣는 순간 링컨은 바로 거절했다. 이유를 묻자 "나는 그 사람의 얼굴이 마음에 들지 않았소"라고 답한다. "하지만 그 사람은 책임이 없지 않습니까? 얼굴이야 부모님이 만들어 준 것이니 어쩔 수 없는 일이 아닙니까?"라며 비서관은 반문했다. 그러자 링컨은 "아니오. 배 속에 있을 때는 부모가 만든 얼굴이지요. 그다음부터는 자신이 얼굴을 만드는 것입니다. 나이 마흔이 넘은 사람은 자기 얼굴에 책임을 져야 합니다." 이것은 유명한 예화다.

얼굴에 책임을 지라는 이유는 그만큼 지나온 삶이 얼굴에 묻어나오는 까닭이다. 사람들은 첫인상으로 그 사람의 반 이상을 판단한다. 이제 자신의 얼굴에 책임질 줄 아는 사람이 되자. 지금 거울을 보고 나의 표정을 읽으면서 대화를 나눠 보자. 얼굴은 나의 자화상이다.

이 책을 읽으면서 당신 앞에 놓여 있는 거울을 보길 바란다. 지금 나의 얼굴은 어떤 표정인지.

외적인 이미지보다 내면으로 판단하는 것이 현명하다. 외적인 이미지는 돈만 들이면 된다. 반대로 내면은 오랜 시간과 훈련의 과정이 필요하다. 위와 같이 마흔이 넘으면 얼굴에 책임을 지라는 일화가 있듯이 내 이름에 걸맞은 행동을 하자. 시니어가 될수록 더 가꾸고 다듬어서 질적으로 성숙한 사람이 되자.

자신의 가치를
스피치로 인정받자

자신의 가치를 무엇으로 판단할 것인가. 돈, 명예, 학벌, 행복, 건강 등 저마다의 가치는 다르다. 행복에 가치를 둔 사람은 모든 것을 행복에 잣대에 맞추어서 생활한다. 돈에 가치를 둔 사람은 오직 부를 축적하는 데 가치를 둔다. 외모에 가치를 둔 사람도 오직 외모 가꾸기에 전력을 다한다. 보편적인 이야기다. 명품으로 치장하고 백화점에 들어서면 직원들은 미소를 짓고 분에 넘치는 서비스를 한다. 이유야 어쨌든 그들의 목적은 상품을 고객에게 파는 것이기 때문이다. 반대로 민얼굴로 집에서 입던 옷과 슬리퍼 차림으로 백화점에 들어서면 직원들은 아무 반응이 없다고 한다. 직원들이 선입견을 갖고 고객을 대하기 때문에 기분 상하게 할 때가 한두 번이 아니라고 한다. 그래서 백화점에 갈 때는 멋지게 꾸미고 가야지 직원에게 대우를 받는다. 뿐만 아니라 서비스업도 마찬가지다. 근사하게 차려입고 가야지 돈을 쓰고도 대접을 후하게 받고 나온다.

이 모든 것이 외모와 돈으로 가치를 판단하기 때문이다. 외적인 가치만 중요시하기 때문에 사람들 눈에 잘 띄는 것이다. 이것이 우리의 현실이다. 무식한 사람도 돈만 있으면 유식한 사람처럼 보인다. 그러나 오래가지는 못한다. 옛날에 상놈이 돈을 주고 계급을 사서 양반 행세를 한다는 것을 책을 통해 읽거나 들은 적이 있을 것이다. 현실도 그러하다. 돈이면 무엇이든지 해결된다. 못난이도 돈을 들고 성형외과에 가면 미인으로 만들어 놓는 시대다. 이런 상황을 보면 돈이 얼마나 좋은가.

우리 스스로 생각할 문제다. 자신의 가치를 무엇으로 정할 것인지 말이다. 혹은 지금까지 살아오면서 어떤 가치로 살아왔는지 나름대로 가치의 기준을 정해 놓고 살아왔다. 나는 가치를 스피치 즉 말하는 것에 두고 살아왔다. 스피치로 나의 가치를 인정받는 것이 얼마나 중요한지 살펴보자.

지금까지 어떤 목적으로 살아왔든 자신의 가치를 돌아보고 스스로 가치를 바꿀 필요가 있다. 지금까지 현장에서 교육을 하고 살아오면서 느낀 점을 허심탄회하게 털어 놓는 것이다. 나이가 들면서 추하게 늙어가지 말자. 나이가 들수록 자기 관리를 철저히 하면서 살아가야 한다. 이것은 누구나 간절히 바라는 삶이다.

이제는 자신의 가치를 스피치로 인정받을 것을 권하고 싶다. 살아가면서 스피치만 잘해도 그 사람의 가치와 주변 사람들의 시선이 완전히 달라진다. 스피치로 인정받으려면 어떻게 할 것인가. 스피치는 기본적으로 구조가 탄탄할 때 가치가 있다. 자신감 있게 말하려면 자신의 가치를 당당하게 인정받아야 한다. 서론, 본론, 결론에 맞춰서 말하면 사람이 달라져 보인다. 스피치를 할 때 한 말 또 하는 식의 순환 논리로 대화하면 말의 가치가 떨어진다. 결론을 먼저 제시하고 근거, 사례를 들어서 보충 설명을 한 다음 다시 결론을 내린다. 이렇게 말을 한다면 스피치의 기본 구조가 탄탄해진다.

예시 1 - 엄마와 지후의 의견 충돌

엄마 : 지후야, 나와서 저녁 먹자.

지후 : 안 먹어. 난 게임할 거야.

엄마 : 빨리 나와. 게임은 무슨 게임! 저녁 먹어. 엄마 화났어.

지후 : 안 먹는다니까!

예시 2 - 엄마와 지후의 소통

엄마 : 지후야, 나와서 저녁 먹자.

지후 : 학교에서 오다가 친구와 떡볶이를 먹어서 지금은 생각이 없어요.

엄마 : 그랬구나. 배고프면 이야기해.

지후 : 네, 배고프면 말씀드릴게요.

예시 1은 자신의 이야기만 전달한 것이다. 예시 2는 서로의 감정과 의견 충돌이 생기지 않는다. 간단한 예지만 지후와 엄마는 서로의 의사 전달을 확실히 했다. 스피치란 본인이 하고픈 이야기의 핵심을 상대방에게 잘 전달하는 것이다. 일상적인 대화도 마찬가지다.

이 세상에서 제일 맛있는 감은 무엇일까? 단감, 땡감, 곶감 다 맛있겠지만 특별히 맛있는 감은 바로 '자신감'이다. 자신감은 스피치에서 나온다. 시니어가 되면 대부분 제일 위축되는 것이 자신감이다. 젊은 사람들과 무엇인가를 하려고 하면 왠지 자신이 초라해지고 작아지는 모습을 발견한다. 나이 때문에 스스로 그렇게 만드는 것 같다. 한마디로 스스로를 나만의 울타리에 가둬 놓는다. 현장에서 시니어들이 자신감 때문에 고민하는 것을 바라보면서 나름대로 생각을 정리한 것이다.

자신감은 프로 의식에서 나온다. 나의 직업관이 뚜렷하고 사명감이 있고 내가 맡고 있는 일에 투철한 의식이 있으면 자신감이 생긴다. 그러나 대부분의 사람들은 이런 프로 의식이 부족하다. 늘 소극적인 마음으로 모든 것에 순응하기 때문이다.

이제는 내가 어떤 일을 하고 있든지 내가 맡고 있는 일에 최고의 전문가가 되어서 프로 의식을 갖자. 하물며 가정에서 손자, 손녀를 돌보는 일도 프로 의식을 갖고 당당하게 자녀들을 돌보자. 그러면 자식들이 바라보는 시선도 달라진다. '우리 부모님은 내 자녀를 돌보는데 프로 의식을 갖고 저렇게 헌신하시는구나'라고 말이다. 이런 소리를 자녀들에게 들으면 인생은 성공한 것이다. 집에서도 말 한마디를 하더라도 선택해서 말을 하자. 가정에서도 요리조리 요리를 잘해서 말을 한다면 집에서 대우받는 만큼 밖에 나가서도 대우를 받을 것이다. 집에서도 당당하게 자신의 가치를 스피치로 인정받자.

― 매사에 주인 의식을 갖고 살자

모든 일에 주인 의식을 갖고 있을 때 적극적인 사람으로 변하게 된다. 대부분의 사람은 늘 손님 의식을 갖고 있다. 손님은 초대받은 곳에 잘 차려입고 조용히 갔다가 대접만 받고 슬그머니 자리를 빠져나온다. 그런 사람들은 발전이 없으며 의욕도 없다. 다녀와서 불평불만을 하니 자신감이 없어지고 매사에 희망 또한 부족하다. 반대로 주인은 이런저런 문제점을 발견하고 앞으로 미래의 계획을 철두철미하게 세우니 발전과 희망이 있다. 그렇다. 손님은 당연히 자신감이 없어진다. 이제는 객이 되지 말고 주가 되도록 노력하자. 직접 계획도 하고 참여도 하고 이것저것 부딪쳐 보는 것이다. 이렇게 매사에 적극적으로 대처하다 보면 모든 일에 자신감이 생겨 하는 일마다 즐거운 마음으로 일할 것이다. 주인 의식은 살아가면서 소중한 것이다.

이제는 누가 차려 놓은 밥상에 초대를 받아서 가는 것이 아니다. 내가 손수 시장을 봐서 밥을 짓고 반찬을 만들고 온갖 정성을 들여 한상 푸짐하게 차려 놓고 주변 사람들을 초대해 보자. 얼마나 행복한 일인가.

― 모든 일에 적극적인 사람이 되자

소극적인 사람이라면 대범하게 행동해 보자. 무슨 일이든지 적극적으로 실천하고 행동으로 옮기자. 내가 먼저 일하고, 내가 먼저 인사하고, 내가 먼저 웃고, 내가 먼저 행동하자. 이렇게 살다 보면 자동적으로 자신감이 생기며 적극적인 사람이 된다. 소극적인 사람이 갑자기 변한다는 것은 힘든 일이다. 그러나 가랑비에 옷 젖듯이 하나씩 실천을 하다 보면 자신의 변화된 모습을 발견한다. 실천에 옮기면 스스로에게 칭찬을 해 주자. 이런 행동이 '잘난 척'한다는 오해를 받을 거라고 생각하는 사람도 있을 것이다. 그러나 주변에 신경을 쓰다 보면 아무 일도 하지 못한다. 젊은 나이도 아니고 시니어가 되어서 잘난 척을 해봤자 얼마나 하겠는가?

75세 되신 수강생이 있었다. 배우자가 일찍 돌아가셔서 6남매를 키우느라 시장에서 생선 가게를 평생 하시고 65세가 넘어서는 가게를 과감히 정리하셨단다. 자녀들도 결혼을 다 하고 빌딩도 사고 48평짜리 아파트도 사셨단다. 그렇게 홀로 빈 둥우리를 지키고 계신단다. 이제 노후의 삶은 자신을 위해서라도 행복하게 살아가고 싶어서 일을 그만두셨다고 했다. 마침 지인분을 통해 남자 친구도 소개를 받았다. 그분은 대학 교수를 하다 정년퇴직을 하시고 쓸쓸하게 지내신다면서, 두 분이 잘 어울릴 것 같다며 주선해 주신 모양이다.

본인은 평생을 시장에서 생선만 판 장사꾼이고, 그분은 교육자이시기에 서로 안 어울릴 것 같았다. 한데 자꾸 만나다 보니 정말 잘 어울린다고 하신다. 교수님과 다양한 시간을 보내면서 깨달았다고 하셨다. '삶이란 이런 것이구나. 진정한 행복이란 서로 말벗이 되어서 세상 살아가는 이야기를 나누고 서로 공감하고 이해하고 들어주고 소통하며 사는 것이구나.' 나이가 들어가면서 제일 중요한 것은 돈이 아니라 말벗이라는 것이다.

어느 날 이분이 강의 시간에 스피치 학원에 온 목적을 발표했다. 외모는 돈으로 치장을 하면 되는데, 무식은 치장을 할 수가 없다고 한다. 몇 마디 하면 탄로가 나니 안 되겠다 싶어서 스피치를 배우러 왔다고 하셨다. 전에는 돈에 가치를 두었는데 지금은 스피치, 노래, 벨리 댄스를 배우면서 자신의 가치를 배움에 두었다고 한다.

뒤늦게나마 자신의 삶을 멋지고 당당하게 살아가려고 노력을 많이 하니 자녀들도 "엄마 재혼은 하지 말고 지금처럼 이렇게 이성 친구로서 행복하게 살아가"라며 격려와 힘을 실어 준다. 주어진 모든 일에 적극적인 사람에게 이렇듯 인생은 살맛 나는 세상이다.

자신의 가치를 스피치로 인정받자. 스피치를 준비하기 전 먼저 자신감을 키우자. 자신감이란 바로 프로 의식, 주인 의식, 적극적인 사람이 되었을 때 스스로 자신을 믿고 행복함을 느끼는 마음이다. 자신감 탓하지 말고 과감하게 변해서 당당하게 남의 앞에서 스피치로 자신의 가치를 인정받자. 오늘부터 마음의 자세를 3초, 3분, 3시간, 3일, 3주, 3개월 다잡으며 생활한다면 자신도 모르게 자신감으로 가득 찰 것이다. 이것이 습관화되면 평생 자신의 가치를 당당하게 인정받으며 살아간다. 시니어 시대에 나는 무엇으로 자신의 가치를 인정을 받을 것인가? 한 번쯤 생각하는 시간이 되었으면 좋겠다.

성공하려면 먼저
나를 펀 경영하라

'먼저 웃는 자가 성공한다'는 말이 있듯이 먼저 웃는 것은 힘들다. 화술도 마찬가지다. 잘 웃는 사람이 말도 잘하기 때문이다. 화술을 배우기 전에 먼저 웃는 연습을 하도록 한다. 먼저 내 마음이 즐거워야 말도 술술술 실타래 풀리듯이 잘 풀려 나온다. 기업에서도 펀 경영을 하듯이 나를 펀 경영하자. 내가 행복해야 상대방도 행복하기 때문이다.

웃음이란 잘 웃는 사람에게는 별것 아니겠지만 웃지 못하는 사람에게는 별것이 될 수도 있다. 주변에서 성공한 사람들을 보면 성격도 좋고 잘 웃고 나름대로 얼굴에 성공이란 글자가 쓰어 있다. 성공하기 위해서 자신을 펀 경영했을 것이다. 요즘 셀프 리더십을 통해 스스로 자신을 경영하는 방법을 배운다. 외모, 시간, 돈, 인간관계, 스피치 등 먼저 자기를 관리해야지 남을 경영한다.

우선 세상을 재미있게 살아가자. 스스로 진심으로 삶이 재미있어야 한다. 무슨 일이든 재미와 흥미가 있어야 하고 싶은 욕구가 생기며 일의 능률도 오른다. 기업에서 펀 경영을 하는 것도 마찬가지다. 직원들이 재미와 흥미의 욕구가 충족되었을 때 일의 능률도 오른다. 세상일에 재미만 있는 것은 아니다. 반대로 재미가 없는 것도 어차피 할 일이라면 인상 쓰지 말고 활짝 웃으면서 하다 보면 재미있다. 좀 더 세상을 낙관적으로 바라보고 살아가는 것이 좋지 않을까. 성공하려면 먼저 나를 펀 경영하라는 말은 쉽지는 않다. 사람들마다 나름대로의 방법은 있을 것이다. 여기서는 나의 생각을 말하고자 한다.

─ 웃는 날(우는 날)을 정하자

한 날을 정해놓고 이날만이라도 목젖이 보일 정도로 박장대소하면서 실컷 웃어 보자. 공원이라도 좋다. 직장도 좋고, 마음이 통하는 친구가 있으면 함께 웃는 것도 좋다. 웃음이란 여럿이 모여서 웃는 것이 혼자 웃는 것보다 33배의 웃음 효과가 있다고 한다. 그리고 우는 것도 참 중요하다. 눈물은 우리의 마음을 정화하는 치료제다. 마음이 울적할 때는 큰 소리를 내어서 실컷 울어 보는 것도 마음의 치료가 된다. 21세기에는 인간의 마음을 치료하는 것은 '웃음과 눈물'이라고 한다. 건강한 사람이라면 웃음과 눈물을 적당히 흘릴 줄 알아야 한다.

그냥 웃어라(이유는 묻지 말고). 그냥 웃는 것이다. 어린아이들이 이유 없이 그냥 웃는 것처럼. 요즘처럼 어려운 세상에 웃을 일은 정말로 눈 뜨고 찾아볼 수가 없다. 그렇다고 마음까지 우울할 수는 없다. 모든 근심 걱정 떨쳐 버리고 웃음으로 극복해 나가 보자. 웃다 보면 마음이 즐겁고 행복해진다. 억지로라도 하루에 세 번씩, 시간이 허락하는 대로 마음껏 웃어 보자. 그냥 웃다 보면 억지웃음도 90%의 효과가 있다고 한다.

먼저 웃으면서 큰 목소리로 인사하자. 만나는 모든 사람들에게 다가가서 웃으며 큰 목소리로 인사를 나누자. 그렇게 하다 보면 적극적인 사람으로 변하고, 자신감이 생기고, 상대방에게 좋은 인상을 준다. 이것이 대인 관계에서 성공하는 첫 지름길이다. 이제 무조건 활짝 웃으면서 상냥한 목소리로 인사 나누며 먼저 손을 내밀자.

스트레스는 그날그날 풀어라. 현대인에게 있어서 스트레스는 만병의 근원이라고 한다. 적당한 스트레스는 나에게 도전할 마음을 줄 수 있다. 그러나 과도한 스트레스는 심신을 병들게 한다. 그런 스트레스는 그날그날 풀어야 건강하다. 스트레스를 푸는 방법은 웃음, 호흡, 수다, 노래가 최고다. 스트레스가 쌓인다 하면 박장대소해 보고, 노래도 신나게 불러 본다. 이제는 소리로 스트레스를 한 방에 멋지게 날려 보내자. 이것이 내가 건강하게 살아가는 최선의 방법이다.

─ 좋아하는 일에 미쳐라

여가 생활은 직장 생활을 하며 남는 시간을 활용하자. 여가 생활을 한다는 것은 나를 발전시키고 행복하게 한다. 여가 시간을 활용해 나의 취미를 만들어 보자. 노래, 운동, 만들기 등 평소에 하고 싶었던 일들을 취미로 했다가 나중에는 그 분야에서 전문가가 되는 것이다. 진정한 여가 생활은 나의 삶을 윤택하게 만들며 미래의 삶도 행복하게 한다. 여가 생활을 찾을 때 나의 특기와 적성을 찾아서 선택하는 것이 좋다.

돈벌이가 안 되도 좋다. 사람은 본인이 좋아하는 일은 돈벌이가 안 되어도 행복하며, 무보수로 봉사를 해도 행복함을 느낀다. 그만큼 좋아하는 일에 열정을 쏟아 가면서 하기 때문이다. 우리는 무엇이든지 미쳐야 성공한다. 미치지 않고는 성공할 수가 없다. 나는 말하는 것에 미치다 보니까 스피치 강사가 되었다. 노래에 미치면 가수가 되고, 학문에 미치면 학자가 되고, 춤에 미치면 춤꾼이 되듯이 이제는 내가 좋아하는 일이 무엇인지 찾아서 한번 미쳐 보자. 그러면 반드시 성공할 것이다.

─ 시니어가 될수록 스스로 만족하는 삶을 살자

스스로 만족하는 삶을 살자. 이렇게 말하면서도 세상을 살아가면서 만족이라는 것은 없고 욕심이 먼저 생긴다. 주변 사람과 비교하다 보니 그런 것 같다. 그럴 때는 한 걸음 뒤로 물러서서 멈춰야 한다. 나의 한계는 이 정도라고 생각하는 것이다. 그러지 않고 한 계단씩 더 나가고자 하면 욕심이 생긴다. 스트레스와 갈등의 원인은 부족함, 고마움의 결핍에서 비롯된다. 외적 자아와 내적 자아가 갈등한다. 이때 내적 자아가 이기면 자족하는 삶이 되지만, 그렇지 않으면 갈등과 고민 속에서 살아간다.

인생의 삶이란 언제나 선택의 연속이다. 내가 무엇을 선택하느냐에 따라서 행복해질 수도 있고 불행해질 수도 있다. 행복과 불행은 순간순간 다가오는 선택이며 예측 불허한 것이다. 언제 어느 때 나에게 시련이 다가올지 모른다. 인간은 한 치 앞도 내다볼 수 없는 미약한 존재다. 그렇다면 어떤 삶을 살아야 할까?

하루의 삶을 최후의 날로 맞이하라. 천년을 살 것같이 꿈꾸고, 내일 죽을 것같이 살아라. 만약에 내가 내일 죽는다면 오늘의 삶은 어떻게 살아갈 것인가? 아마도 최후의 시간을 즐기고 초를 다투면서 최선을 다해 계획성 있게 살 것이다. 매일 이렇게 살아가는 것은 힘들지만 우리에게 가끔은 이러한 삶도 필요하다.

어머니는 올해 85세가 훌쩍 넘으셨다. 2017년도 4월에 뇌출혈로 수술을 받으시고 현재 식물인간으로 침상에 누워 계신다. 사람이 산다는 게 산 것이 아닌 것이다. 호흡기에 의존하고 계신다. 건강하셨던 분이다. 그런 어머니를 바라볼 적마다 안타까운 마음만 든다.

가족들은 아무것도 도와줄 수 없는 상황. 옆에서 기적이란 단어를 간절히 바라는 마음뿐이다. 누워 계시는 어머니를 바라 볼 적마다 이런 생각이 든다. 살아있다는 게 얼마나 감사한지. 자녀들이 준 용돈도 그냥 봉투에 그대로 보관되어 있다. 고생만 하시던 어머니를 바라볼 적마다 가슴만 아프다. 어머니는 마음속으로 아마 이런 생각을 하실 것 같다. '내가 이렇게 될 줄 알았으면 아등바등 살지 않았으리라. 행복이 무엇인지는 몰라도 사람다운 삶을 살았으리라.' 이렇게 지난날의 삶을 돌아보며 후회하지 않으실까.

한 날은 서랍에서 무엇인가를 꺼내며 자랑을 하셨다. 그것은 바로 지난해 개설하셨다는 통장이었다. 그 통장을 개설하실 때 얼마나 좋으셨을까? 그 통장 안에 현금이 차곡차곡 쌓일 적마다 만기가 되는 날을 그리며, 적금을 타면 무엇을 할지 나름대로 기대하셨을 것이다. 하지만 어머니의 모든 삶은 정확하게 2017년 4월 7일 오후 2시쯤 잠시 멈추었다.

스스로 하루에 만족하는 삶을 살자. 우리의 운명은 어떻게 될지 모른다. 하루를 살더라도 내일 죽을 것 같은 그런 마음가짐으로 살아간다면 본인의 삶도 충실히 살아갈 것이고 주변 사람들에게도 돌아서서 후회하는 행동들을 하지 않게 된다. 후회 없는 삶이란 스스로 만족하면서 남에게 피해를 주지 않는 삶이 아닐까. 내 앞에 닥친 인생을 긍정하면서 기쁨과 감사로 확실한 삶을 살아가자.

성공하려면 자신을 웃음으로 먼저 편 경영해야 한다. 내 마음이 즐겁고 행복해야 내 삶을 성공적으로 경영할 수 있다. 자기 자신에 대한 편 경영을 잘하는 사람이 대인 관계에 능통한 사람이며 남도 잘 경영한다.

그렇게 자신을 편 경영한 다음 솔선수범해 사회 활동(봉사 활동)에 적극적으로 참여하자. 사람은 사회적인 동물이다. 그래서 혼자서는 살아갈 수 없고 서로 무리 지어 살아가야 한다. 측은지심의 마음을 지니며 상부상조하며 살아갈 때, 인간의 아름다움을 맛볼 수 있다. 무리 지어서 활동하고 내가 할 수 있는 범위 안에서 열심히 할 수 있는 일이 무엇인지 찾아서 사회 활동에 적극적으로 참여하면, 서로의 마음을 나누어 내가 누군가에게 작은 도움이나마 주었다는 행복함을 느낄 수 있다.

마음을 비워야
웃음이 나온다

땅의 정기를 받고 장엄하게 하늘을 향해 우뚝 서 있는 대나무를 바라보자. 시원한 바람에 나뭇잎이 스치는 소리를 들으면 마음까지도 시원해진다. 대나무는 마디마디가 절도 있고, 겉은 치장이라도 한 듯 반질반질 윤이 나며 속은 텅 비어있다.

잠깐 쉬어갈 겸 사군자(매화, 난초, 국화, 대나무)의 기질 중 대나무에 대해 살펴보자.

대나무 기질을 가진 사람은 주관이 뚜렷하다. 대나무는 사군자 중에 가장 곧고 사시사철 변함없이 푸른 모습을 보인다. 방향은 항상 위를 향하고 좌우로 치우치지 않으며 목표를 향해 곧게 올라간다. 그리고 논리성을 추구한다. 대나무는 다른 나무에는 없는 마디를 가지고 있다. 일정한 간격으로 매듭이 있어 위로 똑바로 올라갈 수 있도록 지탱한다. 매번 매듭을 만드는 것은 결론을 내는 것이다. 결론을 내리기 위해 논리적으로 증명된 것을 추구한다.

또한 지적 욕구가 강하다. 사군자 중에서 가장 뿌리가 강력하고 200m까지 자라는 것으로 조사되었다. 뿌리는 영양분을 흡수하는 기능을 한다. 뿌리를 멀리 넓게 펼쳐 다양한 영양분을 흡수하고자 하는 욕구를 가지고 있다. 그리고 분석적이다. 결이 있어 여러 갈래로 쪼갤 수 있는 대나무는 분류·분석하는 데 능한 기질을 보인다.

그리고 창의적이다. 쪼개고 다듬은 것을 다시 엮는다. 대나무로 만들 수 있는 생활용품은 매우 다양하다. 새롭게 만들어진 각종 죽공예품들은 처음 대나무 모습과는 다른 모습이다. 하지만 칭찬에 인색하다. 대나무는 꽃을 보기 힘들다. 50년 정도에 한 번 핀다. 죽기 전에 마지막으로 꽃을 보여준다. 대나무 기질을 가진 사람은 다른 사람들을 기분 좋게 하는 칭찬, 격려, 공감에 인색한 모습을 보인다. 마지막으로 대나무 기질의 과유불급은 논리성을 과다하게 사용해서 이론에 치우치기 쉽다. 논리를 위한 논리의 함정에 빠지기도 한다(한국검사성격연구소).

예부터 예절 공부 스승들은 대나무에 대한 비유를 들어 삶을 꼿꼿하게 살아가고 마디마디 절도 있는 생활을 하라고 가르친다. 나도 예절을 공부할 때 스승님께서 대나무를 예로 들으셨다. 스승님의 가르침으로 나는 대나무를 바라보면서 인생 공부를 많이 한다. 대나무의 생에는 철학이 있다. 만약에 대나무가 다른 나무처럼 속이 꽉 차 있었다면 겉이 반질반질 윤이 날까? 아마도 아닐 게다. 여느 나무처럼 울퉁불퉁하지 않았을까 반문을 던진다. 이처럼 대나무를 바라보면서 마음을 비워야겠다는 생각을 한다.

━ 대나무를 사람에 비유한다면?

근심, 걱정, 분노, 스트레스, 화, 욕심, 시기, 미움, 질투 이 모든 것이 가득 차 있으면 마음이 편하지 않다. 이것은 나에게 없는 부족한 면을 채우려고 하는 욕심에서 시작된다. 이럴 때 사람들은 '몸이 불편하다. 소화가 안 되어서 속이 더부룩하다. 잠을 못 이루겠다. 몸이 아프다. 짜증이 난다. 우울하다. 죽고 싶다. 통증 때문에 약을 먹어야겠다. 정신과 진료를 받아야겠다.' 등 난리 법석을 떤다. 하지만 모든 것은 욕심에서 시작이 된다.

이런 사람들의 특징은 또 있다. 피부는 제2의 뇌라고 하는데, 바로 얼굴 표정이다. 그늘져 있고 웃음이란 찾아볼 수도 없으며 자연적으로 피부가 거칠면서 윤기가 없고 푸석푸석하다. 여성의 경우 화장도 안 받는다. 그러다 보니 남녀노소 막론하고 피부 관리실에 얼마나 많은 투자를 하는가. 이러한 증상은 먼저 마음을 내려놓고 비우기 전엔 소용이 없다.

이와 반대로 마음이 텅 비어 있는 사람들은 어떠한가? 대신 기쁨, 신뢰, 배려, 칭찬, 긍정, 감사, 나눔, 봉사, 인정, 관심, 웃음, 행복 등이 자리 잡고 있다. 이런 사람의 신체는 항상 소화도 잘되고 늘 웃는 얼굴이다. 한마디로 살맛 나는 멋진 세상을 살아간다. 약국에 갈 일도,

병원에 가는 일도 드물다. 만나는 사람마다 행복과 웃음을 전파하며 신명 나는 하루하루를 살아간다. 피부는 어떠한가? 당연히 광채와 윤기가 도는 고운 피부라 관리를 받을 필요가 없다. 이런 부류의 사람들은 욕심을 버린 사람, 즉 마음을 비운 사람들이다.

― 모든 것은 욕심에서 시작된다

욕심 없이 세상을 살아간다는 것은 아무나 못하는 일이다. 물질에 욕심이 있는 사람은 부자가 되고, 공부에 욕심이 있는 사람은 학자가 되고, 식탐이 있는 사람은 살이 찔 수 있다. 이렇듯 사람마다 관심에 따라서 욕심은 다르게 나타난다. 수많은 강의를 들으면서 느끼는 것은 이제부터 욕심을 좀 버리고 살자는 것이지만 뜻대로 안 된다.

한 스님이 운영하는 사찰이 어려움에 처했다. 마침 지인이 좋은 정보가 있어서 알려 주고 물질적으로 도움을 주고 싶어서 찾아왔다. 어디에 조금만 투자를 하면 돈을 번다고 해 솔깃했단다. 그 순간 부처님이 보내 주신 좋은 사람이라는 생각이 들었단다. 홀딱 넘어가 빚을 내 투자했는데 사기를 당했다고 하소연하셨다. 그 후로 투자자들은 소송을 걸었지만 끝내 한 푼도 받지 못했다고 한다. 스님은 사기도 욕심이 있어서 당하는 것이라고 하셨다.

사기 치는 사람은 상대의 약점을 노려서 순간의 기회를 잡아 마음을 확 끌어당긴다. 스님은 잠시 물질적으로 어려운 상황이 닥쳐왔을 때, 물질에 욕심냈더니 이렇게 눈 뜨고 사기를 당했다고 하셨다. 다 잊어버리고 욕심내지 않기로 마음가짐을 굳게 하고, 앞으로는 있는 그대로 현실을 받아들이기로 했단다.

― 마음을 비워야 웃음이 나온다

욕심이 자리를 잡고 있으니 다른 사람들을 받아들일 여유가 없다. 웃음이란 마음의 여유가 있을 때 나온다. 이제부터 마음을 비우며 하나씩 버리는 습관도 연습해야 한다. 하나씩 버리자 하면 무엇을 버려야 하는지 생각할 것이다. 먼저 자신이 소유하고 있는 물건을 생각해 보자. 10~20년이 지나도 입지 않는 장롱 안의 옷, 오랫동안 쓰지 않는 물건들을 찾아서 주변 사람들에게 나눠주고 바자회 때 내놓는 것은 어떨까. 그리고 냉장고 안에 잠겨 있던 식품을 꺼내 이웃에게 인심을 쓰자. 이렇게 사소한 것부터 비우는 습관을 갖자. 비운다는 것은 나에게는 필요가 없지만 비웠을 때 상대방은 필요한 물건이 될 수도 있다. 갖고 있는 물건을 진정으로 나눌 때 웃음이 나온다.

《명심보감》에 이러한 지혜로운 글이 있다. '마음이 편안하면 초가집도 편안하고, 성품이 안정되면 나물국도 향기롭다.' 우리의 마음이 편안하면 내가 어느 곳에 거하든지 편안하다. 나의 마음이 안정될 때 어느 음식을 먹어도 달고 맛있다. 그럴 때 감사한 마음이 생겨서 내몸이 건강해지고 성품이 편안해진다.

요즘 뉴스를 보면 끔찍한 사건이 비일비재하다. 그만큼 살기 힘들고 정신적으로 불안한 사람들이 많다. 이럴 때일수록 서로를 돌보고 관심을 가지며, 가진 것을 나누자. 마음을 비우고 웃으며 살아갈 때 진정한 이웃이 되고 건강한 가정과 사회가 찾아온다.

인생의 삶은 욕심 속에서 살아간다고 해도 과언이 아니다. 마음에 욕심이 가득 차면 온갖 스트레스로 인생의 즐거운 맛을 느낄 수 없다. 모든 욕심을 적당히 내려놓을 때 일이 순조롭게 진행된다. 내 안에 나만 가득 들어 있으면 상대방은 다가올 수가 없다. 내 욕심을 온전히 버릴 때 그제야 세상이 바로 보이고 삶이 즐거워 웃음이 나온다.

사람의 마음을 얻는다는 것은 매우 힘든 일이다.
우리는 상대방의 마음을 알기 위해서 노력한다.
'말'이란 도구를 잘 활용해 보자.
말로 상대의 마음을 얻는 것이 쉬운 일은 아니지만 어려운 일도 결코 아니다.

5
PART

스피치의 핵심은
소통이다

청중의 마음을
사로잡는 비법

청중은 남녀노소 다양한 계층으로 이뤄지는 경우가 많다. 이들 계층은 서로 다른 문화와 가치관을 갖고 살아간다. 그중에서도 연령은 문화와 가치관의 차이가 크므로 발표를 준비할 때 반드시 고려해야 하는 부분이다. 청중은 연령과 가치관에 따라 각기 다른 요구를 하므로 그 다양한 요구를 반영하지 못한다면 발표자는 청중으로부터 외면당할 수밖에 없다. 청중의 요구를 잘 반영하기 위해서는 연령별로 청중의 상황, 특성, 요구 등을 정확히 알아야 한다. 그리고 청중의 성격, 사고방식, 희망 사항, 지적 수준 등을 파악해 내용과 전달 방법이 청중에게 맞도록 하는 것이 매우 중요하다.

청중의 마음을 사로잡는다는 것은 쉬운 일이 아니다. 속담에 열 길 물속은 알아도 한 길 사람 속은 모른다고 했다. 다시 말하면 물속의 깊이는 우리가 눈으로 확인할 수 있으나, 사람 마음속은 무슨 생각을 하고 있는지 말을 해도 잘 모른다는 뜻이다. 또 믿는 도끼에 발등 찍힌다는 말은 그럴 듯하게 하면서 행동은 정반대로 하는 사람에게 한다. 그만큼 사람의 마음을 얻는다는 것은 매우 힘든 일이다. 사회생활을 할 때 우리는 말을 하지 않고는 살아갈 수 없으며, 상대방의 마음을 얻거나 알기 위해서 노력한다. 특히 '말'이란 도구를 잘 활용해 보자. 말로 상대의 마음을 얻는 것이 쉬운 일은 아니지만 어려운 일도 결코 아니다. 그렇기 때문에 말 공부는 끊임없이 배워야 하는 것이며, 다양한 사람을 만나고 여러 방법으로 눈높이에 맞춰서 진솔하게 다가가는 것이다.

강의도 다양한 방법과 도구를 활용하고 있다. 청중의 마음을 사로잡기 위해서다. 주안도서관에서 프로그램을 진행할 때였다. 첫날이라서 특강으로 재미있게 진행했다. 끝나고 나서 질문을 받는데 한 어르신이 말씀하셨다. "강사님, 오늘처럼 재미있게 강의를 해주시면 다음에도 나오고 재미가 없으면 안 나옵니다"라는 협박 아닌 협박을 하셨다. 강사들이 제일 무서운 것은 강의 시간에 학생들이 불참하는 것이다. 그때 무엇이라고 말하겠는가? "당연히 오늘처럼 재미있게 강의를 진행할 거예요"라고 했다. 그 후로 어르신은 강사의 말을 믿고 강의 시간에 제일 먼저 오셔서 늘 앞자리에 앉으셨다.

언제부터인지 사람들은 재미라는 글자를 입에 담고 산다. 그렇다. 모든 것이 재미가 있어야 한다. 재미가 없으면 사람들은 오지 않는다. 그렇게 진행을 하기 위해서는 한 시간 강의안을 철저하게 준비하고 꺼진 불도 다시 보듯이 하나하나씩 잘 살펴보고 보충한다. 이렇게 어려운 청중의 마음을 사로잡는 비결은 무엇이 있는지 보고자 한다.

─ 청중의 심리를 유발하는 스피치 기법

발표자는 진솔해야 한다. 발표자는 진실에 근거를 두고, 돌이라 도 녹일 수 있는 열의와 열정을 갖고 청중과 함께 감격하고 호흡을 일치하게 해야 한다. 청중의 마음은 구체적이고 실제적인 사실에 움 직인다. 그러므로 어떤 사건을 인용할 때에는 누구나가 기억하고 있 는, 다시 말해 이미 알고 있거나 경험한 바 있을 법한 것을 선택한다. 공동의 이해관계가 성립되고 공동의 흥미를 가질 수 있는 문제를 제 시해야 한다. 청중에게 자극을 주는 강력한 어구를 사용한다. 평범한 이야기, 무미건조한 내용, 추상적인 표현으로는 청중을 움직일 수 없 다. 그러므로 비유의 기교에서 의태어 기법, 의성법, 의문법, 반복법, 점층법을 사용해 청중의 심리 상태를 잘 요리해야 한다.

예를 들어, 의태어 기법에서는 '아가의 말랑말랑 한 손. 너의 매끈 매끈한 살결이 보드랍다. 아기가 아장아장 걷는다.' 등이다. 의성법 은 '멍멍 개야 짖지 말고, 꼬꼬 닭아 울지 마라. 찌르릉 찌르릉 비켜나 세요. 뻐꾹새가 뻐꾹 뻐꾹. 바람이 윙윙 부는 밤.' 등 다양한 수사 기 법을 넣어서 말하면 음률감이 생긴다. 이럴 때 귀에 더 잘 들리며 청 중의 감정을 움직인다. 청중은 항상 자극과 충동에 따라 움직이기 때 문에 이론과 원리를 따지면서 설명하기보다는 그들의 감정에 자기의 논지와 소신을 강하게 표현하는 게 좋다.

이러한 방법으로 제대로 된 말을 하려고 하면 수십 번씩 읽어 보며 때로는 가족들 앞에서 연습하고 장단점을 분석해야 한다. 청중의 심리를 연령대로 분석하고 그들의 눈높이에 맞춰서 말투도 바꿔야 한다. 제일 쉬운 방법은 청중과의 거리를 좁히는 것이다. 그들의 입장이 되어서 생각해 보고 그분들과 진솔한 대화를 직접 나누는 것도 좋은 방법이다. 다양한 연령층을 사귀다 보면 청중의 심리를 이해하는 데 많은 도움이 된다.

— 언제나 청중을 생각하라

청중 없는 스피치는 없다. 청중을 지향하는 스피치를 하는 발표자가 결국 성공적인 스피치를 해낸다. 스피치는 독백이 아니다. 내용, 표현 방법 등 모두가 청중에 맞게 구성되고 조정되어야 한다. 이말은 발표자가 자신이 말하고자 하는 소신이나 철학의 근본 내용을 청중에 따라 이랬다, 저랬다 소신 없이 바꾸라는 뜻이 아니다. 청중에게 잘 전달되도록 신경 쓰는 노력과 포장하는 정성이 필요하다는 것이다. 주제 선정부터 청중에게 알맞게 되어야 한다. 청중의 관심과 흥미를 끌고, 유익한 주제를 선정할 때 청중을 깊이 생각하게 된다.

내용 구성도 청중의 눈높이에 맞추어라. 지적 수준이 높은 학구적인 청중의 경우 논리적·전문적·체계적으로 논지를 수정해서 스피치

한다. 다양한 계층이 모인 일반인들을 대상으로 하는 스피치는 쉽게 풀어서 재미있고, 이해하기 쉬운 예화를 곁들이는 것이 좋다. 스피치는 청중과 함께 호흡을 해야 한다. 말의 속도도 대상에 따라서 조정하는 것이 좋다. 젊은 층이라면 좀 더 빠르게, 노인층이라면 천천히 여유롭게 하는 것이 좋다. 준비된 내용도 청중의 반응과 상황에 따라 조정되어야 한다. 스피치를 할 때 청중에게 맞추어 가면서 다소 수정하기도 하고 보완·삭제도 해야 한다는 말이다. 청중을 지향하는 스피치는 원래 준비한 내용과 반드시 일치하기 어렵다.

청중의 반응을 살펴가며 열정적으로 스피치한다. 청중이라고 하면 발표자가 하는 말을 그저 받아들이기만 하는 수동적인 존재로 생각하기 쉽다. 그렇지만 청중은 듣기만 하는 것이 아니라 능동적으로 판단하고 선별해서 받아들인다. 표정, 자세, 태도를 통해 반응을 나타낸다. 가급적이면 청중이 참여할 수 있는 기회를 제공하는 것이 좋다. 질문을 주고받는다든지, 청중을 연단으로 나오게 해서 참여하게 하면 청중이 지루해하지 않고 생동감 있는 강의가 된다. 발표자가 대충 시간만 때우려는 것인지, 억지로 연기하려는 것인지, 청중을 배려하고 사랑하며 열정을 다하는지 청중은 느낄 수 있다. 그래서 주어진 시간만큼은 혼을 다해 열정적인 스피치를 해야 한다.

― 상대를 아는 만큼 설득할 수 있다

태어나서 처음 보거나 내가 잘 알지 못하는 사람 앞에서 하는 소위 묻지마 발표는 나쁜 발표다. 청중에 대해 아는 것이 별로 없다면 발표의 성공 확률은 저하된다. 청중에 대한 정보 파악이 어느 정도 되기 전까지는 아무것도 하지 말자. 발표 준비 시간의 20~30% 이상은 청중에 대한 정보를 파악하는 데 사용하자.

청중은 이런 이유로 우리를 선택한다. 사람들이 물건을 사는 데는 두 가지 이유가 있다고 한다. 그럴듯한 이유와 진짜 이유가 그것이다. 의사 결정권자에게 미치는 동기는 이성적 동기보다는 우선 감정적 동기가 필요하다. 의사 결정의 80%는 이성적인 이유가 아니라 감정적인 이유에 근거한다. 감성과 이성의 근본적 차이는 '이성은 결론을 낳지만 감성은 행동을 낳는다'는 것이다. 결정할 때 머리가 아닌 가슴으로 한다. 이것은 감정적일수록 더 실천적이라는 뜻이다(영국의 신경학자 도널드 칸).

청중에 대한 정보는 도처에 깔려 있다. 잘 알지 못하는 청중일수록 정보 수집이 중요하다. 인터넷, 유료 인물 정보 사이트, 미디어 기사, 해당 업계의 협회, 업계 전문지, 사보 등 이런 다양한 방법을 동원해서 상대방의 정보를 알고자 하면 알 수 있다. 청중 분석에 들어간 시간과 노력은 반드시 반비례해 좋은 결과로 돌아온다. 다시 말해 '나를 알고 적을 알면 백전백승'이다.

청중의 마음을 사로잡는 비법은 다양하다. 청중의 심리를 좋은 방향으로 유도하는 스피치 기법은 언제나 청중의 입장을 생각하는 것이다. 상대를 아는 만큼 설득할 수 있으니 상대방을 세심하게 관찰하자. 상대에게 공을 들인 시간만큼 청중의 마음과 소통할 때 내가 원하고자 하는 뜻대로 잘 이끌어 나갈 수 있다. 이 기법은 강의를 할 때만 적용이 되는 것은 아니다. 인간관계에서도 마찬가지로 상대방의 마음을 읽어 내려갈 때 원만한 인간관계가 이루어진다.

오프닝은
다양한 방법으로 시작하라

스피치 시작을 잘하면 반은 성공한 것이나 다름없다. 발표의 시작은 누구에게나 긴장감이 도는 순간이다. 제일 긴장될 때는 스피치를 하기 직전과 직후이다. 이 순간은 발표자의 이미지와 청중이 갖는 스피치에 대한 기대치가 형성되는 중요한 시간이기 때문이다. 처음 5~7분이 스피치의 50%를 차지하기 때문에 시작의 중요성은 누구나 잘 알고 있다.

스피치를 잘하는 사람이라 할지라도 스피치를 시작하기 전에 많은 연습을 한다. 어떻게 하면 첫 도입 부분을 재미있게 이끌어 나갈 것인지 나름대로 작전을 세우기도 한다. 첫마디 말의 내용에 의해서 청중이 흥미를 갖느냐, 갖지 않느냐가 결정되기 때문이다. 그래서 시작은 청중의 마음을 이끌어 내어서 흥을 돋우는 단계다.

오프닝은 청중과의 첫 만남이다. 처음으로 낯선 사람을 만난다는 설렘과 기대감이 교차하는 순간이며, 발표자의 이미지와 기대치가 형성되는 아주 중요한 순간이다. 좋은 이미지와 높은 기대치를 보여 주었을 때 초반에 집중하고 듣는다. 초반부터 흥미를 느끼지 못하는 청중이 마지막까지 집중할 수 있을까? 그렇지 않다. 마지막까지 이끌어 가기 위해서 초반에 최선을 다하자. 전달하고자 하는 내용을 주의 깊게 들을 것인지 말 것인지 여부는 초반에 결정된다. 따라서 오프닝에서 청중을 확 끌어당길 만한 흥미로운 전략이 반드시 있어야 한다.

전체 시간에서 오프닝이 차지하는 분량은 불과 10~20%지만 그 중요도는 90% 이상이라고 해도 과언이 아니다. 그래서 저마다 오프닝에 많은 시간을 들여가면서 연습하고 준비한다. 시작을 어떻게 하느냐에 따라서 전문가와 비전문가로 나눠진다. 전문가는 다양한 방법을 사용해 청중의 주목을 받으면서 기대감을 높이는 오프닝을 철저하게 실시한다. 반대로 비전문가는 강의실에 들어서자마자 인사를 하고 바로 강의에 들어가는 사람이다. 여기서 제시하는 오프닝의 분위기를 살릴 수 있는 방법 세 가지만 잘 익힌다면 비전문가도 청중과 즐기면서 전달하고자 하는 내용을 확실하게 잘 전달할 것이다.

― 간단한 스폿으로 청중과의 거리감을 좁혀라

스폿 스킬(Spot skill)은 짧은 시간에 최대의 효과를 거두기 위한 가장 경제적인 활동이다. 즉 그것은 시간 가치를 극대화하기 위한 개념이다. 예를 들면 신체 접촉을 이용한 안마 게임, 건강 박수, 웃음이 있다. 다양한 스폿을 활용하며 청중과의 거리감을 좁힌다. 스폿 기법의 특성은 다음과 같다. 즉흥성이 있어서 상황이 전개되는 즉시 실행할 수 있다. 그리고 내용이 짧고 간결해야 하는 함축성을 지닌다. 공감적으로 참가자 모두가 함께 참여하는 역동성과 적은 시간 투자해 큰 효과를 볼 수 있는 효율성이 있다. 강의 중간에도 분위기를 전환하는 데 아주 유용하다. 간단하게 건강 박수에 대해 설명한 다음 박수를 치게 한다.

● 합장 박수

혈액 순환 장애로 생기는 손발 저림, 신경통, 심장이 약한 사람에게 좋다. 열 손가락을 쭉 펴서 마주 대고 양손을 힘차게 부딪쳐 친다. 10초에 60회가량 치면 심장에 아주 좋다. 이때 생기는 마찰의 진동으로 손바닥의 14개 기맥과 345개의 경혈이 자극을 받아서 혈액 순환에 효과적이다. 얼굴이 벌겋게 될 때까지 친다.

● 손바닥 박수

손가락을 쭉 펴고 약간 뒤로 젖힌 뒤 손바닥만으로 박수를 친다. 손바닥만 부딪쳐서 치면 손바닥에 연결된 오장육부가 강하게 자극받아 심장과 내장 기능 특히 대장 활동에 탁월한 효과가 있다.

● **손등 박수**

한쪽 손등과 손가락 등을 다른 한 손으로 위에서 때리듯이 치기도 하고 손등을 서로 맞대고 치기도 한다. 양손을 번갈아가며 손등을 친다. 이 박수는 특히 허리와 목을 강화하며 등과 척추 건강에도 효과가 있다. 요통이나 목 통증이 심하거나 허리를 많이 사용하는 일을 하는 사람들이 이 박수를 꾸준히 쳐 주면 좋다.

이외에도 손 감싸고 주무르기, 손바닥 비비기, 주먹 박수, 손가락 박수, 손가락 끝 박수, 손목 박수, 꽃봉오리 박수 등 다양한 건강 박수가 있다.

─ 주제와 관련 있는 노래 · 시 · 동화를 인용한다

강의를 시작하기 전에 대상에 따라서 즉흥적으로 노래를 부르는 것도 분위기를 살리는 데 최고다. 단 선곡을 잘 해야 하며 1절만 부르는 것이 좋다. 모든 사람들이 다 함께 부를 수 있는 곡을 통해 박수 치며 부르는 것도 매우 효과적이다. 청중 앞에 서면 마이크를 잡고 오승근의 '내 나이가 어때서'를 부를 때도 있다. 그리고 강의가 중간쯤 진행되었을 때, 지루한 표정들이 있으면 이승하의 '반했어'를 부르며 분위기를 바꿔 준다. 또 분위기가 영 어수선할 때는 시를 낭송한다.

이처럼 노래와 시를 통해 분위기를 전환하면 자연스럽게 본론에 들어가는 데 무리가 없다. 동화는 마치 이야기를 풀어나가듯이 전달하면 매우 효과적이다. 인성 교육을 할 때 자연스럽게 '아낌없이 주는 나무' 이야기를 들려주고 나면 학생들은 오늘 무슨 내용으로 강의를 하는지 알고 있다. 도입 부분을 어떻게 활용을 하느냐에 따라서 분위기가 달라지기 때문에 그날 주제와 대상에 맞게 노래, 시, 동화를 잘 선택해서 인용한다면 오프닝과 본론, 결론에서도 성공한다.

— 청중에게 주제와 맞는 질문 기법을 활용한다

공감대를 형성하기 위해서 주제와 관련 있는 일화, 뉴스, 시사를 말하라. 한창 뉴스가 무엇인지 살펴본다. 요즘은 '최순실 국정농단' 사건이 있다. 이런 내용은 누구나 공감을 한다. 주제와 관련 있는 유머, 에피소드, 난센스 퀴즈를 활용해도 좋다. 그리고 미리 작은 선물을 준비해서 정답을 맞히는 사람에게 준다. 선물이 있다고 하면 청중은 적극적으로 참여한다. 나는 천 원짜리 복권 다섯 장을 사서 갖고 간다. 그러면 천 원으로도 사람들의 기분을 좋게 만든다. 또는 의표를 찌르는 이야기, 즉 청중이 깜짝 놀라고 어리둥절할 이야기부터 시작해서 스피치와 연결한다.

첫마디를 간단한 옛날이야기나 자신의 경험담으로 시작하기도 한다. 누구나 개인의 경험담 듣기를 좋아한다. 또 청중에게 물어보는 형식으로 반문한다. 꼭 그 답을 듣기 위해서가 아니고 갑자기 청중을 생각하도록 해 주의를 집중시키는 것이다. 강연장에 올 때 일어났던 일이나 느낀 점, 특별한 분위기부터 이야기하면 현실감이 있어 청중의 반응이 좋게 나타난다. 그날의 공통분모나 유머 혹은 위트 섞인 말로 청중을 한바탕 웃기고 나서 스피치를 시작한다.

오래전 이야기다. 지방으로 강연을 가는 날이었는데 오래 운전을 해야 하기 때문에 구두는 잠시 차 앞에 올려놓고 운동화로 바꿔 신었다. 구두를 차에 넣는다는 것을 깜박한 것이다. 즐거운 마음으로 목적지를 향해서 달렸고, 옷을 갈아입고 마지막으로 구두를 찾으니 없다. 분명히 차에 넣은 것 같은데 없다. 할 수 없이 정장에 운동화를 신고 강의를 했다. 자초지종을 이야기를 하니 청중은 박수를 치면서 웃고 난리가 났다. 집에 돌아와 보니 구두 한 짝은 주차장에 떨어져 있고 한 짝은 어디서 떨어졌는지 모르겠다. 아마 어디선가 구두 한 짝은 주인이 오기를 기다렸을 것이다. 강의를 하면서 경험했던 에피소드, 그날 있었던 일을 강의 자료로 활용하면 재미있다.

스피치의 시작은 반이다. 그 시작은 굉장히 중요하다. 이밖에도 나만의 상상력과 창의력을 동원해서 자신만의 개성적이며 독특한 내용을 만들 수 있어야 한다. 그렇게 되면 누구든지 소통해 첫 만남부터 마지막까지 재미있는 시간으로 오래 기억에 남는다.

3분 스피치는
최상의 코드다

3분 스피치의 중요성이다. '3분력'이란 자신의 의사를 최대한 간결하고 효과적으로 전달해 상대방을 설득하는 기술이다. 즉 순발력, 집중력, 논리력, 정확성, 판단력, 의사 전달, 듣기 능력, 친화력 등 다양한 커뮤니케이션의 기술이 필요하다. 3분은 두 가지의 의미가 있다. 주의력이 지속되는 것은 2분 24초 내외다. 3분이 넘어가면 주의가 산만해진다. 남의 이야기를 듣는 것은 3배 이상의 힘이 든다고 한다. 3분력이란 천천히 말할 때 800자, 빠르게 말하면 1만 자, 문자 작성 400단어, 보고서 1장 분량이다. 대기업에서 선호하는 1페이지 보고서가 3분이다. 현대는 빠르면서 신속 정확한 것을 원하는 시대가 되었다. 컵라면도 3분, 권투 1라운드도 3분, 방송 사고도 3초를 넘기면 안 된다고 한다. 하지만 3분의 시간은 짧지만 큰 기대 효과를 얻을 수 있다.

3분 스피치는 고난도의 기술이 필요하다. 스피치 강의를 하시는 분들은 3분 스피치의 중요성을 이미 알고 있기 때문에 많은 사람들이 적용한다. 나도 마찬가지다. 수강생들과 강의를 할 때 3분의 중요성에 대해 충분하게 이야기를 나누고 3분 스피치 연습을 한다. 처음에는 잘 안 되지만 각본으로 자꾸 연습하다 보면 안 되는 것도 되게 하는 것이 '스피치' 연습이다. 시니어가 되면 제일 먼저 눈에 띄는 것이 잔소리가 많아진다는 것이다. 그리고 어느 장소에 가 보면 말이 많다는 것을 주변 사람들을 통해 알 수 있다. 즉 말이 많다는 것은 그만큼 할 이야기가 많다는 증거이다. 요즘 시니어에게 일자리가 많아져서 젊은 사람들이 일자리가 없어진다는 설도 있다. 말이 많아지는 것은 그만큼 할 이야기가 많다는 것이니 좋은 현상이다. 이제 조금만 더 말하는 것에 관심을 가져서 간단명료하게 핵심만 전달한다면 얼마나 좋을까. 걱정하지 말라. 여기서는 이렇게 할 말이 많은 것을 줄여서 상황에 맞게 3분 스피치 최상의 코드를 알아볼 것이다.

— 때와 장소에 맞는 3분력 키우기

감정 조절을 한다는 것은 특히 다혈질, 욱하는 성격을 가진 사람들에게는 특히 힘들다. 그러나 어찌하겠는가? 인간은 사회적 동물이기 때문에 감정 조절을 하면서 적응해야 한다. 어쨌든 대인 관계에서 흥분하면 불리하다. 3분력을 발휘하는 데 가장 치명적인 것은 상황에 흥분해서 감정 조절에 실패하는 것이다. 요즘 '감정 노동'을 조절하는 능력을 키우는 교육 기관도 있다. 그만큼 감정 조절이 중요하다.

유연성은 자기 생각에서 벗어나기다. 누구를 만나든 저 사람의 생각은 나와 다를 수 있다는 사실을 염두에 두고 그 사람의 생각을 듣고 분위기를 잘 이끌어 나가자. 여기서 기분 파악을 잘해야 한다. 자기 자랑이나 잘난 체는 금물이다. 인간관계의 기본은 배려와 존중이며 본인이 대우 받기 위해서 상대를 존중하고 배려하는 마음을 키워야 한다. 존중은 남의 말허리 끊지 않기다. 남의 이야기를 끝까지 듣지 않고 말허리를 자르는 사람이 되어선 안 된다. 그리고 진실성은 달변가가 말 잘한다. 즉 공자의 '교언영색선의인(巧言令色鮮矣仁 : 교묘한 말과 얼굴색을 부드럽게 하는 이는 인(仁)이 적다)'이라는 말이 있다. 누군가를 막힘없이 설득하고 싶다면 진실한 말 한마디가 필요하다. 그리고 겸손함으로 언어의 윤기를 더하라. 최대한 부드러운 표정으로 마무리하고 정성을 담아 말하자. 상대에게 감동을 주려는 마음가짐의 표현, 엽서, 카드, 고맙다는 등 의사 표시를 말로 직접 하면 된다. 때와 장소에 맞는 3분력 키우기는 어렵다. 그러나 노력하면 된다. 열심히 꾸준하게 말이다.

— 3분력 습관하기

정보 감성을 키우자. 신문 칼럼은 3분력의 완결판이다. 칼럼을 통해 매일 낭독하는 훈련을 하자. 그리고 책을 통해 요약력을 키우자. 메모를 생활화하면 많은 아이디어를 얻을 수 있다. 판단력, 집중력, 요약력, 대화 능력이 향상된다. 상대방의 이야기를 기억할 수밖에 없다. 기억이나 정보를 잊어버릴까 염려하지 않아도 된다. 귀담아 듣는 것이다. 신은 인간에게 두 개의 귀와 하나의 혀를 선물했다. 인간은 말하는 것의 두 배만큼 들을 의무가 있다. 그리고 나만의 이상형을 찾아라. 스위스 철학자 힐터의 명언 '배우기 위해서는 직접 해보는 것을 당할 수 없다'는 말이 있듯이 주변의 말 잘하는 사람을 모델로 삼고 그대로 모방하자. 다음 예문을 큰 소리로 읽어보자.

주제 : 친구 같은 엄마는 없다

딸은 중학교 3학년이다. 이렇게 큰딸이 있다는 사실이 가끔 여름방학 때 늘어지게 자며 꾸는 꿈이 아닌가 싶을 때가 있다. 그러나 학교에서 오자마자 다시 학원으로 향하며 힘들다고 툴툴거리는 딸의 목소리에 이내 현실이란 걸 깨닫는다.

딸을 키우는 내 모토는 '친구 같은 엄마'였다. 그러나 '친구 같은 엄마'는 '딸 같은 며느리'와 비슷한 거짓말이다. 아무리 아이가 좋아하는 가수를 좋아하고 세대들이 아는 신조어를 배워도 엄마는 엄마일 뿐이다. 어째서 방학이 한 달밖에 안 되는데 파마는 하려는지, 어째서 눈에 나쁘다는 서클 렌즈를 끼려는지, 어째서 쪄죽을 것 같은 날씨에 하복 속에 또 티셔츠를 껴입는지 도무지 이해할 수 없어서 "학생답게 좀" 입에 달고 사는 잔소리 마왕이 됐다.

이쯤에서 딸과 나의 세대 차이를 인정하지 않을 수 없다. 내가 중학생 때는 고교 야구 전성기였다. 딸이 중학생인 올해는 월드컵으로 온 나라가 들썩였다. 봉황기 결승전이 아직도 내 가슴에 남아 있듯 딸에게는 아마도 그리스전의 희열이 오래오래 가슴에 남을 것이다. 나는 조용필에게 열광했고 딸은 지드래곤에 빠져 있다. 나는 컬러 텔레비전을 보고 그토록 신기했는데 지금은 손안에서 아이폰을 조물거리는 세상이다.

아날로그 시대에 소녀 시절을 보낸 내가 디지털 시대에 사는 딸의 "친구 같은 엄마"가 되겠다는 것은 애초에 무리였는지 모른다. "엄마가 너만 할 때는 책을 끼고 살았는데 너는 인터넷만 끼고 살지? 참다못해 한마디 내뱉었다간 집안 분위기가 싸늘해지기 일쑤다. 앞으로는 그냥 밥이나 잘 해 주는 엄마가 되려고 한다.

– 권남희/ 조선일보 2010년 9월 17일

글을 읽고 요약을 하거나 느낀 소감을 간단하게 적어 본다. 그리고 이것으로 대화를 나눌 때 대화의 소재 거리가 충분히 된다. 말의 소재 거리는 주변에 얼마든지 있다. 말을 잘하고 싶다면 주변을 끊임없는 관찰하는 것도 많은 도움이 된다.

3분 스피치 작성법 연습하기

스피치의 가장 기본적인 구조는 '서론-본론-결론' 크게 3개의 덩어리로 나누는 것이 일반적이다. 나머지는 기본 구조의 확장 또는 보조 자료로 근거를 뒷받침해주는 것이다. 본론 역시 '소주제1-소주제2-소주제3'이렇게 3개로 나누는 것이 가장 안정적이고 기억하기 좋은 구조다. 하나의 소주제 안에는 근거도 3개가 적당하다.

원고를 작성한다는 것은 말처럼 쉬운 일은 아니다. 막상 글을 쓰려고 하면 어떻게 해야 할지 머뭇거리게 된다. 이러한 문제를 해결하는 것은 내가 좋아 하는 글을 모방하면 된다. 글을 선택했으면 큰 소리로 읽으면서 다섯 번을 직접 연필로 쓴다. 그러면 어느 정도 윤곽이 나타나며 상상이 된다. 그다음엔 같은 주제를 가지고 내가 직접 글을 비슷하게 쓴다. 이렇게 하다 보면 수월하게 글을 쓸 수 있다. 나는 문장 실력을 키우기 위해서 일기를 쓰다 보니 글을 쓰는 데 많은 도움이 되었다. 제시한 예문을 큰 소리로 읽으면서 연필로 다섯 번만 적어 보자.

주제 : 습관을 길들이는 습관

(기) 성공한 자의 주인공은 노예지만 실패한 자의 주인공은 습관이다. 스스로가 작아지고 위축된 것처럼 느낄 때, 행복의 균형이 깨졌다고 느낄 때 나는 나를 극복하기 위한 방법의 하나로 '습관을 길들이는 습관'을 가지려 한다.

(승) 최근 나는 새로운 습관 하나를 시작했다. 1분씩 웃는 습관이다. 방법은 간단하다. 매시간 진동하게끔 설정해 놓은 핸드폰을 손에 쥐고 1분 동안 눈물이 쏙 빠지도록 크게 웃는 것이다. 회의 중이거나 누군가와 동반

할 때는 속으로만 웃고, 입가를 살짝 미소로 올린다. 가장 좋은 것은 혼자 있을 때이다. 몸을 흔들며 마음껏 웃어도 좋으니까. 1분씩 열 번 하루에 10분, 장난처럼 시작했지만 하면 할수록 재미있다. 나를 건강하게 돌보는 습관 하나에 웃음의 효과까지 자연스럽고 강렬하게 부수적으로 더해진다. (전) 원래 옷에는 향기가 없지만 좋은 향료와 함께 두면 그곳에도 향기가 밴다. 이렇듯 어떤 것에 계속해서 자극을 줄 때 점차 영향을 받는 작용을 '훈습'이라 한다. 이번에 만난 이 습관이 나의 인생 여정에 어떤 힘으로 남을지 알 수 없다. 하지만 나는 지금 웃는 습관 하나를 추가함으로써 새로운 나를 만드는 노력이 몸에 밸 때까지 반복하는 '훈습'의 시기를 보내고 있다. (결) 꽃 한 송이를 피우는 데 필요한 시간만큼 좋은 습관이 내게 익숙해지는 데 필요한 시간을 투자하고 있다. 지금 이 순간이 그래서 소중하다. 오늘은 내가 습관을 만들지만, 이 습관이 내일의 나를 만든다는 것을 믿기에 지금 막 알람이 시작된다. 함께 웃는 시간이다.

-이정근, 조선일보 2012년 5월 6일

'3분 스피치는 최상의 코드다'라는 말처럼 3분의 중요성은 누구나 잘 알고 있다. 한 페이지의 원고를 서론-본론-결론으로 만들어서 연습을 충분히 하자. 처음에는 어렵지만 누구나 모방을 하다 보면 창조가 된다. 때와 장소에 맞는 3분력을 키우기 위해서 말을 조리 있게, 간단하게, 짧게, 쉽게, 재미있게 하면 된다. 이것이 3분 스피치의 매력이다. 문장의 실력을 쌓기 위해서 모방 글쓰기, 일기를 쓰는 것도 도움이 된다.

마무리는 짧을수록
매력적이다

마무리의 효과는 짧을수록 매력이 있다. 치마의 길이는 짧으면 짧을수록 매력이 있고, 스피치의 결론은 짧으면 짧을수록 매력이 있다. 즉 결론은 짧을수록 효과가 좋다. 도입 부분에서 흥을 돋우는 단계라면 마무리에서는 감동과 긴 여운을 남겨 주어서 실천하는 단계이다. 그리고 핵심 키워드를 찾아서 청중의 가슴에 무엇인가를 생각하는 '나무'를 심어 주자. 돌아가면 청중은 생각할 수 있는 그 '나무'를 상상하고 되새김질하면서 나무를 성장하게 한다. 즉 생각하는 그 무엇인가가 있을 때 교육에 효과가 있다고 볼 수 있다.

마무리는 깊은 여운을 남겨라. 스피치로 흥미와 관심을 이끌기 위해서는 시작도 중요하지만 마무리를 더 잘 기억하게 해야 한다. 이때 마음을 울리는 인상과 여운을 남기는 것 역시 성공적인 스피치의 필수 요건이다. 불후의 명작이라고 하는 좋은 영화의 마지막 장면을 생각해 보면 쉽게 알 수 있다. 마무리 장면이 감동적일 때 영화가 끝난 뒤 극장에 불이 들어오는 것도 모르고 스크린을 응시하던 경험을 누구나 한 번쯤 했을 것이다. 스피치도 훌륭한 끝맺음으로 청중에게 한동안 감동의 여운을 남겨 주자. 스피치가 절정에 달해 청중의 분위기가 고조되면 서서히 끝맺음으로 들어가야 한다. 마무리는 문을 '탁' 닫아 버리듯 명쾌하게 끝내야지 질질 끌면 절대로 안 된다. 마무리는 깊고 잔잔한 여운을 남겨 주어야 한다.

마무리할 시간을 알려 주어야 한다. 시작과 본론에 최선을 다했다면 슬슬 마무리하는 분위기를 조성하는 것이 필요하다. 스피치가 끝날 무렵이면 여유를 두고 잠시 침묵을 유지하는 것도 중요하다. 청중도 정신없이 달려왔기 때문이다. 한번 여유 있게 청중을 바라보면서 "이제 마무리할 시간입니다"라고 알려 주는 것도 좋은 방법이다. 무엇보다도 마무리는 강한 이미지를 주면서 전달하고자 하는 핵심이 청중의 가슴에 콕 박혀 두고두고 생각날 수 있게 하자. 마무리는 짧을수록 매력이 있다. 마무리의 효과를 인상 깊게 남기려면 다음과 같은 방법을 익혀 두자.

― 주제에 맞는 문구를 인용하라

주제에 맞는 핵심 메시지를 확실하게 어필할 수 있는 문구를 찾아 인용하는 방법을 쓴다. 보통 성공한 사람의 어록이나 명언, 속담,

고사성어, 격언을 사용하는 것은 스피치의 기법에서 아주 중요하며 교훈과 감동을 준다. 이 방법은 흔한 것 같으면서도 매우 효과적이다. 짧은 말이지만 강하게 어필해서 잔잔한 여운을 남긴다. 주제가 행복이라면 다음과 같은 '행복의 힘'이란 이야기를 들려주면 좋다.

평화와 행복의 상징인 파랑새 한 마리가 여름 동안 나뭇가지에 앉아 아름다운 노래를 불렀다. 머잖아 다가올 겨우살이를 준비해야 하는데도 파랑새는 끊임없이 사랑의 노래를 불렀다. 파랑새의 가까운 이웃으로 들쥐 한 마리가 살았다. 그 들쥐는 날이면 날마다 보리밭과 옥수수 밭을 들락거리며 온갖 곡식을 몰래몰래 끌어다 곳간에 쌓아 두었다. 들쥐는 하느님이 파랑새의 몫으로 정해놓으신 빨간 나무 열매마저도 훔쳐가 버렸다. 어느덧 가을도 지나고 겨울이 왔다. 허기진 파랑새는 들쥐를 찾아가 자기 몫이었던 나무 열매를 한 알만이라도 달라고 간청했다. 그러나 들쥐는 이를 냉정하게 거절했다. 추위와 굶주림에 지친 파랑새는 초라한 모습으로 날개를 접으며 죽어갔고 들쥐는 곡식이 가득 찬 곳간에서 배불리 먹으면서 뒹굴었다. 가끔 멀리서 파랑새의 슬픈 노랫소리가 들려왔지만 들쥐는 못 들은 척 흘려버렸다. (중간 생략) 들쥐도 점점 식욕을 잃고 쇠약해졌다. 그러다 결국 곡식이 잔뜩 쌓여 있는 곳간에서 홀로 죽어 갔다.

또한 주제가 '명강의 기법'이면, '옥불탁 불성기 인불학 부지도(玉不琢 不成器 人不學 不知道)' 곧 옥은 다듬지 않으면 그릇이 되지 못하고, 사람은 학문을 닦지 않으면 도를 알지 못한다는 내용과 언행일치(言行一致)라는 말을 통해 청중은 자신을 돌아보게 된다. 강사도 항시 말과 행동이 하나가 되도록 해야겠다 생각하며, 끊임없이 배워야겠다는 마음가짐을 지닌다. 이처럼 감동적이거나 교훈적인 문구를 마무리에서 인용하면 잔잔한 여운이 오래도록 마음에 남으므로 좋은 문구를 미리 준비했다가 적극적으로 활용해 보자. 흔한 내용이더라도 주제와 교육 환경에 따라 받아들이는 것이 달라진다. 청중이 고개를 끄덕이며 당신의 말에 공감하는 표정을 읽을 수 있을 것이다.

─ 주제의 핵심 포인트를 다시 말하라

"오늘 주제가 뭐였지? 1시간 동안 열심히 들었는데 기억에 남는 것은 없네……."

청중은 스피치를 다 듣고 나서도 머릿속에 명쾌하게 남는 것이 없다고 웅성거린다. 강의실이 떠나갈 듯 신나게 웃고, 강사는 열강을 했는데도 돌아서 정리하려니 무엇을 배웠는지 허탈감만 남는다. 왜 이런 현상이 일어날까? 이 문제는 전달자의 잘못이라 생각한다. 이성이 감성을 움직이지 못한다. 좋은 내용을 발표자가 나름대로 쉽고 이성적으로 전달해 흡족했다 할지라도 청중의 반응이 없으면 혼자서 지식 전달만 한 것이다. 지식을 전달하기 전에 감성을 먼저 움직여야 이성이 움직인다.

주제의 핵심 포인트를 다시 말하라. 문장 기호로 확인해 보자. 물음표, 느낌표, 쉼표, 따옴표, 마침표가 분명하게 있어야 한다. 처음엔

'물음표'로 시작한다. 강의 내용, 강사에 대해 궁금한 것이 풀리면, 강의에 동기 부여를 받는 '느낌표'가 필요하다. 그다음은 '쉼표'로써 잠시 여유를 가지고 느낀 점을 음미한다. 그리고 중요한 부분은 '따옴표'로 인식케 하는 것이다. 마지막으로 강의와 생각을 정리하는 '마침표'를 찍는다. 강의가 끝났는데도 계속 의문점이 생기지 않도록 확실하게 마침표를 찍어 주어야 한다.

다시 한 번 강조하고자 하는 것은 그날 주제의 핵심 포인트를 거듭 말하는 것이다. '습관'을 주제로 발표했다면 "나를 바꾸는 작은 습관은 바로 인사입니다"라고 분명하고 직설적으로 언급한다. 그러면 '나를 바꾸는 작은 습관은 내가 먼저 인사하는 것이다'라고 생각하며 행동으로 직접 옮기는 청중이 분명 생긴다.

― 비전을 제시하여 기대감을 갖게 하라

교육의 목적은 비전을 제시하는 것이다. 그에 따라 보다 나은 나·가정·직장을 만들기 위해, 지금보다 더 나은 방향으로 변화와 성장하기 위해, 앞이 보이지 않는 절망 속에 있을 때 이러한 문제를 교육으로 해결하기 위해 우리는 교육받는다. 교육 장소를 찾아가서 받은 교육을 통해 불안한 문제가 해결되기를 원한다.

그렇기에 발표자의 말 한마디, 글자 하나가 중요하다. 부정적인 면은 20%, 긍정적인 면은 80%로 비중을 두어 발표를 해야 하며 항상 긍정적인 면으로 마무리한다. 발표자가 처음부터 마지막까지 부정적인 이야기만 하면 저런 사람이 어떻게 강의를 하는지, 사상이 의심스럽다는 등 수군댄다. 그래서 강사의 말 한마디는 긍정적이어야 한다.

청중이 설레는 기대감을 갖게 하라. 발표자는 강의를 통해 청중에게 설레는 마음으로 미래를 상상하며 설계하는 내용이 좋다. 본론에서 발표자가 제시하는 주장을 실행에 옮겼을 경우 펼쳐질 수 있는 긍정적인 미래의 모습을 구체적으로 보여줘라. 청중이 얻게 될 실제적인 이득을 제시하면 더할 나위 없이 좋다. '이익이 없으면 설득도 없다'는 말처럼 자신의 도움이 되고 연관이 되면 청중은 즉각 반응을 보인다.

부산에 위치한 수영구 여성 단체 지도자 리더십 교육이 있던 날이다. 나는 마무리에서 "1%만 지도자가 바뀌면 단체가 바뀐다"라고 단호하게 말했다. "여러분 내가 1% 바뀜으로써 우리 수영구까지 바뀐다는 것은 대단한 일이 아닙니까?" 그때 청중의 박수가 나왔다. 나의 주장을 강요하는 것이 아니라 청중이 자발적으로 인식하게 만들어 주었다. 강사의 말을 듣기만 해도 기대감이 생기면서 보다 나은 희망으로 가득 찰 수 있다. 바로 '미래에 대한 비전'은 사람을 살리는 원동력의 시발점이다.

마무리의 효과는 짧을수록 매력이 있다. 마무리는 긴 여운을 통해 '교학상장'의 발판이 된다. 마무리 5분의 핵심 포인트의 단어 선택을 잘해서 깔끔하게 마침표를 찍자.

스토리텔링의 힘은
경험담에서 나온다

스토리텔링이란 '스토리(story)+텔링(telling)'의 합성어로 상대방에게 알리고자 하는 바를 재미있고 생생한 이야기로 설득력 있게 전달하는 것이다. 다시 말하면, 어렸을 적 할머니, 어머니, 선생님에게 들었던 옛날이야기, 동화를 생각하면 된다. 이처럼 명료한 동화이야기 구조의 스토리를 기본 틀로 삼아 거기에 살을 붙이는 것이 가장 뛰어난 스토리텔링이라고 생각한다. 이 기본 논리는 스피치를 전달하는 데도 필요하다. 문제는 어떻게 살을 붙일까 하는 것이다. 즉 나만의 스토리를 구성하기다. 다양한 사람과 만남, 경험, 일화, 역사, 책 등을 통해 얻은 지식과 직간접 경험을 바탕으로 스토리를 만들자. 사람들과 소통하기 위해 '나'만의 유일한 스토리를 찾아 만들어야 한다. 몇 년 전부터 모든 교육 및 강의가 스토리텔링으로 변하고 있다. 그만큼 주제를 갖고 얼마나 상대방을 지루하지 않게 설득하는지가 중요하다.

무한한 창의성과 수많은 경험, 예화 등으로 스토리를 재가공해서 설득력 있는 이야기를 만든다. 스토리텔링이 첨가되면 청중은 흥미를 갖고 집중한다. 요즘은 스피치도 스토리텔링 기법으로 전달한다. 과거처럼 자신감 구호, 발성, 웅변이 아니라 스토리에 기승전결을 넣어서 설득력 있는 기술을 전수하고 있다. 스토리텔링의 중점은 사람들에게 효과적으로 의사를 전달하는 것에서 시작되어야 한다. 스토리텔링은 한마디로 경험이 많아야 한다. 그래야 이야기가 풍성해진다. 스토리텔링을 잘하기 위해서 어떠한 방법이 있나 알아보자.

― 소통을 잘하기 위해선 먼저 이야기꾼이 되자

사전에 '꾼'은 어떤 일, 특히 즐기는 방면의 일에 능숙한 사람을 속되게 이르는 말이라고 한다. '꾼'하면 전문가라는 생각이 먼저 든다. 전문가들을 흔히 말할 때, 이야기꾼, 소리꾼, 노름꾼, 춤꾼, 낚시꾼, 장사꾼, 나무꾼, 사기꾼 등 이렇게 수식어가 붙는다. 요즘은 스토리텔링을 잘하는 사람, 즉 이야기꾼이 대세이다. 교육의 방법도 스토리로 풀어 나간다. '이야기 주머니' 이야기를 들어보자.

한 소년이 이야기를 너무 좋아해서 주위 사람들에게 이야기를 전해 듣는다. 그 이야기를 차곡차곡 주머니에 쌓아두기만 한다. 어느덧 성장을 해서 장가를 가게 된다. 그런데 벽장에 가득 쌓인 이야기 주머니들이 답답해서 더 이상은 참지 못한다고 난리를 친다. 각자의 이야기 주머니들이 소년을 죽이기로 결심을 한다. 그때 하인이 그 소리를 엿들었다. 그는 '큰일이 났구나! 도련님이 죽으면 안 되는데' 하며 말도 못하고 끙끙 앓고 있었다.

그때 신부를 맞이하기 위해서 소년이 먼 길을 떠나가게 되었다. 이때 이야기 주머니들이 소년을 죽일 기회를 노리게 된 것이다. 주인이 하인에게 집을 잘 보라고 이야기를 한다. 그러나 하인은 "아닙니다. 제가 가야 합니다. 저를 꼭 보내 주십시오" 하고 간절하게 간청하기에 주인은 허락해 준다.

가는 도중에 딸기가 먹음직스럽게 달려있다. 소년이 딸기를 먹고 가자고 하는데 하인은 절대 안 된다고 해서 위급한 상황을 모면한다. 다른 길을 가다가 배가 주렁주렁 달려있다. 그 상황 또한 모면한다. 소년이 신부 집에 도착을 해서 절을 하려고 하는데 하인이 얼른 덮쳐 버린다. 그때 방석 밑의 뱀이 도망간다. 이 사실을 안 소년은 감사하게 생각을 한다. 그리고 소년은 집으로 돌아와서 이야기 주머니를 하나씩 꺼내서 모든 사람들에게 이야기를 해 준다. 이야기를 듣는 사람도 신이 났고 이야기를 하는 사람도 이야기 주머니도 신이 났다. 들은 것을 내 것이라고 주머니에 가득 담아두기만 하면 안 된다. 들은 이야기는 이야기로 풀어서 다른 사람들에게 전달을 해야 이야기도 신이 난다. 그 소년은 여기저기 필요한 곳이라면 이야기를 전파하는 이야기꾼이 되었다고 한다.

이처럼 보고, 듣고, 느낀 것을 이야기로 풀어내는 사람이 진정한 이야기꾼이다. 지금 생각해 보면 옛날 할머니들은 모두가 이야기꾼이다. 지금도 생생하게 기억이 난다. 여름밤 저녁이 되면 마당에 모닥불을 피워놓고 멍석을 깔아 놓으면 아이들이 저녁을 먹고 하나둘 모이기 시작한다. 잠시 후 할머니는 찐 옥수수를 갖고 오신다. 옥수수를 먹고 있으면 할머니의 이야기가 시작된다. 밤하늘의 별을 보면서 옛날이야기에 시간 가는 줄 모르고 마당에서 잠을 잤던 기억이 한두 번이 아니다. 지금 와서 생각해보면 레퍼토리가 똑같았다. 재탕 삼탕을 해서 들려 주었어도 지루하지 않고 재미있었다. 그 당시는 TV도 없고 동화책도 흔하지 않아 모든 것이 귀했던 시절이다. 오직 할머니들의 이야기에 의존했던 것 같다. 지금은 이야기 할머니 강사들이 교육을 받고 유치원, 어린이집을 방문해서 옛날이야기를 재연하고 있다. 아이들에게 정서적으로 좋은 현상이다. 우리는 무엇을 보아도 그것을 이야기로 풀어낼 줄 알아야 한다. 그래야 주변 사람들과 소통을 잘할 수 있다.

─ 스피치는 스토리와 연결되어야 한다

우리는 세상의 수많은 이야기에 둘러싸여 살아간다. 태어나면서부터 죽음에 이르기까지 이런저런 이야기, 온갖 소문 등 수많은 것이 우리를 둘러싸고 있다. 사람들은 어떤 내용이든 이야기에 많은 관심을 기울인다. 특히 내가 관심 있는 분야의 이야기는 솔깃해서 더 잘 듣는다. 그것은 이야기, 곧 스토리가 애초부터 사람들의 흥미를 끌도록 만들어졌기 때문이다. 이 세상에서 두 번째로 재미있는 말은 '남의 비밀을 듣는 것'. 첫 번째로 재미있는 말은 '남의 비밀을 다른 사람들에게 전달하는 것'이다. 그만큼 남의 비밀을 들을 땐 귀를 쫑긋 세우고 듣고 그 말에 살을 덧붙여서 다른 사람에게 전달한다. 여기서 말을 그대로 전달하면 재미가 없으니 나의 주관적인 생각을 가미해서 전달한다. 그래서 말은 갈수록 더해진다는 속담이 있다.

스피치를 잘하는 사람일수록 다양한 정보와 재미있는 이야기로 사람들의 심신을 달래 주어야 한다. 스토리텔링을 잘하는 사람, 즉 지혜롭고 현명한 사람들은 모임이나 술자리에서 비즈니스와 상관없는 이야기로 친목을 도모하면서 이를 비즈니스에 연결한다. 스토리텔링을 스피치로 연결하면 상대방에게 부담을 주지 않으면서도 문제에 쉽게 접근하는 길을 터주는 효율적인 커뮤니케이션 도구가 된다.

스토리텔링으로 사람의 마음을 움직여라. 옛날이야기를 해 주듯이 다가가라. 딱딱한 스피치에 따뜻하고 인간적인 스토리의 생기를 불어넣어라. 필요한 것은 잘 만든 이야기와 그것을 재미있게 전달해 줄 이야기꾼이다. 미래에는 사람의 눈에 호소하는 지식보다는 몸과 마음을 동시에 공략하는 스토리텔링으로 사람의 오감을 자극해야 한다. 스토리텔링이 원활하게 되면 듣는 사람의 기분이 좋아진다. 듣는 사람의 기분이 좋아진다는 것은 말하는 사람이 무슨 말을 하는지 그 의도와 뜻을 분명히 이해한다는 것이다. 요즘 강의도 스토리텔링

식으로 편안하게 이야기하듯 구수하게 진행한다.

─ 우리의 삶은 모두 이야기다

　이야기의 기능은 우선 이해, 재미, 공감, 감동이 있어야 한다. 우리 일상생활의 모든 것이 이야깃거리로 넘친다. 이제 남의 이야기만 빌려서 쓰는 것이 아니라 나의 삶을 관심 있게 관찰하면서 경험담에서 느낀 나의 이야기를 풀어내자. 이야기에 관심이 있으면 일상생활 속 주제를 찾아서 나만의 이야기를 만들어 낼 수 있다. 모든 것은 이야기로 구성되어 있다. 축구도 90분 동안의 드라마로 이야기가 구성되어 있다. 광고도 이야기로 구성되어 있고, 노래, 춤도 이야기로 구성되어 있다. 보고 듣고 느낀 것을 삶의 이야기로 풀어내고 자기만의 예화를 만들어 이것을 잘 보관하면 스피치의 보조 자료가 된다. 다음은 한 초등학교에 강의를 하러 갔을 때 개가 쫓아와 만든 이야기다.

주제: 주인 잃은 개

강의를 가는 길에 개 한 마리가 졸졸 따라온다. 생김새도 지저분하게 생긴 꼴이 꼭 노숙견처럼 보였다. 가라고 큰소리쳤지만 아랑곳하지 않고 자꾸만 따라온다. '혹시 내가 주인 줄 알고 따라오나, 혹시 밥을 줄까 봐 따라오나. 개가 왜 자꾸 나를 따라오지' 별생각이 다 들었다. "주인 좀 찾아 주세요. 아줌마 집에 가서 살고 싶어요. 그러니 저 좀 제발 데려가 주세요." 개가 이렇게 말하는 듯했다. 목적지에 도착해서 잘 가라는 인사로 작별하는데 개는 불쌍한 눈빛으로 멍하니 나를 쳐다보았다. 지금도 그 개가 눈에 아른거린다. 어떻게 되었을까? 지금 이 순간도 누군가를 졸졸 따라다닐까?

학생들에게 이 이야기를 들려주었더니 요즘은 주인 없는 개가 많다고 한다. 이렇듯 스토리텔링의 힘은 경험담에서 나온다. 어떤 이야기든 내가 직접 경험하고 들은 것을 이야기로 풀어낼 때 그것이 소통으로 이어진다. 어릴 적 할머니가 들려주시던 구수한 이야기처럼 풀어낼 때 아이들은 귀를 쫑긋 세우고 듣는다. 한마디로 스토리텔링은 아는 것이 힘이라는 말이 적용되어 아는 것을 이야기로 표현하는 것이다. 이제 우리도 이야기꾼이라는 소리를 들어 보자.

무엇이 사람의 관심을
사로잡을까

사람의 관심을 사로잡는 방법은 다양하다. 서비스업계에 종사하는 사람들의 화술은 대단하다. 몇 마디만 건네도 쓸개까지 빼 주는 것 같은 사람들을 흔히 본다. 특히 의료 기구를 판매하는 곳을 가보면 대단하다. 며칠만 다니면 몇 백만 원씩 가는 의료기를 구입하는 것이 흔한 일이다. 그분들의 대화는 감언이설로 상대방의 마음을 빼앗는다. 그들의 목적은 무엇인가. 물건을 파는 게 주목적이다. 알면서도 속고 모르면서도 속는 것이 인간의 마음이다. 뒤늦게 후회한들 무슨 소용이 있겠는가?

말의 연결 고리를 탄탄하게 만들자. 그칠 줄 모르고 솟아나는 약수처럼 이야기에 막힘이 없고 들을 거리가 풍부한 화제에는 누구나 귀를 기울인다. 그러나 이야기의 내용은 단순한 잡학사전식 나열만으로 풍부해지는 게 아니다. 여기서 말하는 내용이란 개개인의 지식과 자신의 창조적 판단력을 결합해 하나의 새로운 생각을 만들어내는 폭넓은 것이어야 한다.

　스피치의 연결 고리를 잘 이어 나가자. 한 가지 사실이 다른 또 하나의 사실과 어떻게 관계를 맺고 있는지 파악하자. 이것이 이른바 구조적인 연결 고리이다. 감언이설로 상대의 관심을 잠시 흔들어 놓아도 그것은 오래가지 못한다. 무엇보다 이야기의 내용이 흥미로워야 한다. 보편적으로 사람들의 관심을 끌어모으는 사람들의 이야기 특성을 알아보자.

━ 센스 있게 말하는 것도 요령이다

　'진정으로 한 말은 마음에 와 닿는다'는 격언이 있다. 느낀 것, 눈에 비친 것을 자신만의 방법으로 자연스럽게 표현하는 것이 말의 기본이다. 스피치란 결국 단순한 낱말의 나열이 아니라 정직한 자신의 마음을 전달하는 것이다. 거기에서 감동이 우러나온다.

　마음속에 있는 소리를 터뜨려라. 그 속에서 진실함이 나타난다. 마음의 소리를 터뜨릴 때 인간의 순수함이 말 속에 그대로 묻어난다. 어린아이들의 대화가 그렇지 않은가. 툭 던지는 아이들의 말에 상처를 받을 수도 있다. 아이들은 솔직하게 말한다. 포장하지 않는 순수함 그대로이다. 성인은 대화를 할 때 마음의 진실은 숨기고 외적으로 포장해서 듣기 좋은 한마디로 '감언이설'을 할 때가 한두 번이 아니다.

애창곡처럼 스피치의 레퍼토리를 만들어라. 독창적인 것, 그 사람이 아니면 들을 수 없는 특이한 체험은 주목을 끈다. 새로운 큰 사건이 나면 신문이 날개 돋친 듯 팔리는 것과 같은 이치다. 사람들은 추상적인 것보다는 구체적인 것을 좋아한다. 모두 자기중심적인 성향을 갖고 있으므로 자기에게 필요한 것일수록 관심을 갖는다. 그리고 쉽게 공감할 수 있는 주변의 이야기는 누구나 귀 기울인다. 사람들은 자극적인 요소에 흥미를 느낀다. 사건의 위기감이 증폭되는 긴장감이 있을수록 그 결말에 대한 궁금증도 더해지기 마련이다. 예를 들어 분위기를 봐서 센스 있게 유머를 한마디 툭 던지면 그곳의 분위기를 웃음바다로 만들어 쉽게 사람의 마음을 열게 한다. 말은 적재적소에 맞게 하는 사람이 흔히 '분위기 파악을 센스 있게 하고 볼수록 매력이 넘친다'는 이야기를 듣는다.

― 이야기의 레퍼토리를 준비하라

자기만의 애창곡이 있다. 노래방에 가면 평소에 즐겨 부르는 노래, 소위 18번이라는 레퍼토리다. 단골 메뉴로 준비된 노래이기에 가사, 음정, 박자를 완전히 소화하고 몰입이 되어 부담감 없이 부른다. 자신만의 애창곡이기 때문에 가수보다 더 당당하게 부를 수 있다. 스피치 연구소에서 강의가 끝나고 노래를 부르면 저마다의 애창곡이 있다. 혹시 노래를 못 부른다고 하는 수강생을 보면 '애창곡'이 없다.

그분들도 좋아하는 노래를 정해서 연습을 하고 나면 '애창곡'을 만든다. 애창곡이 있을 때 다른 모임에 가면 그 노래를 가수처럼 당당하게 부른다. 그리고 분위기를 조성하는 데 한몫을 한다.

부담스러운 스피치에도 레퍼토리가 있어야 한다. 수강생 중에 40년 된 전업주부가 계셨다. 강의 시간에 주제를 주고 발표를 하라고 하면 늘 발을 빼며 아는 것이 없다고 한다. 그러나 자유 주제를 주면, 주부로서 발표하는 모습이 살림의 고수다. 그분의 이야깃거리 안에는 살림의 모든 노하우가 담겨 있다. 그의 삶이 고스란히 몸에 녹아든 것을 이야기로 풀어내면 밤을 새워 이야기를 해도 끝이 없다. 이야기가 누에고치에서 실을 뽑아내듯이 자연스럽게 엉기지도 않고 풀려 나온다. 그런 장면을 보면 수강생들의 입에서 연이어 감탄사가 나오고 발표가 끝나면 환호와 박수갈채가 쏟아진다. 이것이 그분의 레퍼토리다.

늘 평소에 관심을 갖고 자료를 모아 간혹 메모해 두었던 나만의 이야기를 가리켜 이야기보따리 또는 스몰 토크(Small talk)라고 한다. 스몰 토크는 스피치에서 전천후 역할을 발휘해 스피치의 조미료로서 감칠맛과 향기를 더해 준다. 음식을 만들기 위해 신선한 재료를 준비하듯이, 스피치도 사전에 신선한 주제와 소재가 준비되어야 한다.

— 관찰력을 동원해 지적 활동을 꾸준히 하라

훌륭한 스피치를 하려면 무엇이든 책을 많이 읽는 것이 필수다. 그러나 단지 읽는 것만으로 끝나면 안 된다. 단순한 독서는 쉬는 시간에 바둑을 두는 것과 같은 지적 소비 행위에 불과하다. 스피치는 독서 이상으로 자료를 구하는 데 있다. 곧 지적 소비 행위로서의 독서가 아니라 지적 생산 활동을 위한 독서가 되어야 한다. 책 한 권을 열심히 읽었다고 해도 하루만 지나면 대략적인 내용만 머리에 남을 정도인데 하물며 통계 수치나 외국의 지명, 인명 따위는 더더욱 기억하기 어렵다. 그러므로 당신이 읽고 경험한 것을 지적 자산화하려면 기억에만 의존할 것이 아니라 메모와 스크랩을 통한 기록에 의지해야 한다. 더구나 쏟아져 나오는 정보를 눈과 귀로만 접하게 되는 경우, 그 정보의 60%를 한 시간 이내에 잊게 된다고 한다. 그것을 기억하기 위해서는 메모가 필요하다.

나는 사물에 대한 단상이 갑자기 떠오르거나 우연히 어떤 정보를 알게 되었을 때, 형식에 구애받지 않고 그 즉시 메모를 하는 편이다. 한번은 지하철을 타고 가는데 '무심코 흘려 버린 물이, 다른 사람에겐 생명의 물이 된다'라는 좋은 광고 글귀를 발견하고는 얼른 외우고 다음 역에서 내리자마자 메모를 했다. 그리고 집에 돌아와서 그 광고를 이처럼 재활용했다. '무심코 흘려 버린 말이, 다른 사람에겐 희망의 말이다.' 이 얼마나 좋은 말인가.

현장에서의 메모는 빠른 시간 내에 몇몇 키워드를 사용해 요점만을 기록하는 방식이다. 이러한 현장 메모는 시간이 지남에 따라 무용지물이 되기 쉽기 때문에 시간이 날 때 이것을 다시 정리하고 재활용한다. 그리고 훗날 자료로서의 활용을 위해서 아주 유용하게 사용한다. 이렇게 독서와 강의를 듣는 것에 그치는 것이 아니라 관찰력을 동원해 지적 활동을 꾸준히 하자. 평소에 꾸준하게 지적 활동을 해놓으면 어떤 자리에 가서도 할 이야기가 많아서 도움이 된다.

무엇이 사람의 관심을 사로잡을까? 이것은 많은 사람들의 고민거리다. 한마디의 말을 할지라도 하고자 하는 말에는 '진정성'이 담겨 있어야 한다. 그리고 시간, 장소, 상황에 맞춰 센스 있게 말하는 요령과 이야기의 레퍼토리를 준비하자. 주변을 잘 살피는 관찰력을 동원해서 꾸준히 지적 활동을 하는 것이 스피치를 하는 데 많은 도움이 된다.

이런 사람이
발표도 잘한다

스피치 현장에서 얻은 노하우와 경험에서 보면, 이런 사람이 발표도 잘한다. 수많은 사람들을 만나 보며 다양한 성격을 나름대로 파악해서 말 잘하는 사람들의 공통점을 발견한 것이다. 말 잘하는 사람들의 특징은 잘 웃으며 매사에 적극적이고 긍정적인 성격을 갖고 있다. 대부분의 사람들은 말이라는 것은 선천적으로 타고나는 것이라고 단정 짓는다. 그리고 "나는 선천적으로 말을 못하는 사람이에요." 라며 말하는 것을 쉽게 포기한다. 말이라는 것은 선천적인 면도 있지만 후천적인 면이 더 중요하다.

2000년부터 스피치 강사 활동을 시작했으니 오랜 시간이 흘렀다. 그 당시엔 성격을 바꾸고, 자신감 있게 남 앞에서 말을 잘하고 싶어서 스피치를 배웠다. 그것이 계기가 되어 지금까지 한길 인생을 걸어왔다. 스피치 쪽에 관심도 많고 이야기하는 것을 좋아했다. 가끔 사람들이 어떻게 하면 말을 잘할 수 있는지 비법을 물어보면 나는 말하기 연습을 1년만 온전히 미쳐서 몰입한다면 잘할 수 있다고 단언한다. 미친다는 것은 대단히 중요한 일이다. 아무나 미치는 것은 아니다. 내가 긴박하거나 필요할 때, 말하기에 목숨을 걸 정도로 마음속으로 간절히 원했을 때 미친다. 이렇듯 말하기에 미쳐서 연습을 하면 그때 바로 '말의 힘'이 생긴다. 여기서는 발표를 잘하는 사람들의 특성을 자세히 알아보자.

─ 평상시에도 이유 없이 잘 웃는다

이 사람들은 꼭 웃어야 할 이유가 있어서 웃는 것이 아니다. 상대방이 이야기를 하면 신나게 웃어 준다. 아이들도 마찬가지다. 앞에서 내가 이야기를 하면 입가에 미소를 띠며 웃는다. 그러다가 우스운 이야기를 하면 박장대소하면서 신바람 나게, 호탕하게 웃는다. 웃다 보면 마음이 열려서 발표를 잘한다. 그래서 청소년과 성인들에게도 강의 시간에 웃는 연습을 많이 하게 한다. 일부러 재미있는 이야기도 많이 들려주고 웃음을 유발하도록 한다. 이렇게 해서라도 웃다 보면 마음의 문이 활짝 열려서 자기 생각을 모아 정리를 하고 발표를 잘하게 된다.

그냥 웃는다는 것은 힘들다. 이 웃음이라는 것도 선천적으로 잘 웃는 사람이 있다. 그런 사람들은 조금만 노력을 하면 더 좋은 인상을 갖고, 웃으면서 발표를 하면 다른 사람들에게 더 많은 호감을 주며 좋은 인상을 남긴다. 그러나 인상이 좋지 않은 사람들은 평상시에 거울을 보고 웃는 연습을 자주해서 좋은 인상을 만들자. 웃는 것도 반복적인 연습을 하다 보면 상대방에게 좋은 인상을 안겨 준다. 우리 몸이 굳어 있으면 세포가 수축되어서 얼굴에는 긴장감이 돌고 발표를 제대로 할 수 없다. 많이 웃어서 얼굴에 근육을 풀어주는 효과도 말하기에 많은 도움을 준다.

다음은 유머 감각이 풍부한 사람이다. 유머 감각이 있는 사람은 어디를 가든지 인기가 많다. 배우자감으로도 유머 감각이 풍부한 사람이 1순위라고 한다. 유머 감각도 노력하기 나름이다. 유머 감각을 기르고, 서로의 이름을 보다 기억에 남게 하기 위해서 수강생들 자신의 이름으로 삼행시를 짓고 자기소개에 들어간다. 처음 개강하는 날, 자기소개를 한번 멋지게 해보라고 권한다.

나의 이름을 갖고 삼행시를 지었다. "이 - 이리 보고 저리 봐도, 한 - 한 분이는 귀염둥이, 분- 분이는 볼수록 귀염둥이. 이한분입니다. 여러분, 안녕하세요!" 웃음소리에 교실이 떠나갈듯 하다. 그날은 20명 중 한 분만 발표를 하지 않고 남은 19명은 삼행시를 지어서 발표했는데, 교실 안은 정말 웃음이 넘치고 감탄사를 연발했다. 이렇게 유머 감각을 많이 길러주면 어디를 가든지 인기가 많아진다. 유머 감각도 선천적이 아니냐고 묻곤 하는데, 이것도 후천적인 요소가 더 중요하다. 자꾸 유머 쪽으로 관심을 갖고 연구를 하고 말을 갖고 요리조리 유머 요리를 하다 보면 어느 순간에 유머 감각 있는 사람으로 변한다.

강의료에 대한 유머다. 위대한 작곡가이자 음악가인 모차르트는 그를 찾아오는 사람에게 항상 이러한 질문을 던지곤 했다. "전에 어디선가 음악을 배운 적이 있습니까?" 모차르트는 그가 만일 배운 적이 있다고 하면 강의료를 두 배로 청구했다. 전혀 배운 적이 없다고 하면 강의료를 반만 받았다. 이런 모차르트의 행동을 이상하게 여긴 어떤 사람이 그 이유를 물었다. "음악을 전혀 모르는 사람이 오면 강의료를 반만 내라 하고, 10년 동안이나 음악을 공부한 사람이 오면 강의료를 두 배로 내라고 하시는데 도대체 무슨 까닭입니까?" "물론 이유가 있습니다." 모차르트가 말했다. "음악을 배운 사람은 먼저 찌꺼기를 거두어 내야 하니 그것이 더 힘든 작업입니다. 그 사람이 가지고 있는 모든 것을 파괴하는 일이 가르치는 것보다 더 힘들기 때문입니다." 이런 이야기의 유머를 통해 스스로를 돌아보고 지혜를 발견할 수 있다.

— 주제를 쉽게 생각하는 사람이 발표를 잘한다

주제를 쉽게 생각하자. 어떤 주제에 대해 곰곰이 깊게 생각해 논리적으로 비판하고, 따지는 사람들은 발표를 잘하지 못한다. 생각이 많아 정리를 하고 발표를 하는 데 오랜 시간이 걸리고 그러다 보면 강의는 어느새 끝난다. 생각을 많이 하는 사람은 머리가 복잡하고,

지식이 많아 줄여 말하기가 쉽지 않다. 그래서 발표를 어려운 것으로 생각하기에 이내 포기한다. 이들의 특징은 상대방의 이야기를 듣기만 하고 비판만 잘한다는 것이다.

매사에 모든 일을 쉽게 생각하는 사람들은 어떤 주제를 주면 머리 한번 갸우뚱하고, 눈동자 한번 굴리고 발표 준비를 한다. 발표할 때는 아주 간단하게 핵심만 던져서 발표하고 혼자 멋쩍게 웃는다. 발표를 하고 나서 생각을 하니 내용이 너무 부실한 것 같아서 웃는다고 한다. 수강생 중에 이런 사람이 있었다. 성격도 좋고, 잘 웃고, 어떤 주제를 던져 주어도 3초 정도 생각을 하고 즉흥 발표를 잘한다. 직장에서도 항상 인기가 많으며 동료들이 '푼수'라는 별명을 지어 주었다고 한다. 중요한 것은 이 사람이 없으면 야유회나 회식 자리에서 재미가 없단다. 그러나 생각을 많이 하는 사람들이 보았을 때는 '저런 내용을 갖고 발표를 하다니. 나처럼 가만히 있지.' 하며 비판할 수도 있다. 허나 발표라는 것은 주제를 쉽게 생각을 해야 잘할 수 있다. 말을 잘하는 사람은 몇 십 장의 분량을 한 페이지, 한 줄로 간단하게 핵심만 전달한다.

― 푼수들이 발표도 잘한다

푼수라는 말을 자주 듣는 사람들이 있다. 그 사람들의 특징은 단순하다. 어딘가 모르게 좀 부족한 사람처럼 비춰지지만 실은 똑똑한 사람이다. 그들 덕에 분위기가 살고 주변 환경이 웃음 넘치는 곳이 된다. 그리고 발표하는 시간이면 푼수들은 마음에 와 닿는 그 무엇인가의 느낌을 갖고 먼저 발표를 한다. 그래도 이런 사람들이 있어서 살맛 나는 세상이라는 것을 모든 이가 알아주었으면 좋겠다. 강의를 하다 보면 푼수는 열 명 중 두세 명은 있다. 이 사람들은 강의 분위기를 이끌어 나간다.

발표는 내가 어렵게 생각하면 한 번도 못하고 머리로 생각만 하다가 끝이 난다. 발표할 때는 문득 떠오르는 것이 있으면 그냥 미친 척하고 발표를 하자. 이런 훈련을 한두 번 자꾸 하다 보면 자신감이 생기고 발표 경험도 쌓이면서 요령과 지혜가 풍부해진다.

아무런 이유도 없이 그냥 잘 웃는 사람, 유머 감각이 풍부한 사람, 푼수 끼가 있는 사람들이 발표를 잘한다. 이런 사람들은 어느 곳을 가든지 약방에 감초처럼 꼭 필요한 사람들이다. 시니어가 될수록 내가 어느 곳에 있든지 꼭 필요한 사람이 되어 보도록 하자. 그리고 발표를 잘해서 늘 당당하게 가슴을 쫙 펴고 즐거운 인생을 만들어 나가자. 즐거운 인생을 만드는 비결은 한마디로 '말의 매력'에 달려 있다.

우리의 삶은 즉흥 스피치다. 준비되어 있는 스피치가 아니다.
즉흥 스피치를 잘하는 방법은 일상 속에서 신경 써서 훈련을 하면 두려울 것이 없다.

6
PART

스피치는
오감을 움직인다

스피치의
형식을 알자

형식의 사전적 의미는 겉으로 나타나는 모양이나 격식을 이르는 말이다. 어떤 사람은 형식이 뭐 그렇게 중요하냐고 묻곤 한다. 때로는 형식이 필요하다. 노래에도 형식이 있고, 사회를 진행할 때도 형식을 요구한다. 사회생활을 하는 데 필요한 질서에도 형식이 있다. 이렇게 형식이 필요한 상황에서, 간단한 형식이라도 지키면 질서가 잡히고 다른 사람들이 보았을 때도 모양새가 보기 좋다. 쉽게 형식의 예를 들어 보겠다.

잡채를 만들 때 다양한 색깔의 채소를 볶아서 넣는 것과 색깔을 맞추지 않고 생각 없이 넣는 것은 다르다. 우선 다양한 색깔의 채소와 당면이 조화를 이루면 식욕을 부른다. 반대로 마구 넣은 채소와 당면은 왠지 시선을 끌지 못한다. 잡채가 완성되었으면 어떤 그릇에 담느냐에 따라서 느낌이 다르다. 국그릇에 담는 것과 넓은 도자기에 담는 것은 분명한 차이가 있다.

넓은 도자기에 담긴 잡채가 다양한 채소의 색깔로 이루어져 보는 사람의 오감을 자극해 먹고 싶은 충동을 일으킨다. 보기 좋은 떡이 맛이 좋다는 이야기도 형식에 맞추었다는 말이다. 형식이라는 것은 조화를 이룬다는 것이다. 의상도 마찬가지다. 의상에 따라 머리부터 화장, 신발까지 조화로워야 보는 이의 시선도 즐겁다. 간혹 눈살을 찌푸리게 할 때도 있다. 형식을 갖추고 조화가 이루어지면, 보는 사람들의 시선을 즐겁게 하고 흥미를 돋워 그 무언인가의 매력에 빠지게 하기도 한다. 즉 모든 것은 형식과 조화가 어우러져야 한다.

스피치에도 형식이 필요하다. 스피치를 하기 전 어떤 형식으로 스피치를 할 것인가를 정해야 한다. 형식을 정했으면 그 형식에 맞춰서 진행하면 된다. 나름대로 그 요령과 장단점을 파악해 준비하면 큰 효과를 볼 수 있다. 너무 형식에 치우치면 안 되지만 형식이라는 게 때로 필요하다. 또 어떤 때는 불필요할 때도 있다. 그러나 대중 앞에서 스피치를 진행할 때는 형식이 필요하다. 스피치의 형식을 간단하게 살펴보자.

─ 즉흥 스피치는 매력이 있다

우리의 삶은 즉흥 스피치다. 준비되어 있는 스피치가 아니다. 즉흥 스피치를 잘하는 방법은 일상 속에서 신경 써서 스피치 훈련을 하는 것이다. 보통 삶 속에서 스피치가 안 되기 때문에 두려운 것이다. 주로 어떤 모임에 참석했다가 뜻밖의 요청을 받았거나 청중의 한 사람으로서 전혀 준비 없이 즉석에서 스피치를 할 경우가 있다. 즉흥 스피치는 준비 없이 말해야 하니 곤경에 빠진 상태에서 어쩔 수 없이 해야만 하는 임기응변이라고 할 수 있다.

임기응변이 뛰어난 사람에게는 별것 아니다. 그러나 대부분의 사람들은 부탁을 받는 순간부터 가슴이 뛰며 머릿속이 텅 비고 아무 생각이 안 난다. 시간이 되어 한마디 하고 내려와서 본인은 무슨 말을 했는지 기억도 통 나지 않는다. 그런 사람들을 살펴보면 대개 스피치를 길게 한다. 그럴 필요는 없다. 즉석 스피치를 할 경우에는 작문으로 할 필요가 없다. 2~3분간의 짧은 시간에 중요한 핵심을 말하는 스피치를 하는 것이 가장 효과적이다. 평소에 생각하고 느꼈던 것을 그대로 말한다. 될 수 있으면 자신이 잘 알고 있는 자신 있는 주제를 선택하면 된다.

즉흥 스피치는 능숙한 연설자가 아니고는 성공하기 어렵다. 많은 사람이 연설을 두려워하고 공포증에 시달리는 이유 중 하나가 즉흥 스피치에서 실패를 경험했기 때문이다. 즉흥 스피치는 원고를 준비할 틈 없이 하게 되는 것이니 평소에 스피치의 기초 능력을 향상시키자. 주변 사람에게 말할 때, 스피치를 한다는 생각을 하면서 실력을 길러 두는 요령도 필요하다. 그런 경험이 쌓이면 즉흥 스피치의 자신감이 생긴다.

— 낭독 스피치 + 암송 스피치

이는 미리 원고를 작성해서 원고를 보며 발표하는 것을 말한다. 기념사, 식사, 학술 연구회 발표, 담화 등 요점을 빠트리거나 잘못 말할 위험성을 피하기 위한 경우에 사용하며, 바쁜 일정에 쫓기는 사람들이 주로 사용한다. 낭독의 주의할 점은 청중이 잘 알아듣도록 읽어야 하며, 스피치의 기본 원칙에 따라 충실히 연습해야 한다는 것이다. 음성 표현 역시 높고 낮음, 강약, 장단음, 내용에 따라 감정 표현의 변화를 주어 자연스럽고 실감나도록 낭독한다. 발표자 자신이 낭독할 내용을 확실히 파악하고 청중에게 충분히 전달하기 위해서 묵독, 음독, 낭독의 3단계 연습 과정을 거치도록 한다. 이런 낭독 스피치는 보통 목사님의 설교가 여기에 속한다.

낭독 스피치는 가장 적은 노력으로 가장 정확하게 뜻을 전달할 수 있다. 되풀이하는 말이 적고 내용을 알차게 구성할 수 있다. 자칫 잘못하면 녹음기를 듣는 인상을 주고, 음성의 변화가 없을 경우 지루한 느낌을 주기 쉽다. 그리고 원고에만 시선을 주게 되어 청중의 주의가 산만해지기 쉽다. 그래서 각별히 신경을 쓰고 주의를 기울여야 한다. 이것이 단점이다.

반대가 되는 것은 암송 스피치다. 연설문을 미리 외워서 암송하는 법으로 웅변, 동화, 시 낭송, 발표 대회가 있다. 암송 스피치는 내용을 전부 외워야 하므로 시간과 정력의 소모가 크다. 낱말 하나하나를 암송한다는 것은 사상의 줄거리를 외우는 것보다 더 힘이 든다.

그러므로 도중에 잊어버릴 염려가 있다. 능숙한 연설자가 아니면 말의 속도가 점차 빨라지고 암송법이 서투르면 진실성이 없어 보인다. 무조건 줄줄 외울 것이 아니라 연설자가 자신의 말의 뜻을 생각하면서 연설하는 것이 좋은 방법이다. 즉흥 스피치보다는 내용이 풍부하고 정확한 의사를 일정한 시간에 전할 수 있다. 낭독과 암송을 적절히 사용을 한다면 시너지 효과를 얻을 수 있다.

─ 메모 스피치는 논리 정연하다

내용의 요점만 간추려 메모해 앞뒤에 말을 더해 연설하는 방법이다. 내용의 전체 줄거리를 메모하는 것과 중요한 문구나 어구, 숫자, 통계, 결론 등만 메모를 해서 발표하는 경우가 있다. 즉석 스피치보다는 내용이 충실하며 논리가 비교적 정연해 청중에게 진실성을 보여줄 수 있다.

암송 스피치처럼 원고를 잊을 염려가 없다. 메모 스피치의 훈련을 적극적으로 권장한다. 즉석에서 연설을 하게 될 경우라 할지라도 메모할 시간이 조금이라도 있다면 중요한 줄거리라도 핵심만 적어 횡설수설하지 않도록 하는 것이 좋다.

존경하는 목사님이 계신다. 이분은 설교 원고를 낭독하느라 30분~40분 동안 원고에서 눈을 떼지 못하신다. 어느 날 목사님께 메모 스피치를 제안을 드렸더니 "설교하다가 잊어버리면 어떻게 해요."

라고 말씀하신다. 그러면 3개월만 충분히 연습하시고 그다음부터 하시면 된다고 했다.

몸에 밴 습관을 하루아침에 바꾸기는 쉽지 않다. 20년을 넘게 낭독 스피치에 길들여졌는데 바꾼다는 생각 자체가 어려울 것이다. 하지만 목사님께서는 실천하셨다. 메모 안에 핵심 키워드만 간단하게 메모하고 거울을 바라보면서 뼈대 위에 살을 붙여 가면서 연습하신 것이다. 처음엔 굉장히 힘들어 하시고 비언어가 자꾸 튀어 나왔지만 노력한 결과 끝내 성공하셨다. 메모 스피치는 청중과의 공감대를 형성하면서 설득력을 준다. 성도들의 눈빛과 표정을 읽으면서 눈높이에 맞는 설교를 하셨다. 이것이 진정한 설교다. 말을 하다 버벅거리면 어떠한가. 그 속에 진실한 눈빛이 살아있고, 감정이 있다면 성도들은 더 감동할 것이다.

살아가면서 때로는 형식이 필요하다. 스피치도 마찬가지다. 대상에 따라 어떤 스피치를 할 것인지 나름대로 형식을 알아야 한다. 우리의 삶은 즉흥 스피치다. 이 훈련을 잘하기 위해서 일상생활 속에서 스피치가 잘 이루어져야 한다. 때로 중요한 스피치를 진행할 때는 낭독 스피치와 암송 스피치가 필요할 때도 있다. 간단한 메모 스피치도 필요하다. 어떤 상황에서 어떤 스피치를 진행할지 모를 일이다. 사전에 스피치의 형식을 파악해서 준비하는 자가 되자. 준비가 되어 있으면 언제 어느 때 어떤 곳에서 기회가 찾아올지 모른다. 그런 기회가 온다면 준비된 자는 기회를 확실하게 잡는다. 청중 앞에서 즉흥 스피치로 당당하게 인정받자.

전달력 있는
목소리를 만들자

말하는 직업을 가진 사람은 목소리가 생명이다. 그만큼 목소리가 중요하다. 특히 '나이가 들어 갈수록 목소리의 변화가 심하다. 주변을 보면 한결같이 예전과 달리 목소리가 잘 안 나온다. 목소리의 힘이 빠져서 자신감이 없다. 탄력이 없어서 전달력이 떨어진다. 목소리가 허스키해서 듣기 싫다. 어느 순간부터 목소리가 작아져서 목소리의 떨림이 심하다.' 수강생들은 나름대로 이런 자신의 고민을 말한다. 이것을 해결하는 방법은 없을까? 문제가 있으면 답도 있다. 걱정하지 않아도 된다. 답은 분명 있다. 그러나 실천하지 않으면 답이 없다.

나 역시 목소리에 관심이 많은 사람 중에 한 사람으로서 좀 더 예쁘고, 맑고, 은쟁반에 옥구슬 굴러가듯 청아한 목소리를 갖고 싶다. 이것은 누구나 희망 사항일 것이다. 성우라는 직업을 가진 사람들은 전달력과 호소력이 뛰어나다. 그분들은 다양한 목소리를 만들기 위해서 수많은 시간과 노력을 투자한다. 성우처럼은 못하지만 우리도 시간을 투자해서 나름대로 전달력 있는 목소리를 만들어 보자.

전달력 있는 목소리와 호감 가는 목소리에 대해 인터넷 검색을 하면 다양한 정보와 영상을 볼 수 있다. 본인에게 필요한 부분을 찾아서 꾸준하게 읽어 보고 음성에 대한 다양한 정보들을 접하다 보면 공통점을 발견하게 된다. 꾸준한 연습을 하다 보면 나만의 노하우가 생겨서 다양한 목소리를 만들 수 있다. 요즘은 돈을 들이지 않고도 하고자 하는 배움의 욕구가 강하면 얼마든지 배울 수 있다. 카페를 통해 다양한 동아리를 하는 곳도 있다. 그곳을 통해 목소리 발성 연습과 목소리에 관한 다양한 정보를 교류하고 1일 세미나 교육을 진행한다. 시니어 분들은 목소리에 더 많은 관심을 갖자. 제일 먼저 노화가 오는 것이 목소리다. 목소리를 잘 다듬고 관리를 잘해서 젊은 사람들과 당당하게 맞서 청춘처럼 일하자. 여기서는 목소리에 관한 고민을 해결하는 데 도움을 주고자 한다.

― 목소리가 떨리는 이유

평소 말할 때는 떨리지 않다가도 왜 다른 사람들 앞에 서서 말하는 상황이 오면 떨리는 것일까? 전문가들은 긴장이나 불안한 상태로 인해 생기는 호흡의 불안정이 원인이라고 한다. 과도하게 긴장하거나 흥분하면 심장 박동 수가 늘고 가슴이 두근거릴 뿐 아니라 호흡이 빨라진다. 목소리는 호흡을 원동력으로 한다. 호흡이 불안정하면 목소리도 불안정해서 떨리거나 말문이 막히고 기어 들어가는 듯한 목소리가 나온다. 이럴 때는 의도적으로 가슴을 활짝 펴고 큰 목소리로 천천히 말하는 습관을 갖는 것이 많은 도움이 된다.

정신 훈련을 하면서 머릿속에서 예행연습을 하자. 이는 골프, 야구, 운동선수들이 즐겨하는 정신 훈련법이다. 앞으로 다가올 상황에 대한 이미지를 머릿속으로 하나하나 떠올리면서 연습한다. 나 역시 중요한 발표를 앞두면 강의실에 걸어 들어가는 모습, 자신이 연단에 서 있는 모습, 말하는 모습 등을 머릿속에 미리 그려 본다. 자신이 대중 앞에서 스피치하기로 예정된 곳을 사전 답사하는 것도 좋다. 이번에는 관객 입장이 되어서 조금 전 떠올린 모든 이미지를 영화 감상하듯 반복한다. 제3자 입장에서 자신의 이미지가 어떻게 보이는지 내가 대중이라면 나의 어떤 모습이 상대방에게 믿음을 줄 것인지 되돌아본다. 이렇게 정신 훈련을 하면 목소리의 떨림이 가라앉는다.

목소리가 심히 떨릴 때는 여유를 갖는 것도 도움이 된다. 여유를 갖는다는 것이 힘든 부분이다. 남들은 쉽게 말하지만 그렇지 않은 당사자는 지옥이 될 수 있다. 한 번쯤 극복하고 나면 아무것도 아니다. 가능하면 이런 사람들은 입을 크게 벌려서 큰 목소리로 천천히 또박또박 말하는 훈련이 필요하다. 처음부터 작은 목소리로 말하게 되면 후반부에 가서 목소리가 더 떨려서 안 나올 수 있다. 도입 부분부터 당당하게 큰 소리로 말을 하다 보면 이러한 문제를 조금은 해결할 수 있다. 흔한 예로 노래를 부를 때 호흡과 성량이 달리면 목소리가 떨린다. 도입 부분부터 오버할 정도로 큰 소리로 말하자.

━ 실전 연습을 꾸준히 하자

몸의 긴장을 누그러뜨리고 안정적으로 숨을 쉬려면 복식 호흡을 한다. 복식 호흡이 힘들면 숨을 깊게 들이마셨다가 길게 내쉬는 호흡을 수차례 반복한다. 숨을 쉬면서 '나의 마음이 편안하다'는 자기 암시를 준다. 말할 때 턱이 앞으로 나오면 톤이 탁해지고 거칠어진다. 턱을 최대한 뒤로 당기고 귀가 어깨 라인에 일치하도록 한다. 말투가 빠르거나 급하거나 톤이 높으면 흥분한 것처럼 보이고 상대방에게 불안감을 준다. 평상시에 복식 훈련에 좀 신경을 써서 몸을 이완하자.

목소리에 대한 실전 연습을 하려면 목소리와 관련된 근육(턱, 혀, 입술)을 이완해 주어야 한다. 혀와 입술을 이완하고 성대를 부드럽게 풀어주기 위해서 혀 진동과 입술 진동을 해 본다. "따르릉~" 하면서 혀를 진동해 입술을 부르르 떠는 연습이다. 또 입을 크게 움직이면서 '아, 에, 이, 오, 우'를 다소 과장되게 큰 목소리로 입을 크게 벌리고 반복 연습한다. 입 안에서 우물우물하며 자신 없어 하는 목소리를 교정하는 데 큰 도움이 된다. 입에 나무젓가락을 물고 소리 내어 책을 읽는 연습을 하면 정확하고 또렷한 발음이 되고 목소리 떨림을 없애는 데 도움을 준다. 평소 말하는 습관을 고치는 훈련도 하자. 가장 좋은 방법은 하루에 30분가량 짧은 글을 읽는 것이다. 읽을 때도 감정을 넣어서 마치 발표하듯이 연습을 하면 좋다. 숨을 적당히 쉬어 가면서 정확하게 천천히 발음한다. 하루에 30분씩 일주일 정도만 투자해도 변화를 금세 느낄 수 있다.

목소리의 실전 연습에 있어서 '시'를 낭독한다. 수강생들과 강의를 진행하기 전에 '시'를 하나 정해서 그것을 몇 번씩 되풀이해서 읽는다. 그리고 강의에 들어간다. 이 훈련은 천천히, 또박또박, 쉬기, 띄어 읽기, 느낌표, 마침표, 감정 등 오감을 자극하기 때문에 낭독 훈련을 하는데 많은 도움이 된다.

예체능계에 실전 연습이 절실하게 필요하듯이 목소리도 실전 연습이 필요하다. 아무리 좋은 방법이 있다한들 무슨 소용이 있겠는가. 연습하지 않으면 아무 소용이 없다. 전달력 있는 목소리를 간절히 원한다면 한번 도전하고 연습을 하자. 나는 2004년도부터 목소리에 많은 관심을 가졌다. 그 결과 지금도 꾸준하게 낭독 훈련을 하고 있다. 이 책에서도 계속 말하고 있듯이 연습만이 살아남는다. 연습하지 않고 남의 목소리만 부러워 할 것이 아니다. 낭독 훈련을 하루라도 하지 않으면 입이 근질근질하며 입이 심심하다. 이것 또한 중독이다.

― 발음 훈련과 발성 훈련을 꾸준히 하자

평소 낭독을 해본 적 없는 사람은 분명한 발음이 잘 안 될 수 있다. 올바른 내용을 전달하는 데 분명한 발음은 중요하다. 분명한 발음을 위해서 먼저 조음기관 중에 혀와 아래턱의 움직임이 부드러워야 한다. 그럴 때 입술, 혀, 턱, 표정을 원활히 움직이면 발음하는 데 도움이 된다. 어려운 발음이나 중요한 부분은 천천히 발음을 한다. 한마디로 스타카토식으로 훈련을 한다. 예를 들어서 '나는 대한민국 사람입니다'를 단숨에 읽지 않고,

1차는 나/는/대/한/민/국/사/람/입/니/다/

2차는 나는/대한/민국/사람/입니다/

3차는 나는 대한민국/ 사람입니다/

4차는 나는 대한민국 사람입니다/

이렇게 발음한다. 이 훈련을 지속적으로 하다 보면 발음이 향상된다. 파열음(ㅋ, ㅌ, ㅍ)을 부드럽게 발음하며 복모음(와, 외, 위)도 정확하게 발음한다. 그리고 장단음은 잘 살려서 표현하고 적절한 곳은 띄워서 말하는 훈련을 하자. 이 훈련은 발음을 정확하게 하기 위한 훈련이다. 정확한 입모양을 만들어서 연습하자. 이 훈련 과정을 6개월 정도 거치고 나면 그다음은 책에 나오는 문장 기호에 맞게 낭독하면 된다. 수차례 이야기했듯이 발음 훈련도 하루에 몇 시간 했다고 좋아지는 것은 아니지만, 무엇이든지 꾸준하게 연습하면 그 결과는 반드시 돌아온다는 사실을 잊지 말자.

　주로 차 안이나 욕실처럼 밀폐된 곳에서 발성 연습을 하면 효과적이다. 나는 주로 차 안에서 발성과 호흡을 연습한다. 아무리 소리

를 질러도 방해가 되지 않는다. 호흡을 이용해서 발성 연습을 충분히 하고 그다음엔 노래를 부른다. 차 안은 오직 나만의 공간이다. 직접 녹음해서 들어보면 자신의 장단점을 분석할 수 있다. 잘못된 것은 반복 훈련을 통해 수정한다.

태어날 때부터 좋은 음성을 갖고 태어나는 사람이 있는가 하면 선천적으로 음성이 거친 사람이 있다. 타고난 음성을 완전하게 바꾸는 것은 어렵겠지만 발성 연습과 호흡 조절을 꾸준히 하면 어느 정도 부드럽고 낭랑한 목소리로 변화한다. 전달력 있는 목소리는 누구나 부러워한다. 부러워만 할 것은 아니다. 꾸준한 연습을 하다 보면 어느 순간 전달력 있는 목소리의 소유자가 된다. 목소리가 떨리는 것도 호흡과 성량이 달려서 생기는 것이니 처음부터 호흡과 큰 목소리로 말하는 습관을 갖도록 하자. 본인의 목소리를 파악했으면 실전 연습을 꾸준하게 하고 더 나아가 발음 훈련과 발성 훈련을 꾸준히 한다. 이렇게 나만의 독특한 목소리를 만들어 전달력과 매력 있는 목소리의 주인공이 되자.

말하기의
기본 공식

말을 잘하기보다는 스피치가 좋아야 한다. 그런 사람이 행복하고 대우를 받는다. 말 한마디로 천 냥 빚을 갚는 시대인 만큼 잘 다듬어진 스피치를 통해 인간관계에서 인정받아야 한다. 21세기 속담으로, 웅변은 은이고 침묵은 금이고 스피치는 다이아몬드라고 한다.

한마디로 인생살이는 말의 연속이며 민주 사회는 말로 시작해서 말로 끝난다는 것이다. 그래서 산업 평론가 피터 드러커 박사는 인간에게 있어서 가장 중요한 능력은 자기표현이며 경영이나 관리는 커뮤니케이션 곧 소통에 의해서 좌우된다고 했다. 인간관계 전문가 제임스 벤더 박사가 미국의 리더들을 대상으로 조사한 결과, 리더가 갖추어야 할 제1의 조건은 스피치라고 했다.

그렇다면 설득력 있는 스피치는 어떻게 이루어질까? '화법(話法)+화술(話術)=화력(話力)'이다. 화법은 말을 잘하는 이론이고, 화술은 말을 잘하는 기술이며, 화력은 말을 잘하는 실력이다. 어떤 분야이든 이론과 기술을 겸비했을 때 실력을 발휘한다. 스피치도 역시 마찬가지다. 스피치는 많은 청중을 대상으로 말하는 것이기 때문에 일대일 대화와는 달리 특별한 법칙과 기술을 요구한다.

화려하게 말을 잘하는 사람들의 특징이 있다. 화술을 분석해 보면 무엇인가 남들보다 특이한 점을 발견한다. 그 화술로 상대방의 마음을 훔치기도 하고 말의 매력에 빠지게 한다. 어떤 사람의 강의는 귀에 쏙쏙 잘 들어온다. 반대로 어떤 강의는 귓가에 맴돌다 허공 속으로 사라진다. 어떤 것이 잘하는 강의일까. 당연히 귀에 쏙쏙 잘 들어와서 마음을 움직이는 강의다. 그동안 스피치 강의를 하면서 시니어분들에게 말할 때 이 공식만큼은 철저하게 지키라고 당부한다. 나이가 들면서 무슨 말인지 귀에 전달이 잘 안 된다고 하신다. 이런 부분은 조금만 신경을 쓰면 된다. '말하기의 기본 공식'만 제대로 익혀둔다면 여러분이 전달하고자 하는 메시지가 확실히 상대방에게 전달될 것이다. 어떠한 방법이 있는지 살펴보자.

─ 천천히 말하라

발표자가 말이 너무 빠르면 아무리 좋은 내용이라도 청중은 무슨 말인지 알아들을 수 없다. 특히 대중 스피치의 경험이 많지 않다든지, 처음으로 발표를 하는 사람들의 경우 흥분과 초조, 불안과 기대가 뒤섞여 자신도 모르는 사이에 말의 속도가 빨라진다.

남편을 예로 들어 보겠다. 평상시 그는 그렇게 말이 빠르지 않은데, 화가 나거나 불쾌한 말을 들으면 흥분하면서 말이 빨라지고 더듬거린다. 옆에서 보고 있던 나는 흥분할 일도 아닌데 혼자서 말더듬이처럼 군다고 핀잔을 준다. 요즘 들어 말을 더듬거리는 현상이 더 심해지는 것을 느낀다. 누구나 마찬가지일 것이다. 화가 났을 때 침착하게 말을 한다는 것은 힘든 일이다. 그래서 손해를 보는 사람들도 종종 있다. 할 말도 하지 못하고 말이다.

자신이 말하는 모습을 본인이 직접 녹음하거나 동영상으로 촬영해 보자. 평상시 친구나 가족들과의 대화, 강의 내용의 일부를 녹음해서 들어 보면 말하는 버릇을 확실하게 알 수 있어 발표를 하는 데 많은 도움을 준다. 그것을 갖고 분석한 다음 어느 부분에서 말이 빠르고 느린지를 판단하고 자세하게 메모한다. 고칠 부분은 고치고, 잘한 점은 더 잘할 수 있도록 한다. 녹음을 들어보면 말이 빠른 것은 성격 탓도 있지만 흥분하거나 초조할 때 또는 상대방이 감정을 건드려 그렇게 되곤 한다. 반면 여유 있을 때, 모든 것이 준비가 되었을 때 느린 말이 나온다.

천천히 말하는 사람은 여유가 있다. 많은 청중 앞에서 천천히 말할 수 있다는 것은 그만큼 침착하다는 증거이다. 내용을 정확하게 전달하며 청중에게 좋은 인상을 남긴다. 이런 침착과 여유는 단기간에 갖추어지는 것이 아니다. 이는 오랜 기간 꾸준한 연습과 수많은 경험을 통해 생겨난 자신감 속에서 길러진다. 보통 듣기에 알맞은 속도는

1분에 200자 원고지 1.3장에서 1.5장 정도가 좋다(띄어쓰기와 줄 바꾸기를 제대로 한 상태). 말이 빠른 사람들은 이 기회에 천천히 말하는 훈련을 통해 멋진 사람으로 거듭나는 것은 어떨까?

― 호흡을 두고 이야기하라

호흡 스킬은 이야기를 잠시 멈추었다가 다시 진행하는 것을 의미한다. 평상시에 호흡 연습을 충분히 했다가 말할 때 호흡을 적절하게 사용하자. 호흡이 짧은 사람은 말을 조금만 해도 헉헉거리면서 이야기를 한다. 어떤 사람은 한 호흡에 말을 하느라 어미 끝에 가서 "아휴, 숨차다." 하면서 헐떡거리기도 한다. 이 부류의 사람들 말은 끝까지 전달이 되어도 도통 무슨 말인지 알 수가 없다.

반면 말할 때 호흡 조절을 하면서 스피치를 하게 되면 듣는 사람도 편안하게 듣는다. 가수들이 노래 부를 때를 떠올려 보라. 그들은 호흡 조절을 편안하게 하면서 노래한다. 듣는 사람들도 편안하게 들을 수 있다. 호흡이 없는 스피치의 문제점은 청중이 숨을 쉴 수 없어 답답함을 느끼게 된다는 것이다. 그리고 문장의 의미를 파악하기 어렵다. 무슨 말을 했는지 이해가 안 되어 무슨 뜻인지도 알기 힘들다. 청소년들은 호흡이 길어서 단숨에 책을 읽는다. 그러나 그들은 발음이 정확해 그나마 이해가 가는 편이다. 호흡 조절을 하지 않고 단숨에 말하면 청중은 발표자의 이야기를 쫓아오기 힘들다. 전달력과 설득력 또한 떨어진다.

호흡을 두어야 하는 세 곳이 있다. 문장이 끝나는 자리에서는 한 숨 쉬어 가는 것이 좋다. 그리고 쉼표가 있는 자리와 접속사, 부사의 뒷자리에서도 잠시 쉬는 것이 좋다. 호흡을 이용해서 책 읽는 연습을 하는 것도 도움이 된다.

— 짧은 문장으로 이야기하라

발표 문장의 단위가 비교적 길고 구조가 복잡하면 전달력이 떨어진다. 커뮤니케이션의 요소가 복잡하고 길수록 전달 과정에서 문제가 발생한다. 단문으로 말하는 구체적인 방법은 가급적 1주어, 1동사의 문장을 만든다. 예를 들어 "나는 당신을 사랑합니다"라고 간단하게 말한다. 문장당 10개 내외의 어휘를 사용해 한 줄로 간단하게 말하면 된다.

왜 짧은 문장으로 나눠야 할까? 이유는 간단하다. 짧은 문장이 이해하기도 쓰기도 쉽다. 한 문장이 두 줄 이상이 되면 일단 나눠야 한다. 두 줄 이상으로 말하면 숨이 차고 전달력이 떨어진다. 마지막으로 원고를 소리 내어 읽어 본다. 소리 내 읽어 보면 리듬감이 살아나는 문장으로 다듬을 수 있다. 눈으로 읽는 것과 소리 내어 읽는 것은 다르다. 소리 내 읽으면 음률을 느낄 수 있으며 문어체, 술어가 서로 호응이 되는지 찾아낼 수 있다.

말하기의 기본 공식은 간단하다. 말할 때 천천히 여유를 갖는 것이다. 그리고 호흡을 이용해 여유 있게 쉼표와 마침표를 찍을 줄 알아야 한다. 긴 문장은 짧은 문장으로 나눠서 말할 때 상대방의 귀에 쏙쏙 잘 들어간다는 사실을 잊지 말자. 지금 자신의 말하기가 어떤지 궁금하다면, 영상으로 촬영해서 분석하자. 분석한 결과물을 갖고 장단점을 파악한 뒤 한 주제를 갖고 백 번 연습하면서 백 번의 동영상 촬영을 한다. 죽고 싶을 정도로 스피치를 잘하고 싶은 간절한 마음이 있다면 이미 당신은 스피치의 달인이다.

비언어적
의사소통의 핵심
- 눈

'몸이 천 냥이면 눈은 구백 냥'이라는 속담이 있다. 눈의 중요성을 말하는 것이다. 그만큼 수많은 뜻은 말 대신 눈빛으로 표현된다. 즉 말이 필요 없는 몸짓 언어에 속한다. 강의하는 사람과 듣는 사람과의 사이에서 눈길의 접촉은 매우 중요하다. 눈길의 접촉으로 말미암아 이야기를 듣는 청중을 제압할 수도, 제압당할 수도 있다. 사람의 눈길은 인격과 인격이 서로 공감할 수 있는 통로다. 눈길에 안정을 갖지 못하는 사람은 상대방을 똑바로 쳐다보지 못한다. 공연히 허공을 바라본다거나 눈길을 한곳에 고정하지 못하고 이리저리 두리번거리게 된다. 두려움 때문이다. 당당한 사람은 대화를 나눌 때 당당하게 다양한 시선 처리를 하면서 상대의 마음을 사로잡는다.

비언어적 의사소통의 핵심은 '눈'이다. 마음드림의원 정찬승 원장은 어려서 부모에게 폭행을 당했거나 엄격한 부모 밑에서 자란 이들은 타인과 대화할 때 눈빛 교환에 서툴다고 한다. 그는 말의 내용보다는 그 내용에 맞는 표정과 어조를 전달할 수 있도록 비언어적 의사소통 능력을 키워야 한다고 했다. 눈빛을 보면 그 사람의 성격, 건강, 마음, 정신 등 모든 것을 알 수 있다. 눈에 담고 있기 때문이다. 그만큼 눈이 중요하다. 사람은 조금만 피로하거나 잠을 못 자면 바로 눈으로 나타난다. 범죄자들의 눈빛을 보면 대부분 무섭고 섬뜩하다는 말을 한다. 눈빛은 어떻게 표현하느냐에 따라서 달라진다.

그렇다면 몸짓 언어인 눈빛을 잘 활용하자. 눈빛을 잘 활용해서 인정받는 사람이 있는가 하면 반대로 무시당하는 사람도 있다. 상황에 맞는 다양한 시선 처리로 상대방의 마음을 사로잡는 방법을 알아보자.

— 눈빛의 따라 스피치의 전달 효과가 달라진다

시선 처리는 누구에게나 중요하다. 특히 대인 관계에 있어서 혹은 청중 앞에서 말을 할 때 누구나 눈빛과 시선 처리가 중요하다는 것을 알고 있다. 그러나 올바르게 시선 처리를 하는 사람들은 드물다. 이런 일이 있었다. 부천중앙도서관에서 실시하는 겨울독서교실에서 강의한 적이 있었다. 강의실에 들어가자마자 학생들이 이구동성으로 말을 한다. "선생님 부탁이 있는데요. 강의 시간에 저희도 바라보면서 강의를 하세요"라고 말이다. 이유를 물어보니 전 강의 시간에 선생님은 한쪽만 바라보고 강의를 해서 기분 나빴다고 한다. 강의 시간에 너희들이 장난을 쳤거나 강의 시간에 딴짓을 했거나 둘 중 하나일 것이라고 말하니 아니라는 것이다. 강의를 진행해 보니 아이들은 강의 태도가 아주 좋았으며 적극적인 반응을 보였다. 앞에 강의하신 선생님은 초보자가 아니면, 시선 처리를 잘못했던 것 같다. 초등학교 4학년 아이들도 시선에 대해 민감한 반응을 보인 것이다. 나름대로 강의를 잘했다고 하더라도 발표자의 눈빛의 따라 스피치의 전달 효과는 달라진다.

눈빛의 중요성은 말하지 않아도 오감으로 느낀다. 상대가 느끼는 시선 처리에도 세심한 배려가 필요하다. 세심한 배려가 포함된 대인 관계의 기술이라고 할 정도로 시선이 중요하다. 그저 바라보는 것만으로 상대의 마음에 눈빛으로 들어가 마음을 사로잡는 힘이 필요하다. 올바른 시선 처리를 어떻게 할까? 잘 알고 있으면서도 안 되는 것이 시선 처리이다. 발표할 때 보통 눈빛을 3등분으로 나누어서 처리를 하라고 한다. 앞, 중간, 뒤 또는 뒤, 중간, 앞 혹은 왼쪽, 중간, 오른쪽, 또는 오른쪽, 중간, 왼쪽. 혹은 3등분으로 나눠서 다양하게 시선을 처리하면 좋다. 청중을 삼등분으로 나눠 시선 처리를 하게 되면 전체를 균형 있게 바라볼 수 있다. 머무르는 시간은 30초 정도 되는 시간 동안 짧은 한 문장을 끝낼 수 있다.

그리고 정수리, 눈, 미간, 인중, 턱, 허공을 적당하게 나눠 바라본다. 때로는 부드러우면서도 강한 눈빛으로 상대방의 마음을 움직일 수 있다. 이때 이상한 오해를 사지 않도록 노력하자. 눈의 표정은 발표하는 내용과 의미에 따라 변화를 주어야 한다. 중요성을 알아도 눈빛으로 상대방의 오감을 움직인다는 것은 매우 힘든 일이다.

━ 바람직하지 않는 시선은 버려라

시선 처리를 잘못하면 상대방의 오해를 사게 된다. 흔히 기분이 나쁘거나 좋지 않은 일이 있으면 상대방을 바라보지 않고 말만 한다. 시선을 보면 그 사람의 기분을 파악할 수 있다. 대중 앞에서 말을 하는 사람들의 시선을 보면 바로 알 수 있다. 시선 처리가 잘되면 준비가 완벽하다는 의미이며 청중을 설득하기 쉬워진다. 반대로 시선 처리가 안 되어서 천장이나 바닥, 허공을 쳐다보고 발표하면 청중은 초보자, 비전문가로 인정해 버린다. 바람직하지 않은 시선은 바로 이런 것이다.

고정형이다. 강의 장소에 들어서자마자 한곳에 시선을 두고 마지막까지 그 한곳에 못을 박고 있는 사람이다. 이러면 사람들에게 오해를 살 수 있다.

두리번형은 들어오자마자 시선을 가만히 두지 못한다. 그렇게 되면 청중의 입장에서 불안한 것처럼 보인다. 자리에 앉아있는 사람도 덩달아 불안해진다.

주시형 같은 경우 한쪽만 바라보며 상대방이 무안할 정도로 주시한다. 어떤 때는 한 사람을 응시하는 모습이 민망할 정도이다. 상대방을 바라볼 때는 30초 정도가 효과적이다. 그리고 다른 곳으로 시선을 옮긴다.

사시형은 상대방을 바라보는데 몸과 눈이 따로 논다. 대화하면 상대방은 묘한 감정이 든다. 이런 부분을 친구가 알려 줘도 까맣게 잊은 수강생이 많은 노력 끝에 시선 처리를 고쳤다. 잘못된 습관을 아예 모르는 사람도 많다. 문제는 본인도 모르고 반복적으로 할 때가 종종 있다는 것이다. 그럴 때는 친한 분들이 상대방이 상처받지 않도록 조심스레 이야기해주면 도움이 된다.

무시형은 상대방의 감정을 전혀 고려하지 않는 것이다. 상대방을 바라볼 때 시선을 조심히 두어야 한다. 사물 혹은 사람을 바라볼 때 곁눈질로 보지 말아야 한다. 쳐다보지 않는 척하면서 슬쩍 시선을 돌려 남몰래 살피는 것은 예의에 어긋난다. 상대방을 바라볼 때 상대방이 부담을 느낄 정도로 쳐다보는 것도 실례이다.

내가 어떤 시선 처리를 하고 말을 하는지 바로 알아야 한다. 위에 제시한 것처럼 바람직하지 않은 시선은 즉시 고쳐야 한다. 나쁜 습관은 금방 몸에 익혀지지만 좋은 습관을 몸에 익히려면 오랜 시일이 걸린다.

ㅡ 표정과 시선은 동일하게 움직여라

눈 맞춤과 눈빛으로 상대방에게 관심을 표현하고 상대방의 욕구를 알 수 있다. 사람의 얼굴 근육은 80여 가지로 되어 있고 이 근육을 사용해 7천 가지 이상의 표정을 지을 수 있다고 한다. 특히 눈은 생활 속에서 아주 중요한 부분을 맡고 있다. 눈 운동을 꾸준히 하면 얼굴의 근육이 이완되어 보다 나은 눈빛과 자연스러운 시선으로 상대방을 바라볼 수 있다.

보통 사람들은 상대방의 눈과 입이 일치할 때 진실한 사람이라 생각한다. 사람을 만났을 때 반가우면 눈빛이 반짝거린다. 반면 입이 그렇지 않으면 반가운 표정이 아닌 것을 금방 알아본다. 입과 눈의 표정을 보면 금방 상대의 마음을 알 수 있다. 입과 눈빛은 절대 속일 수 없다. 눈은 말하지 않아도 모든 것을 담고 있다. 말을 그럴듯하게 하며 상대방을 속여도 눈은 속일 수 없는 게 현실이다. 사람의 마음을 통찰하려면 눈빛을 읽는 훈련이 필요하다.

말이 필요 없는 몸짓 언어인 눈빛은 참으로 중요하다. 눈빛에 따라 스피치의 전달 효과가 달라진다. 바람직하지 않은 시선 처리는 고쳐야 한다. 입의 표정과 눈빛의 다양한 시선을 동일하게 움직여 상대방의 마음을 사로잡아라.

비언어적
의사소통의 핵심
- 제스처

'제스처' 하면 떠오르는 장면은 지휘자의 손놀림이다. 예배를 드릴 때 성가대 지휘자의 손놀림을 보고 때로 은혜를 받는 듯한 기분이 든다. 찬양이 울려 퍼짐과 동시에 지휘자의 화려한 몸동작에 압도된다. 지휘자를 잘 관찰하면 머리부터 발끝까지 움직인다. 하나하나 정성 들인 손동작으로 지휘하는 모습은 거대한 장관을 방불케 한다. 물론 악기도 중요하지만 성가대의 역할을 더욱 빛나게 하는 것은 지휘자의 손이다. 온 심혈을 기울여 몰입하는 지휘자의 손놀림을 스피치에 접목한다면 얼마나 멋진 제스처가 나올까? 벌써부터 멋진 풍경의 그림이 그려진다.

제스처의 기능은 말의 의미를 보충해 주는 것이다. 스피치를 할 때 제스처를 사용하는 것을 쑥스럽게 생각하지 말자. 발표자의 효과적인 제스처는 상대방의 몰입을 돕고 시선을 집중하게 한다. 적절한 손동작은 상대에게 말하는 사람의 자신감과 의지를 보여주며 열정적인 이미지를 전달하기에 효과적이다. 사상과 감정을 나타내는 말은 자신뿐만 아니라 다른 사람까지 새롭게 하는 힘이 있다. 자신과 다른 사람을 위해서라도 좋은 말과 고운 말이 몸에 배도록 하자. 그리고 하고자 하는 말의 내용에 제스처를 더할 때 스피치가 보다 잘 전달된다. 누구나 제스처의 중요성을 알지만 생각대로 쓰지 못한다. 말이 필요 없는 몸짓 언어 중에서 효과적인 제스처는 어떻게 사용할 때 설득력이 있는지 살펴보자.

─ 입으로 말을 하고, 손으로 그림을 그려라

스피치 강의를 받은 사람이라면 이런 이야기를 많이 들었을 것이다. "입으로 말을 하고, 손으로 그림을 그려라." 하지만 막상 연단에 서서 평상시에 사용하지 않았던 제스처를 하려면 어색하다. 그만큼 제스처를 제대로 활용하기가 말처럼 쉬운 것이 아니다. 하지만 노력하면 내 마음대로 갖고 노는 게 제스처다. 제스처가 안 된다고 하는 사람은 생활 속에서 말만 한 사람이다.

외부에서 들어오는 정보를 받아들이는 데 사용하는 감각 기관의 역할 분담 비율은 다음과 같다. 청각 11%, 시각 83%, 후각 3.5%, 미각 1.5%, 촉각 1.0%. 이만큼 시각적인 수단의 도움 없이는 이야기가 11% 정도밖에 전달되지 않는 것이다. 발표자의 스피치를 통해 시각

적 메시지를 전달하는 것을 제스처라고 부른다. 방송인 이다도시 씨가 말을 하면서 손으로 그림 그리는 것을 보면 쉽게 이해가 간다. 그분의 이야기를 듣고 있노라면 입으로 말하고 손과 온몸으로 그림을 그린다. 그만큼 제스처로 말에 생동감을 불어넣고 생생하게 살아있는 스피치를 한다. 반대로 제스처가 없으면 말의 전달력이 현저하게 떨어진다. 연단에 전봇대처럼 똑바로 서서 강의를 한다면 본인도 힘들지만 청중도 지루할 것이다.

평상시에 제스처를 사용하자. 생활 속에서 말하는 습관을 조금만 고치면 당신도 제스처의 달인이 된다. 말을 할 때 손도 함께 움직여 주면 된다. 달인은 10~20년 이상 한곳에 목숨을 걸고 오직 장인 정신으로 끊임없이 실패와 좌절에도 성공한 사람들이다. 제스처의 달인이 되고 싶다면 의식적으로 생각하고 손으로 멋진 그림을 그려가면서 말하자. 몸에 익혀지면 어느 순간 나도 모르게 제스처의 달인이 되어 있다. 스피치를 잘하고 싶으면 평상시에 의사 전달을 정확하게 하면서 손으로 멋진 그림을 그려라. 즉시 실천에 옮겨보자. 가족과 대화할 때 입으로만 전달하지 말고, 말을 하면서 온몸으로 그림을 그려 보자. 제스처가 몸에 익혀지면 연단에서 발표할 때 자연스럽게 나온다. 한 가지 기억할 점은 제스처를 사용할 때 과감하게 하라는 것이다. 그러면 당신의 스피치가 더욱 돋보이고 설득력이 생긴다.

— 손만 움직인다고 다 제스처는 아니다

손을 가만히 두지 못하고 심히 움직이는 발표자가 있었다. 이유를 물어보니 이렇게 말씀하셨다. "손을 움직이라고 해서 제스처를 나름대로 했는데, 이것은 제스처가 아닌가요?" 말할 때 손을 움직이면서 불안감을 해소하는 경우가 있다. 이는 좋지 않은 습관이다. 발표 도중 양손이 고정되어 있거나 시도 때도 없이 손을 움직이는 습관을 고치려면 오랜 시간이 걸린다. 올바른 제스처로 그림을 그릴 때까지 자연스럽게 움직이도록 하는 데는 본인의 많은 노력과 연습이 필요하다.

이미 올바른 제스처를 사용하고 있는 발표자라면 더 좋은 제스처를 만드는 방법을 익히는 데 오랜 시간이 걸리지 않는다. 말과 손으로 그리는 그림이 동일시되어야 좋은 제스처라고 볼 수 있다. 말 따로 손 따로 노는 제스처는 사용하지 않는 편이 좋다. 오히려 고정 자세로 말하는 것이 더 좋을 수도 있다. 제스처 중 모양이 지나치게 단조롭거나 한 가지 제스처가 의미 없이 반복되는 것은 피하자. 그림도 한 가지 색으로 그리면 단조롭듯이 제스처도 다양하게 사용하자. 그렇다고 제스처가 말의 내용에 따라 그림이 너무 많아도 좋지 않다. 문장에 맞는 모양을 만들어 사람의 마음을 움직일 수 있는 제스처가 좋다. 생동감 있으면서 웅장하게 온몸으로 말하는 오케스트라의 지휘자처럼 말이다.

─ 제스처는 전신 거울 앞에서 연습을 하자

　한 폭의 그림처럼 음악에 몸을 맡기고 동작 하나하나에 정성을 담아서 춤추는 무용수를 보면 감탄사가 절로 나온다. 무용수는 동작 하나를 익힐 때 그것이 자연스럽게 나오기까지 수십 번 거울을 보고 연습한다고 한다. 한 동작이 자연스럽게 익혀지면 다음 동작으로 넘어간다. 이렇듯 세상에는 거저 주는 것이 없다. 누군가에게 무엇인가를 보여주기 위해서 충분한 연습을 하고나서 무대에 서는 것이다. 무대라는 것은 연습 없이 올라서는 사람에게는 없다는 사실을 기억하자.

　제스처도 마찬가지다. 제스처를 만드는 방법은 전신 거울을 보고 말하면서 본인이 직접 만드는 것도 좋다. 안무가가 안무를 짜듯이 스스로 제스처를 만들면 독특한 제스처가 나온다. 마음에 드는 제스처가 있으면 내 손에서 자연스럽게 연출이 되도록 연습하자. 무용수처럼 백 번 해야 몸에 젖어든다.

　제스처는 메시지의 전달력과 이해력을 높여주는 효과를 나타낸다. 양손을 균형 있게 사용하면서 다양한 제스처의 그림을 그리자. 제스처 크기는 말의 내용에 따라 적절히 조절해야 한다. 청중의 숫자에 따라 제스처의 크기도 적절하게 조절해 표현하자. 제스처를 사용할 때 손의 위치를 어느 정도까지 올릴 것인지, 제스처를 제자리로 거두어들이는 시점은 언제 가장 적절한지 생각해 보자.

　강의 초보 때 일이다. 나름대로 충분히 연습하고 제스처를 사용하기로 마음먹었다. 강의 도중 용기를 내어서 제스처를 멋지게 사용했는데, 올린 상태로 한동안 있어서 청중이 킥킥거리면서 웃었다. 쥐구멍이라도 들어가고 싶은 심정에 한동안 제스처를 사용하지 않았다. 이런 경우 제스처를 거두어들이는 시기를 놓치고 입말과 손의 그림이 맞지 않아서 청중에게 제스처 초보자라는 것을 어색하게 보여준 셈이다.

제스처를 잘 사용하면 메시지를 더 활기차게 해주며 말의 내용을 풍성하게 한다. 전달력을 높여 발표자를 프로답게 만들어주는 약방의 감초 역할 역시 톡톡히 한다. 말이 필요 없는 몸짓 언어인 제스처는 제2의 언어다. 제스처를 취할 때 입으로는 말하고, 손으로 그림을 그리자. 그럴 때 생동감 있고 살아있는 스피치가 된다. 손만 움직인다고 제스처는 아니다. 당신의 손놀림을 제대로 살펴보고 제대로 된 그림을 그리자. 제스처의 사용 기법을 배우고 익혀서 연습 끝에 제스처의 달인이 되는 것을 상상해 보자.

비언어적
의사소통의 핵심
- 자세

학교에 다닐 때, 선생님께서 교실에 들어오셔서 "자세 똑바로 해"라고 제일 먼저 말씀하시면 즉시 하던 일을 멈추고 자세를 올바르게 했다. 지금도 강의 시간이면 제일 먼저 하는 말은 '자세'다. 모든 일을하는 데 있어서 우선순위는 자세로 가장 기본이 된다. 어느 교육 장소든 강의 시간이 되면 수강생들은 하던 일을 멈추고 강의를 들을 준비된 자세를 하고 기다린다. 그만큼 바른 자세는 상대방에 대한 예의와 존경의 표시이며, 교육받을 마음이 준비되어 있다는 의미도 포함되어 있다. 앞에 서 있는 사람을 무시하는지 아니면 존경하고 있는지, 청중의 자세를 보면 대번에 알 수 있다.

자세는 건강과도 연결된다. TV에서도 자세에 따른 건강 강의를 적잖이 송출한다. 자세가 흐트러지면 모든 질병의 원인이 된다. 따라서 올바른 자세를 권장하는 것이다. 특히 청소년들의 구부정한 자세로 인한 어깨와 허리 통증, 컴퓨터 앞에서 종일 업무에 시달리는 사람들은 목 건강을 해치므로 의사들은 먼저 바른 자세를 취할 것을 당부한다. 그 말을 듣는 순간은 얼른 자세를 바르게 취했다가 삼일 정도 지나면 원래의 자세로 돌아간다. 어쨌든 건강을 위해서라도 바른 자세가 몸에 익숙해져야 한다.

바른 자세는 청중 앞에서 스피치를 할 때도 필요하다. 바른 자세와 태도는 상대방에게 안정과 정숙한 느낌을 준다. 또한 업무 처리에 대한 신뢰감도 높여준다. 바른 자세로 하는 일은 훨씬 힘이 있어 보이고 그런 자세에서 하는 말은 한층 더 설득력 있게 들린다. 나아가 상대방에게 인정과 존경을 받는다. 무엇보다도 바른 자세는 신체를 건강하게 유지해 주며 현재 당신의 나이에서 10년은 더 젊게 만들어 준다. 나는 수강생들에게 늘 바른 자세를 취하라고 조언한다. 앞에서 발표를 하는데 구부정하게 서 있으면 이처럼 보기 안 좋은 것은 없다. 수시로 자세에 대해 지적하고 거울을 보며 자신의 서 있는 모습을 관찰하라고 일러 준다. 지혜로운 사람은 받아들이고, 지혜롭지 못한 사람은 그 순간에만 바른 척하고 돌아서면 잊어버린다. 비언어적 의사소통의 핵심 중 자세에 대해 알아보자.

─ 손의 위치와 손 모양에 주의하라

많은 발표자가 취하는 보편적인 자세가 있다. 양손을 앞으로 가지런히 모은 자세다. 한 손에는 마이크를 들고 다른 한 손은 차렷 자세를 취한다. 팔을 허리춤 아래로 축 늘어뜨리고 서 있는 발표자는 자신감이 없어 보인다. 가끔은 아마추어 혹은 패자처럼 보이기도 한다. 운동 경기에서 흔히 볼 수 있는 광경으로 경기에서 패배한 선수들은 하나같이 팔의 힘이 빠져서 축 늘어뜨리고 있다.

양손을 허리띠 선 위로 올리자. 양손을 허리띠 선 위로 올리는 시간이 많을수록 승자, 강자, 프로처럼 보인다. 기쁜 일, 즐거운 일, 환호성, 축제 등 축하의 일이 있을 때 보통 사람들의 손은 항상 위로 올라가 있다. 사람들의 손 모양과 위치를 보더라도 그 사람이 얼마나 당당하고 프로답게 행동하는지를 볼 수 있다.

강의를 진행하면 수강생들의 손 위치와 손 모양을 유심히 살펴보게 된다. 초·중·고교생과 성인들은 발표할 때 주제에 자신감이 있고 기분이 좋으면, 손동작을 과감하게 허리 위에서 사용한다. 그러나 기분이 좋지 않거나 준비가 안 된 상태에서 발표할 때는 어깨가 축 처지고 손도 허리 밑으로 내려와 있다. 손 모양을 어떻게 사용하느냐에 따라 이렇게 달라 보인다. 즉 손 위치와 손 모양을 어떻게 사용을 하느냐가 중요하다.

자연스러운 손 모양을 유지하려면 팔 전체에 힘을 뺀다. 힘이 들어가면 왠지 어색하고 부자연스럽게 보인다. 그리고 겨드랑이에 팔을 붙이고 양손을 서로 앞으로 모으고 서 있으면 안 된다. 소심한 성격으로 보일 수도 있다. 겸손한 마음으로 양손을 앞으로 모아서 교차했다가 다른 모양으로 바꿔 주는 것도 좋다.

─ 대중 스피치의 자연스러운 자세

양다리를 어깨 넓이보다 약간 좁게 벌리고 양다리에 균등하게 힘을 둔다. 하체가 튼튼하게 서 있을 때, 흔들리지 않고 안정감 있는 자세가 된다. 한마디로 전체적으로 위에서 끌어당기는 듯한 느낌이 들도록 가볍게 선다. 머리는 바로 하고 턱을 당겨 정면을 향한다. 가슴은 움츠리지 말고 곱게 편다. 배에는 힘을 주어 앞으로 내밀지 않도록 주의한다. 어깨에 힘을 빼고 팔을 바닥을 향해 수직선으로 내린다. 두 손은 바지 재봉선에 가볍게 붙인다. 손을 뒤로 하거나 시종일관 두 손을 탁자 위의 몸에 의지하지 않도록 조심한다.

대중 앞에서 한 시간 이상을 서서 스피치한다는 것은 대단한 일이다. 수강생 중에 한 기업의 대표가 있었다. 이분은 매주 월요일 오후에 직장에서 회의를 진행하는데, 월요일 오전에 회의 원고를 갖고 와서 연습을 하셨다. 단상에서 발표할 때 보면 불안한 자세로 30분씩 서서 진행을 한다. 다리도 바람에 휘날리듯 흔들흔들거리고 탁자는 왜 내리치는지 옆에서 주의를 줘도 잘 모르는 것 같다. 직접 전신거울 앞에서 연습하고 영상으로 촬영한 다음 그것을 분석을 하고 나서야 깨닫는다. 직원 앞에서 30년을 넘게 말한 습관을 두 눈으로 확인한 것이다. 그전에 직원들이 가끔씩 이야기는 해 줬지만 잔소리로 듣고 흘려버렸단다. 이번 기회에 대표님은 단단히 결심하고 하나씩 고쳐 나가기로 작정하셨다. 잘못된 습관을 갖고 있으면 그것을 인정하고 바로 고치면 된다. 한순간에 고치기는 어렵다. 하나씩 시간적 여유를 갖고 자연스럽게 고치자. 지금은 한 클럽의 회장까지 맡아 스피치를 잘 한다는 소리를 듣고 주어진 일을 열심히 하고 있다. 말만 잘해도 자신감이란 수식어가 따라다녀서 무슨 일이든지 할 수 있다는 용기가 생긴다. 대중 앞에서의 자세는 중요하다. 머리부터 발끝까지 어떠한 마음 자세를 갖고 있느냐에 따라서 상황은 달라진다.

― 구부정한 자세는 아름다움을 망친다

시니어들이여! 구부정한 자세에서 해방되자. 구부정한 자세는 정말 보기 싫다. 이런 자세에서 명품 옷을 걸친들 무슨 소용이 있겠는가? 옷의 가치도 맵시도 나지 않으며 자신감도 없어 보이고, 꼬부랑 할머니 같다. 표현이 좀 과장됐나. 단 허리가 아프거나 몸이 불편해서 구부정한 것은 어쩔 수 없다. 그게 아니라 올바르지 않은 습관 때문에 자세가 구부정하다면 지금 당장 올바른 자세로 성형하자. 나이가 들면 신체 구조도 구부정해진다. 이렇게 되면 나이가 더 들어 보이고 외관상 좋지 않은 이미지를 심어 준다. 이러한 자세는 조금만 노력해도 고칠 수 있는 부분이다. 구부정한 자세를 당당하게 바꾸는 요령은 이것만 조심해도 바뀐다.

지금부터 머리끝에서 발끝까지 라인을 일직선으로 만들자. 구부정한 자세가 되는 이유는 두 가지가 있다. 고개를 똑바로 가누지 못하는 경우와 하체와 발바닥에 힘을 주지 않고 서 있는 경우이다. 예를 들어 발바닥을 까닥까닥한다고 생각해 보자. 나무도 뿌리가 튼튼하게 내리면 비바람이 불어와 흔들거려도 다시 원위치에 굳건하게 선다. 하지만 뿌리가 튼튼하지 못하면 주변 환경에 의해 뿌리가 금방 뽑힌다. 이것은 하체의 라인이 무너지는 경우다. 지금부터 구부정한 자세가 아니라 곧고 바른 일직선을 생각하면서 당당하게 서 있자. 청중의 눈에 더 당당하고 더 안정되고 더 믿음이 가는 발표자로 비춰질 것이다.

자세 동작의 포인트는 등줄기를 곧게 펴고, 손가락을 가지런히 모은다. 동작 하나하나를 끊어 연결하면서 상대방을 바라본다. 그리고 적절한 보폭을 유지하면서 무릎이 흔들리지 않도록 주의한다. 발바닥을 지면에 밀착해 하체가 흔들리지 않도록 조심하면 구부정한 자세로부터 벗어난다. 이러면 당신의 자세는 현재의 나이에서 10년은 젊게 보이며 어떤 옷을 차려입어도 맵시가 난다.

비언어적 의사소통의 핵심은 자세다. 모든 것의 가장 기본이 되는 것 또한 마찬가지다. 손의 위치와 손 모양을 주의해야 한다. 위치에 따라 승자와 패자로 보인다. 구부정한 자세를 올바른 자세로 바꾸기만 해도 당신은 더 당당한 모습이 된다. 올바른 자세는 모든 일의 기본이다.

유머 스피치로
업그레이드하기

누구든 사람들 앞에서 말할 기회를 갖게 된다. 조직 생활을 하다 보면 회의석상은 물론 외부인을 상대로 여러 사람 앞에서 말할 기회도 있다. 말의 내용은 대개 서론, 본론, 결론으로 이루어진다. 각 부분에 적절한 유머와 위트를 섞으면 듣는 사람이 흥미와 재미를 느끼게 된다. 이야기를 하는 동안 집중하고 기억에 남아 마음이 움직이는 건 물론이다.

흔히 유머 감각도 타고난다고 단정 짓는 경우가 많다. 말재간이 있는 사람, 화술을 배우지 않았는데도 말하는 솜씨가 탁월한 사람도 있다. 유머 감각이 뛰어나 흔한 유머인데도 뛰어난 표현력으로 많은 사람에게 웃음을 전달해 주기도 한다. 선천적으로 타고난 사람들은 배우지 않아도 잘하지만 그렇지 않은 사람들은 그 사람들보다 많은 노력으로 개발하면 된다. 그러면 타고난 사람보다 더 뛰어난 유머 감각을 키울 수 있다.

걱정할 필요는 없다. 선천적인 재능이 없다고 포기할 수는 없지 않은가. 재능이 없어도 열심히 노력하면 느는 게 말이다. 나 역시도 후자에 속한다. 누구나 주어진 일에 관심을 갖고 최선을 다하면 전문가가 된다.

청중의 관심을 끌기 위해서 사용하는 기법에는 깜짝 쇼, 긴장감 조성하기, 유명한 사람의 일화나 유머 인용하기, 주변 상황이나 말하는 사람의 신변에 대해 언급하기, 질문하기 등이 있다. 이런 기법을 활용할 때 한바탕 모두가 웃게 되고 스트레스가 풀린다. 화기애애한 분위기 속에서 말하는 사람과 듣는 사람이 하나가 된다. 유머러스한 말도 주제 도입에 적절해야 효과를 볼 수 있다. 유머를 업그레이드하는 데는 사람마다 다양한 방법이 있다. 유머 스피치에는 어떠한 방법이 있는지 살펴보자.

― 리더십의 수단으로 유머를 사용하라

당근과 채찍을 능수능란하게 사용해야 한다. 변화하는 세상에 발맞추어 조직의 변화를 가져오려면 리더는 비전의 전도사가 되어야 하고, 조직의 수술을 집도하는 외과 의사가 되어야 한다는 말이 있다.

리더십은 테크닉이 아니라 마음이다. 앞에서 말한 바와 같이 인간 심리의 80%는 감성적이고, 20%가 이성적이다. 리더십은 부하들의 마음을 잡는 데서 출발한다. 물고기를 잡으려면 물의 흐름에 귀를 기울이고, 사람을 이끌려면 사람들의 마음의 흐름에 귀를 기울이라고 한다. 리더는 자신의 생각을 따르는 사람들에게 깊이 심어 주어야 하는데, 재미있는 비유나 유머, 위트로 표현하면 뇌리에 오래 남는다.

사람, 성공, 웃음은 밀접한 관계다. 사람과 사람의 관계는 마치 살얼음판을 걷는 것과 같아서 잘못하면 깨져 버린다. 그렇게 좋고 사랑하던 사이도 한마디 말, 순간의 실수로 헤어지는 아픔을 맛보아야 하는 불상사도 일어난다. 그래서 노래 중에 만남보다는 이별을 주제로 한 노래가 많은가 보다.

인간관계 기술의 밑거름이 되는 어휘 사용은 곧 다른 사람과 소통하는 능력이 되므로 무엇보다도 뛰어나야 한다. 그리고 새 옷을 입고 출근하면 주의를 끄는 것과 마찬가지로 다른 사람에게 주는 이미지를 더 강렬하게 하기 위해, 즉 다른 사람들이 자신을 더 기억하게 하기 위해서는 스타일을 바꿀 필요가 있다. 그러면 대인 관계가 더 힘을 받을 수 있다. 표정 없는 입술에 미소를 담아라. 현상 유지의 삶은 희망이 없는 삶이다. 우리도 남처럼 성공하고 싶지 않은가. 성공의 잣대는 사람마다 다르게 나타난다. 성공이 10이라고 가정했을 때 어떤 이는 10의 목적을 이루었을 때 성공, 다른 이는 5의 목적을 이루었을 때, 또 다른 이는 2의 목적을 이루었을 때 성공이라 한다. 타인의 마음을 끄는 마법을 배워 보자. 어느새 우리의 손에 유머 성공의 열쇠가 쥐어질 것이다.

─ 매력적인 화법은 웃음으로 오감을 움직인다

인간적 매력의 깊이는 말에서 나온다. 주위에 사람이 모이게 하는 힘이 돈이나 권력도 있겠지만 그 사람에게서 풍기는 인간적인 매력도 있다. 이 매력은 한마디로 정의할 수 없다. 이 인간미는 해맑은 얼굴 표정과 소박하게 말하는 어투와 어휘 그리고 넉넉함이 어우러져서 나온다. 사람을 끌어당기는 매력이 담긴 화술은 그 사람의 성격과 가치관에서 나오는 것이기 때문에 하루아침에 고칠 수는 없다. 그러나 노력과 훈련을 통하면 가능하다. 듣는 사람이 말뜻을 제대로 이해해 서로 좋은 인간관계를 만들어가기 위해서는 따뜻하고 인간적인 유머 화법을 구사해 매력적인 자기 연출을 하는 것이 필요하다.

웃음이 있는 곳에 즐거움이 있다. 힘들고 험하고 어지러운 이 세상에서 웃으며 살아갈 수 있는 것은 신이 내린 선물이요, 참으로 복된 일이다. 가화만사성(家和萬事成), 즉 집안이 화목하면 모든 것이 이루어진다는 말은 웃음이 없으면 집안이 화목하지 못하고 만사가 쉽게 이루어질 수 없다는 뜻이다. 허준 선생의 《동의보감》에도 웃음은 보약보다 좋다는 기록이 있다. 유교 문화에 눌려 잘 웃지 않았던 우리의 조상들도 웃음의 가치를 인정하고 있었음을 알 수 있다.

서로의 거리감을 좁히는 데는 웃음이 최고다. 그런데 사람은 혼자 있을 때 별로 웃지 않는다. 다른 사람들과 어울려서 담소와 기쁨을 나눌 때 웃음의 정도가 커져서 시간가는 줄 모를 만큼 즐겁다. 그러면 교감이 형성되어 기쁨도 즐거움도 배가 된다. 웃음은 인간관계에 있어 성공의 열쇠이다.

─ 유머의 힘을 믿어라

유머는 분위기를 바꿔주는 일등공신이다. 듣는 사람을 편안하게 해 주고 좋은 분위기를 조성해서 대화를 지속시킨다. 듣는 사람이 흥미를 갖고 이야기에 몰입하게 해 오랫동안 기억나게 만든다. 논쟁할 때는 긴장감을 완화해 숨 막히는 국면을 전환할 수 있다.

베트남 여행을 갔을 때였다. 공항에서 비행기를 기다리는데 갑자기 손자가 가부좌를 하고 눈을 감더니만 "보인다, 보여. 훤히 보인다. 지금 네 마음이 훤히 보인다"라고 했다. 그때 우리 일행과 주변 사람들이 얼마나 배꼽 쥐고 웃었는지 모른다. 사람들을 한순간에 집중하게 하고 갑자기 웃음 폭탄을 터뜨린 것이다. 그러고 나서 손자는 "농담이야"라고 말한다. 다시 한 번 웃음이 연발 쏟아졌다.

유머를 적절히 사용할 경우, 논리적인 설득보다 쉽게 상대를 설득할 수 있다. 그러면 서로 거리감을 줄여 주고 인간관계를 친밀하게 한다. 시각 장애인 수강생들과 영종도로 소풍을 갔는데, 연령대는 45~85세였다. 출발 전 출석 체크를 할 때 "오늘 소풍 가는 날인데 엄마가 김밥과 용돈 주신 분 손들어 보세요"라는 말에 여기저기서 웃음소리가 난다. "용돈도 김밥도 안 갖고 오신 분 손들어 주세요"라고 하니 "부모님이 맞벌이를 하셔서 제가 점심 준비를 했어요. 도착하면 오늘 점심으로 자장면 쏩니다!"라고 받아주셔서 웃음바다가 되니 분위기가 더욱 좋아졌다. 이렇듯 유머가 아니더라도 그 상황에 맞게 언어 구사를 잘하면 웃음을 유발한다.

이렇게 한참 서로 웃다 보면 근심과 걱정을 잊게 되고, 스트레스를 해소하는 등 정신 건강에 큰 도움을 준다. 직장에서는 웃으면서 일하기 때문에 시간 가는 줄 모르며, 일의 성과가 오르고 새로운 아이디어가 샘솟는다. 이렇게 유머의 힘은 대단하다.

유머 감각을 배우고 익히는 것 또한 능력이다. 유머도 하나의 '필수품'으로 준비하자. 살아가면서 사람들에게 화술로 웃음과 기쁨을 주는 사람은 인기가 많다. 유머 스피치를 연마해서 리더십의 수단으로 사용하면 인기인이 된다. 나만의 유머의 힘을 키우자. 유머 실력도 연습하는 자만이 달인이 된다.

'구슬이 서 말이라도 꿰어야 보배'라 한다. 구슬이 아무리 많아도 꿰어 놓지 않으면 쓸모가 없고, 아무리 좋은 것이라도 잘 다듬고 정리해서 쓸모 있는 것으로 만들어질 때 비로소 가치가 있다는 뜻이다. 글도 마찬가지다. 내가 많은 지식을 갖고 있어도 쓰고자 하는 말을 글로 잘 정리하고 문장으로 완성했을 때, 그 말과 글이 조화를 이뤄야 가치가 있다.

글은 쓸수록 어렵다는 생각이 든다. 글은 보전성이 있어 기록으로 남기 때문에 단어 하나하나를 신중하게 선택해서 문장으로 매끄럽게 연결하고 매듭지어야 한다. 반면 말은 휘발성이기 때문에 나온 순간 사라진다. 말도 글을 쓸 때처럼 단어를 신중하게 사용하면 세상은 '말과 글'이 조화를 이루어 남녀노소 막론하고 의사소통의 문제가 없을 것이다. 선무당이 사람 잡는다고 처음에 글을 쓸 때는 독자들을 배려하지 않고 내가 하고픈 말을 아무 생각 없이 써 내려갔다. 지금은 펜을 잡는 순간 글은 쓰면 쓸수록 말보다 어렵다는 생각이 든다. 조금이나마 글을 쓰는 사람의 심정을 이해할 것 같다.

글을 쓸 때는 수를 놓는 마음으로 글자마다 정성을 들인다. 수를 놓을 때는 수틀에 정신을 집중하고 한 올 한 올 심혈을 기울여 틈나는 대로, 때론 밤을 새 가면서 수를 놓는다. 수십만 번의 바늘과 색실이 천을 들락날락하면서 마침내 작품이 완성된다. 글도 마찬가지다. 주제를 정하고 한 꼭지씩 글을 써 내려간다. 주제 안에 어울리는 단어를 취사선택해서 어떻게 해야 조화가 잘 이루어질까 고민한다. 이렇듯 많은 갈등 속에서 수십 번의 퇴고 과정을 거쳐서 한편의 글이 탄생한다. 글을 쓸 때는 대문을 잠그고 쓰고, 퇴고를 할 때는 대문을 활짝 열어 놓으라는 말이 있다. 글은 혼자서 쓰지만 퇴고는 여러 사람들이 읽어 보고 퇴고의 전 과정을 거치면 마지막으로 좋은 글이 탄생한다.

산모가 해산의 고통을 겪고 나면 아이가 탄생하듯 좋은 글도 해산의 고통을 겪은 후에 완성된다. 마지막으로 책이 출판되어서 책을 필요로 하는 사람들에게 도움을 줄 때 글을 쓴 것에 대한 보람과 기쁨을 맛본다.

이 세상에는 아름다운 단어들이 세상을 수놓고 있다. 이렇게 많은 단어 중에서 필요한 단어를 찾아서 적재적소에 놓고 문장을 매끄럽게 엮어나가는 것이 정말 힘들었다. 한 편의 글이 완성이 되어도 시간이 지나고 나면 후회되고, 조금 더 신경을 쓸 걸 하는 아쉬움이 늘 마음에 남는다. 글을 쓸 때 네이버 지식백과,《파워 스피치의 이론과 실제》, 인터넷, 그동안 스피치 연구소에서 수강생들과 나눈 대화, 강의를 듣고 메모했던 내용, 직접 경험했던 생활 속에서의 일과 사례를 바탕으로 재구성했다.

미래북 대표는 한 권의 책이 탄생되는 순간까지 최선을 다한다. 우선 독자들을 배려하는 마음으로 정성들여 예쁘게 책을 포장하고 내용을 편하게 읽어 내려갈 수 있도록 편집 과정을 반복해 책을 완성시킨다. 한 권의 책이 출간되기까지 다양한 분야에서 애써주신 대표님을 비롯해 직원 구성원 모든 분들께 따뜻한 마음을 담아서 감사의 표시를 전한다. 그리고 스피치 연구소의 수강생, 강의 장소에서 만났던 시니어분들, 인생의 선후배 등 다양한 분야에서 시니어 스피치에 대한 조언을 해주신 분들께 깊은 감사를 드린다. 그리고 영원한 동반자인 최두현과 행복이 모락모락 피어오르는 따끈한 가족들이 있어서 늘 행복하며 가족 모두에게 감사의 말을 전한다. 끝으로 손자 인지후는 나의 영원한 친구이자 유일하게 소통이 잘되는 이 세상에 하나밖에 없는 친구다. 저를 아껴주시고 믿어주신 모든 분들께 진심으로 감사의 말을 전하면서 모든 것을 마무리하고자 한다.